場所論としての宗教哲学

仏教とキリスト教の交点に立って

八木誠一

法藏館

序にかえて
——本書へのオリエンテーション——

仏教とキリスト教の出会いは必ずしも幸福なものではなかった。十九世紀の西欧にとって仏教は——正しく理解しようとする試みも皆無ではなかったが——一般に自我の破壊ないし解消、思考の否定、不毛な虚無主義と受け取られ、この傾向はいまでもないわけではない。浄土教は確かにプロテスタンティズムと似てはいるが、信仰の対象がイエス・キリストではないがゆえに異教とされた。他方、仏教徒にとってキリスト教は「神」などというありもしないものを説く宗教であり、この理解は現在もしばしば見られるところである。

二十世紀中葉から仏教とキリスト教の対話が国際的な規模でなされるようになり、相互理解は大いに進んだ。アメリカでは「仏教的キリスト教徒」さえ現れている。欧米ではゴータマ・ブッダをイエス・キリストを指し示す預言者のような存在として認める神学者も出てきている。しかしキリスト教とユダヤ教、イスラム教との対話というさらに困難な出会いが進むにつれて、伝統的宗教の当時者は現在、自分たちの宗教を変革せずに他宗教と共存する道を模索しているようにみえる。しかしそれでは出会いまた対話として十分とは思えない。私は仏教とキリスト教に共通の根があると確信して以来、というよりもむしろそれを知って以来五十年、その根を掘り起こし明らかにすることに努めてきた。それはここに人類的普遍性をもつ宗教の立場があると思えたからである。本書はいわばその結論である。

共通性といってもそれは英語と日本語の言語学上の共通点というような意味ではない。それはむしろたとえていえば、ピカソとシャガールとダリの共通性というような意味である。それは色や形や構図の共通点ではなく、通念的イメージを解体して新しく組み直す創造的自由ということだ。そこに絵画の本質があろう。具体的にいえば、パウロが「私は律法を通して律法に死んだ。もはや生きているのは私ではない。キリストが私のなかで生きている」と語った事態に対応するものが――すなわち単なる自我（狂った自我）の死と、自我を超えた働きによる自我の新生（正常化）が――仏教にもあるということだ。そこに両教に共通する根の働きがある。

もちろん仏教とキリスト教には違いがある。それを明らかにしようという努力に私は全く賛成である。ただし、その違いが本当の違いであって見せかけのものではないならば、ということである。もし仏教とキリスト教の違いが、前述のように、前者はあるもの、なくてはならないものをないと言い張り、後者がありもしないものをあると主張するということならば、何のことはない、両者はともにただの妄想にすぎない。だから見せかけではない共通点と違いを明らかにすることが必要なのである。

具体的にいえば、本書の主張はこうである。新約聖書には「場所論的」神学と名づけうる重要な部分があり、これは古代東方教会にも生きていたが、ローマを中心に発展した人格主義的キリスト教では、なくなることはなかったとしても、傍系に置かれるようになった。しかし仏教と正確に対応するのはこの神学なのである。他方、西欧で中心的となったのは、イエス・キリストにおいて神が決定的に語り行為したという宣教、換言すれば神を人格神と把握し、イエス・キリストの贖罪と復活を中心とする神学、いわゆる（広義の）救済史的神学である。日本に伝えられたキリスト教は主として欧米のキリスト教であるから、もちろんこの系統を引いているわけである。

それに対して場所論的と呼んだ神学においてはまず、神は働く神である。神は人のなかで働き、人の働きと意志を成り立たせる神、万物のなかで働いて万事を成り立たせる神である。このような神把握はしばしば「神秘主義的」と呼ばれた。F・ハイラーが神に対する人間のかかわり方として神秘主義的なものと預言者的なものを区別したことはよく知られている（Friedlich Heiler, *Das Gelet*, 1923）。ユダヤ教とキリスト教は全体として後者に属するという。ピーター・バーガーはその編著で、人間が自分に対向する神に出会う宗教と、意識の内側で神と出会う宗教を区別し、ユダヤ教、キリスト教、イスラーム、仏教、ヒンドゥー教には両者の要素があることを示した（岩松浅夫他による邦訳『神の知られざる顔』教文館、一九八五年、がある）。パウル・ティリッヒはキリスト教の神には人格主義的な面と存在論的な面との両方があることを指摘している（土居真俊による邦訳『神の存在論的探究』理想社、一九六四年、がある）。だから私はこの点で全く新しい説を立てたわけではない。ちなみに、新約学の分野では、A・シュヴァイツァーが『使徒パウロの神秘主義』（一九三〇年）において「エン・クリストー」（in Christ）を神学的思考の事柄として論じた。以来新約学ではエン・クリストーは研究の主題とされてきたが、「クリストス・エン」（Christ in）はほとんど取り上げられていない。実は両者は本書でなされているように対概念として扱われなくてはならない。さてここで、場所論的というとき、それはまず人格主義的ではないが、しかし神と人との実体的一を説き、しばしば自我の解消に向かう神秘主義とも違うし、神を存在の根底とする存在論的神観でもないことを指摘しておきたい。誤解されやすいのでここでコメントしておきたいのだが、場所論的な神は人格神ではないが、場所論において人間は明確に人格として把握される。人間は身体としての人格、人格としての身体である。

場所論的とは、個人（個物）は神という働きの場のなかに置かれてその働きを映す、つまり神は作用の場であり、個人（個物）は神の働きが現実化する場所である、という考え方である。もっとも基本的なカテゴリーは人格でも存在でもなく、場所と作用（働き）である。その際、人間は身体としての人格、人格としての身体と把握され、人間の主体は単なる自我ではなく、「自己・自我」とされる。先に引用したパウロの言葉のなかで、パウロはうちなるキリスト（これは自我を超える自己、自分の真実の主体である）とそれに気付き（自覚し）、語る自我とを区別している。この区別は、自我は単に消滅するのではなく、考え決断して責任を負う機能としてあり続けることを明確にするわけである。つまりこの区別を無視すると責任の所在が不明になってしまう。

ところで「神が働く」のではない、働く神が神であり、人はその働きを映す、とはいかなることか。ここでは――本文中にも再度出てくることだが――まずは若干の比喩で暗示しておきたい。働く神が神だとは、輝きとは無関係に太陽があっていつかそれが輝くのではなく、地球に光と熱を与えているあの輝きが太陽だ、というのに似ている。

夜空に月が光る。これは太陽系空間には太陽光が満ちみちているからである。それは光の作用の場である。ただし太陽光は夜、我々の目には見えない。しかし夜空に月があると月は光って太陽の存在を顕示するのである。月は光の作用の場のなかに置かれて光を宿す場所である。軟鉄でできた釘には磁力がないから相互作用もない。しかし釘は磁場に置かれると小さな磁石となって相互に作用し合う。釘で円環を作ることも可能である。釘は磁場のなかに置かれると磁力を宿すのである。さて最初の比喩の場合、我々は太陽が地球の裏側にあって月を照らしていることを知っている。光にはいわば出どころがあるわけだ。磁場の比喩の場合でも磁石が見えるのが通例である。しかしこういう例もある。物理的空間のなかに置かれた質量のある物体は重力によって相互に作用し合う。太陽系の場合、太陽が何か鎖のようなもので地球や他の惑星をつないでいるわけではないが、離れた天体同士は、物理的空間のなかでは自然に引き合うのである。物理的空間は「働く神」の比喩、そのなかに置かれて作用し合う天体は個人（個物）の比喩である。「神」に当たる「実体」がない点でこの比喩は、場所論的神の比喩としては、より適切である。

さらにいえば、太陽系は本書でいう「人格の統合体」の比喩でもある。磁石の両極のように区別はできるが切り離せないもの、単独には存立できないものを「極」という。太陽系において諸天体は重力による作用の極である。そして極から成る一つのまとまりを統合体という。身体は諸器官から成る統合体である。ここで極同士の作用とは、身体のなかでそれぞれの器官が独自の仕方で働き、必要なものを必要なところへ提供し合い、もって一つのまとまりであり続けることである。これは広義でのコミュニケーションである。さていわゆるビッグバンで放出された膨大なエネルギーの一部が素粒子となり、それらが結合して我々が知っている物質となり、やがて銀河を形成し、そのなかに太陽系のようなシステム（統合体）ができる。そして地球という絶妙な諸条件を備えた星の上に生命が誕生し（生体は統合体である）、生態系というゆるい統合システムを作りながら、人間という知的な生物にまで進化し、人間は人格共同体という高次の統合体を形成する。我々はここに――統合体形成は物理的法則のような必然ではなく、統合体の出現は稀ではあるが――現実の全体のなかに統合作用ともいうべき働きを見るのである。一般に統合体には統合作用の場がありそれを宿す個がある。たとえば太陽系は重力の場のなかにある。生体の場合、場は身体であり個は器官（ないし細胞）である。音楽の場合、個々の音を統合する場は心である。人格統合体を形成する働きを新約聖書は神・キリスト・聖霊と呼んだ。

ところで以上のうち「客観的」に観察できる事態はあくまで場所論の比喩であることを忘れないでいただきたい。つまり、我々の観方の視野を広げて、神と物理的空間の関係はということになれば、とりあえず物理的空間は神という作用の場のなかにあって神の働き（統合作用）を映すものだということになる。しかし神と自然との関係は科学的客観的に確定できることではない。我々は客観的に宇宙論を述べているのではない。ここに我々の場所論といわゆる「知的デザイン説」（宇宙の進化からしてそこには目的論的なデザインがあり、そのようにデザインした神があるという、しばしば自然科学者の感想として語られる説）との違いがある。場所論は自然科学的認識の解釈ではなく、自覚の哲学的表現である。愛は神から出る、愛する者は神を知る、という言葉があり、これは新約聖書における場所論的神学の一つの代表である。愛する者は自分の愛が自我を超えたいわば深みに由来することを「自覚」するのである。「宇宙論」はここから出てくる。愛は神と人との「作用的一」である（実体的一ではない）。作用的一の自覚が神認識である。愛する者は愛が神から出て人に入るのを客観的に観察するわけではない。

愛は統合作用である。統合された人格共同体を形成する。つまり、上述の比喩はまずは客観的に観察された自然界から取られたものである。しかし我々の中心問題は我々のなかで働く統合作用の自覚にある。自覚とは、自分が何かであり何かをしているとき、自分はそれであり、それをしていると気づくことである。それが「意識」とどう違うかといえば、意識は普通は自我の意識のことだが、自覚とは自我を超える深みから自我に働き、自我自身の意志となる働きに気づくことである。統合作用が我々に働いている。それが「身体／人格」としての私を私たらしめる。それが自覚されたとき、人格統合体の形成が我々自身の願いとなり誓いとなり意志となる。実はそれが「身体／人格」としての我々の本性だ。そしてその本性は「身体／人格」を超えた深みに根差している。それを言い表すと、我々は神の統合作用の場のなかにあり、神が我々のなかで働いて、愛の意志と働きを成り立たせる、ということになる。これが場所論の基本である。そしてこの働きのいわば出どころである超越的主体が神として立てられ、我々に対向する実在として表象されるとき、ここに人格主義的神観の根もあるわけだ。ただし仏教は作用の場は語るけれども、一般に作用の出どころ、場の奥にある作用の究極的主体そのものは認めない。これを神として語るのはキリスト教である。だからキリスト教的場所論は神から出る愛を語る。しかし我々が神自身に直接出会うことがない以上、どちらも同等の権利をもって主張しうることであると思う。

我々は考え、感じ、意志し、決断する。それは否定しようのない現実である。もしこれを心の働きというならば、心は現実である。しかし、外から客観的に観察すれば、脳細胞が働いているまでであり、その反応はすべて物質的反応、つまり物理的化学的反応である。これが物質的反応としては記述できない「人間の心」ですよと客観的に特定できるような「実体」は存在しない。心の「表現」は客観的に見ることができても、心自体は客観的対象ではない。痛みは現実だが、痛みという「もの、実体」はない。外から見れば痛みに対応する身体内の物質的反応があるだけである。つまり痛みは感覚であり、感覚には現実性がある。音楽も客観的事実ではない。客観的には空気の振動と、それを脳に伝達する物質的反応があるだけで、それを検証しても音楽を聞いたことにはならない。しかし音楽が客観的事実ではないからといって、音楽の現実性を否定する人がいるだろうか。「もの」と「こころ」は同じ次元で並列する現実ではない。それは人間を外から観察するか内で自覚するかの違いである。科学は外からものを説明するが、科学を生んだのは人のこころである。前者だけを現実とするのは間違っている。

我々は自然界にも見られる統合作用に基づいて神を推論するのではない。本書は客観的事態を記述する言語と、感覚・自覚を表現する言語とを厳密に区別している。宗教の言語は後者である。神は我々における作用的一の自覚に基づいて語られる。愛（統合作用）という働きがそれだ。我々はそれを経験し自覚する。人間は対象的な神と直接出会うことはない。人間が経験し自覚するのは「作用的一」である。ここに神の働きの現実性があり、神の働きという言葉の有意味性がある。さて統合作用の主体（出どころ）を指して神ということは、神に直接出会うことはなくても、少なくとも可能である。したがって身体と人格の全体に及ぶ統合作用の自覚に基づいていうなら、人間界と自然界（物質界、生命界）を超えた神の働きの場があり、自然界も人間界もそのなかに置かれて、神の働き（統合作用）を宿すということができる。これは自然界と人間界における統合作用は究極的には神の働きに根差すという意味である。ただしこの認識は客観的科学的認識ではない。自覚に基づき、いわば内側から世界を見る「信仰」である。それに対して客観的世界の科学的認識においては神は存在しない。自然は神の働きの場のなかにあってそれを映す、とは科学的認識としていえることではない。神と自然の関係を客観的に検証することもできない。神は科学的言語の世界には存在しない。この区別は基本的に重要である。自覚においてはじめて露わとなり、自覚表現の言語によって伝えられる現実性がある。生の実感、心、人間性、芸術、宗教というようなことがそうだ。それなのに科学と技術と経済を偏重する現代は自覚表現の世界を主観的と称して軽視し、ひいては自覚の世界の現実性を忘れてしまった。ここに人間性喪失という現代の危機がある。二十世紀の言語哲学さえ記述言語の分析に偏して自覚表現言語を無視しがちだったと思う。

本書の書名は「場所論としての宗教哲学」である。そもそも哲学とは何か。哲学は究極的原理の学とか世界・人生・歴史にかかわる全体的認識の論理的体系とか理解されているが、哲学史上一貫しているのは知の自己反省ということである。知る、考える、語るとはいかなることで、いかにして成り立つか、その正当性はどこにあるか、という反省である。私はそれが哲学のもっとも重要な機能だと考えているが、本書は認識、論理、言語について本書なりの見解を述べている。直接経験、「即」の定式化、言語機能論がそれである。換言すれば哲学は知の自己批判の上に人間、世界、超越について、概念的・体系的に語るのが哲学というものである。ただしこれは、後述のように、れば哲学は権威と伝統を尊重はするがそれに依存はしないということである。

哲学は理性を立場とするということではない。では「宗教哲学」とはいかなる意味かというと、本書は仏教とキリスト教の共通の根を明らかにすることに向かっている。その立場は理性ではなく、宗教的経験の自覚である。「身体／人格」としての人間が個を超えた統合作用に担われているという「経験と自覚」である。本書はその哲学的表現である。

本書の哲学的神学的立場が問われるとすれば、第一に本書の立場は「思考と存在は同一である」と語ったギリシャの哲学者パルメニデス（前六世紀―前五世紀）の原則に基づいて、概念内容と概念間の論理的関係を明らかにすることによって存在を開示しようとする、プラトンからヘーゲルにいたる観念論（理性主義）的方法には否定的である。それは言語化（概念化）された現実と現実そのものとは違うからである（直接経験論）。これと関連することだが、場所論は存在論でもない。場所論の基礎語は「存在」ではなく、「作用」（働き）であり、作用の場と場所である。神は存在の根底（ティリッヒ）とは把握されていない。場所論の知が客観的認識ではなく自覚であることはすでに述べた。

経験と自覚を立場とする本書は理性主義よりも生の自覚を語ったニーチェにはるかに近い。しかし生の自覚を鋭く深く語ったニーチェは弱者のエゴイズムを指摘しながら強者のそれは肯定した趣がある。彼は人格とその共同体を問題にしなかったのである。彼は自我と自己の区別をしているが、自己の自覚内容が本書と違うのは、ニーチェの「生の自覚」には身体の現実性はあっても、人格性とコミュニケーションの現実性が希薄だからである。さて自覚の立場は無意識の意識化といえる面をもつが、本書の「自覚」は、主として抑圧された幼児体験の意識化を求めるフロイトとも、自我確立以前の人間の情報処理の仕方を明らかにしようとするユングとも異なる。ユングも自我と自己を区別するが、ユング的自己は夢などによってみずからを示す。しかし本書の自己は――仏教的覚と同様――覚めた自我に対して、また自我のなかに現れるものである。

とはいえ本書には自我と自己の関係について、ユングと共通する点もある。

さて直接経験はフッサールの現象学的還元と似ているが、フッサールの場合は、現象が意識内在に還元されたあとで意識超越の意味をもつことが確かめられる。それに対して本書の直接経験の場合は、言語化のはじめから主観「即」客観である。

キェルケゴールのキリスト教的「実存」には私は深い共感を抱いている。彼はこの世でキリスト者として生きることの意味を、また人生を宗教的視点から分析する仕方を、教えてくれた。しかし私は彼の立場を離れるようになった。「イエスという一人の人間が『私は神である。私に躓かない者は幸いだ』と語り、我々はそのメッセージに直面して信仰の決断をする」というキェルケゴールのキリスト教理解は、新約聖書でいえばヨハネ的である。ここにはキリスト教の絶対性主張を成り立たせるものがある。それに対して私はキリスト教の根拠を、イエスがいう「神の支配」、パウロのいう「私のなかに生きるキリスト」（これは実はイエスという個的人格とは区別されうる普遍的超越的現実で仏教とも通じ合う）に見るようになった。なお二十世紀の言語論、言語哲学との関係は本文中に略述してある。

本書が「場所論」という書名をもち、本書の立場が経験と自覚であることから明らかであるように、私がもっとも親近性を覚えるのは京都学派の哲学である。ただ京都学派が仏教とくに禅の哲学的表現であるのに対して、私は新約聖書研究者として出発し仏教とキリスト教の対話に携わったため、本書の場所論には新約聖書の影響が強い。具体的にいえば場の働きは「統合作用」として理解され、統合作用は人格共同体の統合に向かう。つまり仏教が個的であるのに対して本書は同時に強度に共同体的である。さらに「自己と自我」の区別と関係は、前述のように、自我の「責任」を明らかにするものである。決断、責任ということはよかれあしかれ仏教とキリスト教の——相対的な——違いの一部を示すものである。京都学派との関係については、本書の場所論の形成にもっとも強い影響を与えたひとりである宗教哲学者滝沢克己との関係を含めて、本文を読まれたい。なお、波多野精一の宗教哲学も宗教経験の哲学的反省を立場としているが、これは他者との出会いの面を強調する人格主義的なもので、経験の反省といっても、本書の「自覚」とは立場を異にしている。

本書の神学的立場について一言すれば、私の立場は、神が歴史のなかでイエス・キリストにおいて語り・行為した、という人格主義的神学を排除するものではないが、その他面に場所論的神学を立て、率直にいって重心はこちらにあると考えている点で、広義の「救済史的」神学（創造から終末にいたる、人間に対する神の救済行為を物語る神学。中心はイエス・キリストの贖罪死と復活の出来事である）とは異なる。もっとも近いのはブルトマンの神学であり、私の立場はブルトマンのキリスト教絶対主義（キリスト宣教絶対主義）からは離れつつ、彼の「非神話化―実存論的解釈」を推進したものだといえる。非神話化とは、元来客観化できない事柄を客観化して語る仕方であり、実存論的解釈とは、その客観化すべからざる事態を実存哲学の概念性で表現することである。それを私の概念性で言い直せばまず、キリスト教は元来自覚に現れる事柄を、客観的事態を叙述する記述言語で語ってしまった――それは新約聖書でも始まっている――から、それを批判しつつ、神学的認識を自覚という元来の場に戻して、自覚内容を表現言語で語り、概念的には「場所論的宗教哲学」で表現する、ということである。換言すれば、キリスト教は使徒的宣教への信仰を要求するが、場所論は確認可能な経験と自覚に根差すわけである。さらにいえば本書は宗教を教義と倫理に解消し、もって「単なる自我」（人の知性と意志）を宗教の担い手たらしめる傾向に正面から反対するものである。

最後に本書の叙述法についてひとこと述べておきたい。場所論は記号化できるのである。物語つまり歴史的な出来事の叙述は記号化できないし、しても意味がない。それに対して働きの場における作用関係は一般化できるから、異なったセンテンスを同じ命題式で統一することができる。それはたとえば、近代の力学が個々の現象の記述をやめて、物体の運動一般を数学的に表現したのに似ている。力学は重力の場における計測可能な量の関係を関数式で示したのである。作用と運動の記述には幾何学的論証よりも代入と変形を可能にする関数式の方が適していたのだ。この方法は物理学一般に及ぼされて、その飛躍的発展をもたらした。本書は作用の場、ないし場で作用し合う個を記号化するのだが、記号化については論理学の記号を借用しているところがあるので、一見すると記号論理学の適用に見えるのだが、実はそれはまるで違う。本書の記号は、確かに場所論的命題の記号的表現ではあるが、結局は統合作用の場における超越と個、個と個との作用関係を示すものである。場所論の記号化と記号論理学の関係は、物理学における関数表現と数学の関係と同様である。私は実ははじめ自分用のメモとして記号を使っていたのだが、これが意外と正確であり便利でもあり、何よりも式の変形によって異なったセンテンス同士の――場所論の意味での――論理的関係を知ることができるので、あえて論文で使うことにしたのである。一方では反発する人もあり、他方では視覚的で文章表現よりよほどわかりやすいし場所論の全体を見渡す上でも便利だという評もある（これは女性に多い）。ご検討いただきたい。

本書はもともとは個別的に書かれた論文と講演録とをまとめたものである。だから叙述には重複がある。しかし重複には理解を助ける意味もあると思われるので、くどいと思われるかも知れないが、あえて若干を残しておいた。ご寛恕いただきたい。なお私は自分の研究全体のまとめでもあり最後のものとなるかもしれない本書を、大変お世話になった法藏館から出したいと考えてお願いしたところ、快諾していただいた。社長の西村七兵衛氏、記号を含む文章を読みやすく組むという面倒な仕事を引き受けて下さった編集部の岩田直子さんにこころから感謝を捧げる次第である。

場所論としての宗教哲学＊目次

第四章　場所論の展開

第五章　場所論の論理

場所論としての宗教哲学

——仏教とキリスト教の交点に立って

第一章　場所論概説

第一節　場所論と場所論の諸概念

まずはじめに、ここで「場所論」といわれるものについて説明をしておきたい。「場所」という言葉は後期の西田哲学からとられたものだが、以下本書では「場所」の概念を展開して、新約聖書の解釈およびキリスト教と仏教の関係に適用する。

さて以下で場所論的といわれる観方とは、個（特に人間）は神という「働きの場」のなかにあり、他方では、個（特に人間）はそこで神の働きが現実化され自覚される「場所」である、というものである。個と場の中間にあるものは世界だが、世界は個にとってはそこに個が置かれる中間的な「場」であり、また世界自身は神の働きの「場所」でもある（後述。場と場所は相関しつつ重層的である）[1]。このように場と場所とを区別して用いることにする。神という「働きの場」のなかにある人間は必ずしも神の働きを表現する「場所」ではない。しかし、そこで神の働きが現実化し自覚されるとき、人の間に相互作用（新約聖書では愛と呼ばれるが、一般化すれば広義でのコミュニケーション）が成り立ち、そのような人間は集まって統合体（後述。新約聖書では教会と呼ばれる）を形成する。そして教会は神の働きの「場所」でありつつ、信徒にとっては信仰生活の「場」でもあるようなものである。

1　場所論、極、相互作用、統合

まず場所論の対象と内容を、いくつかの比喩（ないし類比）を用いて説明しよう。軟鉄の釘には磁性がないから、釘同士は吸引も反発もしないが、それらを磁場のなかに置くとそれぞれが小さな磁石となり、それらの間には「相互作用」が成り立つ。上手に組み合わせればそれぞれのS極とN極をつないで円形を作ることもできる。物理的空間のなかでは、質量のある物体同士は重力で引き合う（相互作用）。天体同士ならたとえば太陽系のようなシステムを作ることができる（統合体）。

ここで用語の説明をしておくと、磁石のS極とN極のように、区別はできるが切り離すことのできないもののことを「極」という。極と対極は性質は違うが、単独では存立できない。自分の存立のためには相手が必要である。太陽系の場合、引き合う天体の重心は「極」である。生体の場合、生体の全体を一つの場とみなすことができる。骨格や神経系統、消化器や循環器のような器官系は、それぞれに極性があり、それらの間には相互作用があって、全体として一つのまとまりを作る。このように、極同士が集まって一つのまとまりをなすとき、これを「統合体」という。生体の場合に重要なことは、器官系同士の間、一般に部分同士の間には、それぞれが必要なものを作り出して、それを必要なところへと供給する働きがあることだ。これは広義でのコミュニケーションであり、これを管理調節（コントロール）する機能は脳が受け持つ。身体の管理調節には自動的なシステム（自律神経系）があるが、意識的な自我には身体の必要を感知して、内外の状況を判定しつつ、必要な行動を選ぶという重要な機能がある。健康体とは統合された身体のことである。換言すれば高度な統合体には、無意識的な自動性とともに、認識し選択するという意識的な機能が不可欠である。このように場所論とは、場、場所、極、相互作用（コミュニケーション）、統合というようなキーワードを用いて現象を理解叙述する仕方のことである。この場合、統合とは必ず分化と統合のことであることを注意しておきたい。生体は一個の受精卵が一方では細胞レベルで分化し、他方では器官レベルに分化、統合され、全体が生体レベルで統合されて、一つのまとまりとして成り立つのである。このように統合とは分化と統合のことであることを記憶しておいていただきたい。なお、統合体には「統一」という局面がある。これはあらゆる部分に共通する要素のことで、人体なら形と遺伝子レベルから骨格レベルにいたる構造に表現される。これは自己同一性、つまり他者との区別の要素でもある。

場と個の関係については以下の比喩も有用かもしれない。これは場の存在がどうして知られるかという問題とかかわっている。夜空に月が輝いている。ということは、太陽系という宇宙空間には太陽の光が満ち満ちているということだ。それは光という作用の場である。しかし夜、その光は目には見えない。しかしそこに月があると――惑星一般でもいいのだが、ここでは月を取り上げる――、月は太陽光を反射して輝き、地球の反対側にあって見ることのできない太陽の存在を顕示する。月が光るから、光という作用の場の存在がわかるのである。これはイエス・キリストが地上で神を啓示する比喩になる。

このように場所論は、古代ギリシャ以来の存在論とは異なる。存在論は個物を存在として扱い、個と普遍というカテゴリーを用いつつ、個物の集合である世界の構造と機能を考察してきた。その場合、存在はしばしば「実体」であった。実体とは自分自身によって自分自身でありうるもののことで、つまり極ではないから、相互作用なしに存立しうるものであった。したがって――究極の普遍的実体と二次的な実体（ないし個物）とを分けて、前者が後者を「動かす」といっても――相互作用の説明は困難であった。この困難は――程度に差はあっても――古代（特にプラトン）から近代（特にデカルト）の哲学に共通するものである。

次に場所論自身は「人格主義」とも異なる。ここで人格主義というのは、特に神を「人格神」として語る神学のことである。人格神とは、知性と意志、場合によっては感情をもつ神が命令者として人から従順を求め、祝福しあるいは罰を与える、要するに人格（人間ではなくペルソナ）として人に語りかけて応答を求め、かつ歴史に介入する、という仕方で神と人の関係を理解する神学のことである。場所論自体は人格主義的ではない。人格主義は神と人とを「出会い」のカテゴリーで理解するのだが、場所論は神のうちからの促しと人間によるその表出で理解する。ただし、ここで断っておかなくてはならないことがあり、これはいちいち断らなくても全体を貫くことを是非記憶しておいていただきたいのだが、場所論は神と人との関係の一つの相（アスペクト）の叙述であって、人格主義を否定排除するものではないことである。神と人の関係は、人格主義的にも場所論的にも語られる。新約聖書がこのような二重の語り方をしている。しかしローマ中心に発展したキリスト教は人格主義の一面に偏してしまった。ただし場所論でも人間は基本的に「身体である人格、人格としての身体」と理解されている。そのような人間が神の働きの「場所」なのである。

本書はこれに対して場所論的他面を対抗させるものだが、人格主義的神学の権利全般を否定するものではない。神は人格主義的に、また場所論的に、語られる。神自身は場所でも人格でもない。結局のところこれらは比喩である。だから神が場であるといっても、自覚の場所で語られる場所論と、客観的・物理的空間（場）との関係を求めたり、多元的空間論を持ち出して、神と諸世界という多次元空間の現実性を理論的に設定しようとしても、それは実証できない限り無意味な努力というものだ。これは本書の結論になることだが、大切なのは論ではなく、さまざまな論として言語化される経験の方である。だから本書は場所論として表現される経験――万人に可能な実感的経験――を問題とするものだといってもよい。

2　神と人

以下で新約聖書において神と人がどうとらえられるかを序論的に検討してみたい。前述のように、一般にキリスト教の唯一神は人格神とされているが、新約聖書においてはそうではない。新約聖書にはさらに「場所論的」な神理解がある。イエスの場合もそうだが、それが用語の上で明瞭なのはパウロ書簡とヨハネ文書の場合である。場所論としては後者の方がわかりやすいので、まずはこちらから説明する。さて場所論的神学では、神とは人間また世界がそこに置かれている「場」であり、他方、人間と世界は神の働きが宿る「場所」である。場と場所とをこのように区別して使い、以下では主として新約聖書の場所論的神学を問題とする。一例として「ヨハネ第一の手紙」四7―16を（直訳的に）引用する。場所論のキーワードの一つは「en」（英語のinに当たるギリシャ語）なので、当該箇所に傍線を引いておく。なお括弧内は筆者による説明である。

7（わが）愛する者たちよ、互いに愛し合おうではないか。愛は神から出る。そして愛する（愛を行
う）者はすべて神から生まれた者で、神を知る。8愛さない者は神を知らない。神は愛だからである。
9神の愛は私たちのなかで以下のことのうちに顕わされた。すなわち神はその独り子（イエス・キリ
スト）を世に派遣された。それは彼によって私たちが生きるためであった。
10私たちが神を愛したことではなく、神が私たちを愛してその子を私たちの罪の贖いとして派遣した
こと、このことのなかに愛がある。
11（わが）愛する者たちよ、もし神がこのように私たちを愛したのならば、私たちにも互いに愛し合
う責務がある。12いまだかつて神を見た者はいない。もし私たちが愛し合うなら、神は私たちのなかに

とどまり、神の愛は私たちのなかでまっとうされているのである。[13]神が私たちに聖霊を与えたことによって私たちは、私たちが神のなかにとどまり、神が私たちのなかにとどまることを知る。[14]また私たちは、父（なる神）が子（イエス・キリスト）を世の救い主として派遣したことを見て証しする。[15]誰にせよイエスは神の子であると告白する者（があれば）、神はその人のなかにとどまり、その人は神のなかにとどまる。[16]そして私たちは神が私たちのなかに持っている（働かせている）愛を知り、かつ信じたのである。神は愛である。愛のなかにとどまる者は神のなかにとどまり、神はその人のなかにとどまる。

一見すると信仰を強調する15節と愛を語る16節は競合するように見える。ここで目立つのは、人格主義的な神学と場所論的神学の結合である。そもそも「神はその独り子（イエス・キリスト）を世に派遣された。それは彼によって私たちが生きるためであった」という9節は、14節と15節同様、「ヨハネ福音書」的だが（ヨハネ三16—17参照）、ここには「派遣する」という人格主義的な言葉があり（ヨハネ一七25など多数）、さらにそれは神の愛の表現と理解される。他方10節には「神が……その子を私たちの罪の贖いとして派遣した」とある。これはエルサレム起源の最古のキリスト宣教で、その中心主題は元来は愛ではなく、神の「義」である。神はイエス・キリストを人間の罪のための贖罪者としたことにより、みずからの義を示し、また信徒を義とした、という（ローマ三23—25参照）のである。そして10節では贖罪が神の愛の表現として理解される。つまり右の引用文で特徴的なのは、原始教団のさまざまなキリスト理解が神の愛の表現として再解釈されていることである。(2)ここで愛は場所論的概念である（後述）。

新約聖書にはいろいろな神学的立場があるが、贖罪死をとげて復活したキリストへの信仰は人格主義的神学の中心になっている。他方、パウロとヨハネには同時に場所論的神学があるわけだ。上記のように「ヨハネ第一の手紙」では人格主義と場所論とが結合しているばかりか、前者は後者から理解される。これは「ヨハネ第一の手紙」の著しい特徴である。しかしキリスト教全体の流れとしては、キリスト教が西欧に伝えられてローマ中心に発展するようになってから、人格主義的神学が前面に出て場所論的神学は――なくなりはしなかったが――後退した。日本に伝わったキリスト教も主として人格主義的であった。

3　愛、自覚、作用的一

ここで「愛する者は神を知る」（7節）という言葉について一言しておく。この言葉は場所論における神認識の仕方を示している。神は対象としては認識されない。「神を見た者はない」といわれる通りである（12節）。愛する人間は、愛するときに、自分の愛が自我を超え個を超えた深みに由来することを実感するのである。それを愛は神から出る、と言い表すのである。さて「愛の主体が愛という主体的行為のさなかで自分の愛の超越性を実感（直覚、確認）する」という知り方は「自覚」である。認識には客観的対象認識と、「我と汝」関係での「汝」理解と、主体的行為における「自覚」がある。愛における神認識は自覚による知である。ところで愛といっても、ここでいわれる愛は特定の相手への執着ではなく、誰に対しても開かれている無私の愛のことである。ここで後述のコミュニケーションが成り立つのである。場所論における神認識は「自覚」の深まりである。「我思う、ゆえに我あり」というデカルトの自己認識は理性の自覚であり、この自覚の深まりが神認識であるのに対して、場所論では愛において身体・人格としての人間の自覚（自知）が成り立ち、その深まりが神認識なのである。

場所論的テクストの一例としてもう一つ「ピリピの信徒への手紙」二13を挙げておく。

神は君たちのなかで働いて君たちの意思と働きを成り立たせる。それは神の喜びとするところである。

問題は、特に「ヨハネ福音書」においては神と人間の関係がキリストに媒介されているのに、「ヨハネ第一の手紙」と上記の箇所の「神―人関係」では、キリストが言及されていないことである。しかしキリストは排除されているのではなく、含意されていると考えられる（後述）。

さらに大変重要なことなので言及しておくと、場所論的言語は「キリストは信徒のなかで働く」と語る。パウロは「もはや生きているのは私ではない。キリストが私のなかで生きている」というのである（ガラテア二20）。その意味は「うちなるキリストは私の真実の主体である」ということだ。キリストは憑きもののように人に憑いて自由意思を拘束するわけではない。全く逆に、キリストは「私」である。通常の「私」（自我）を超える真実の主体、自我を排除するのではなく、自我に現れて自我を自我たらしめる働き、つまり身体から独立して荒れ狂うエゴイズム的自我を、正常な自我（身体の一部となった自我）に変える働きである。自我だけの関心事ではなく全身体性・全人格性を表現する私、普通に自我が私だというよりももっと深い、本当の私である。普通の意味での人間の主体である自我を超えた真実の主体が、自我の深みで働くわけである。この主体を自我と区別して「自己」ということにすれば、パウロが記すキリスト顕現すなわち「神が私のなかに御子を現した」（ガラテア一16）という出来事は一般化して「自己が自我に対して、また自我のなかに、露わとなった出来事」ということができる。ここで重要なことは「自己」の働きについて「私のなかで働く神が私の意志と働きを成り立たせている」といわれることだ（ピリピ二13）。つまりキリストは「私のなかで働く神」と言い換えられるわけで、これは本書の一つの主題である。

では何故わざわざ「自己が自我に現れる」などというのか。それは通常、自己は自我に現れていないからである。キリスト者となる前のパリサイ人パウロはキリスト信徒を迫害していた。あとになってパウロは、自分は母の胎内にいたときから異邦人の使徒たるべく召されていた、というのだが（ガラテア一15）、回心前はまるでそれに気づいていなかったのである。しかし神が御子（私のなかで働く神＝キリスト＝自己）をパウロの「なかに」啓示したとき（ガラテア一16）、パウロはキリスト者となり、異邦伝道に献身するようになったのである。換言すれば、御子の啓示のとき以来、パウロのなかでの御子の働きは、彼にとって現実的となった。それはパウロの自覚にのぼり、パウロは自覚的にそれを表出するようになった。こうして彼は自分の伝道事業について、それは「キリストが私を通して遂行したことだ」というのである（ローマ一五18）。信徒のなかでのキリストの働きは自覚されなければ現実化しない。そしてそれは啓示されなければ自覚されない。ここでいう自覚とは、すでにあったもの、自分のなかで働いていたものにあらためて気づくことではなく、いわば覆い――自己と自我を隔てる覆い――を突破して深みからの新しい生が成り立ち、かつ自覚にのぼることである。この意味で自己が自我に現れたとき、「自己」の働きが感覚や思考や行動のなかで現実化するのである。我々は聖霊を与えられて神の内在を認識する（Ｉヨハネ四13）、とはこのことをいう。聖霊を与えられるとは深みに対して目が開けること、覆われていた自己が露わとなることである。

場所論は仏教と近い。自己と自我の区別と関係についても、たとえば鈴木大拙やその弟子の秋月竜珉は「個と超個」という言葉でそれを語った。悟りとは超個が個に対して露わとなる出来事、個が超個に目覚める出来事だとされることを注意しておきたい。このとき人間は「超個の個」（両者を切り離さず、一息で「超個の個」といわれる）となる。[3] 上記のことに関連していえば、道元は「証」（さとり）について「仏性の道理は、仏性は成仏（さとること）よりさきに具足せるにあらず、成仏より後に具足するなり。仏性かならず成仏と同参するなり。この道理、よくよく参究功夫すべし」と書いている（『正法眼蔵』、「仏性」の巻）。一

うものがある。そうではないのだ。作用的一は個の主体的創造的自由が、むしろそれこそが、神の働きを映すという逆説である。それはみずからに目覚めることで、忘我のことでも、相対者への自己委譲でもない。普遍に吸収されるというのは、統合と統一の混同にも基づいていよう。吸収とは「統一」（通念や秩序のような拘束的な「一」。詳しくは後述）に吸収されることで、統合体の一員となることではない。これらの誤解は、結局は自己と自我（後述）の区別に十分な注意を払わないことに基づくのではないかと思う。

第二節　場所論の記号化

1　記号化

場所論的神学を述べるには記号化すると大変便利である。これは私が拙著（『新約思想の構造』岩波書店、二〇〇二）で始めたもので、記号化は多くの人の反発を招きかねないことはわかっているが、場所論をわかりやすく、かつ正確簡単に述べ、さらには仏教的思考と比較する上で、実用的にもとても便利なので、ここでもあえて使わせていただく。まず先に述べた「ヨハネ第一の手紙」四7以下を記号で書き表すと以下のようになる。「ピリピの信徒への手紙」一13を手がかりにして説明すると、神は働く神だから、G↓（G矢印と読む）と表記される。他方、人も（神の働きを受けて働くから）M↓と表記される。したがって、神が人の「なか」（in）で働くことは、（G↓ in M↓）と表記できる。そしてそれは同時に、神が人に働きかけ、人を通して働くことである（G↓M↓）。すると両者はあわせて、G↓M↓＝（G↓ in M↓）と書ける。愛についていえば、愛する人間をM↓と表記すれば、その人の愛は神から出るから、両者の関係はG↓M↓と書ける。これは、人間の愛（Mにつく矢印）は神の働き（G↓）に由来し、これを表出するということ、人間

$$G\rightarrow M\rightarrow = G\rightarrow / M\rightarrow / (G\ \mathrm{in}\ M)\rightarrow / (M\ \mathrm{in}\ G)\rightarrow \qquad (1)$$
$$= (M_m \longleftrightarrow M_n) \qquad (2)$$
$$= (M_m\ \mathrm{in}\ M_n)\cdot(M_n\ \mathrm{in}\ M_m) \qquad (2\text{-}1)$$
$$\Rightarrow M_{intgr} \qquad (3)$$

M→＝S→E→[ただしこうなる前に通常は(S→｜E→) ⇨ (S→E→)という出来事がある]　(4)

の愛は神の働きと「作用的一」をなす、ということである。Mにつく矢印は作用的一を意味するわけだ。また、愛する者について、神は彼のなかに在すといわれる。これは「ピリピの信徒への手紙」二13の場合と同様、(G↓ in M↓)と書ける。なお、簡単にするため(G↓ in M↓)を(G in M)↓と書くことにする。すると、愛における神と人の関係は、G↓M↓＝(G in M)↓となるわけで、これは「ピリピの信徒への手紙」二13(神は人のなかで働いて人の意欲と働きを成り立たせる)を記号化したものと等しい。つまり記号化によって、複数の神学命題を統一的に述べることができるわけである。

次に、全体を見通すために、あらかじめ「ヨハネ第一の手紙」四7―16全体の記号化を上に示しておく。これはある意味で場所論全体を記号化したものである。なお以下の等式において、Sとは自己のこと、Eとは自我のことである。他の記号の説明はすぐ後でなされるとご承知いただきたい。

2　等式、記号、各項の説明

まずは等式全体について(各項については後述)。(1)―(4)は場所論の記号化の基本である。新約聖書の場所論はこの文脈内で語られるともいえる。つまりこれは場所論のコンテクスト(文脈)である。

さて(1)式左辺のG↓M↓は神が人間に働きかけ、人間がそれを受けて働くということである(上記のピリピ二13参照)。これは結局、神は人を通して働く意味になり、「ヨハネ第一の手紙」四7以下では愛は神から出ることを示す。するとMの右端の矢印は先に述べた「作用的一」のことであり、さらにG↓M↓という式は人間の自覚の表現となる。「自覚」はことさらに記号化されてはいないが、G↓M↓が自覚の表現（自覚内容の言語化）であるとは、自覚が、そこでG↓M↓が明らかとなる場所だということである。作用的一は自我を超えた深みから出る愛をもって愛する人間の自覚として語られるわけだ。それが「愛する者は神を知る」という意味であった。ついでにいえば、場所論の全体が自覚の表現なのだが、G↓M↓はそれを集約的に示すのである。

ところで、神が人に働きかけ、人がそれを受けて愛として働くということは、言い換えれば人が愛し合うことで、これが(2)式で記号化されている。（M_m↔M_n）は人間M_nとM_mの相互作用（コミュニケーション）を示す。この場合、人間同士の間に含み合いの関係が現れる。言葉のやり取りを例にとると、私が他者の言葉を了解した場合、それは私の言語世界のなかに組み入れられ、その一部となる。イエスの言葉が自分の言語世界の一部となった人は少なくないであろう。私はこのように他者のフロント（言葉は他者のフロントである）が私の一部に組み入れられることをフロント同化と呼び、互いにフロント同化がなされる構造をフロント構造と称している。[4] これはたとえば心臓と肺の関係にも見られる。心臓が肺に送り込む血液は働く肺の一部となり、肺から心臓に届けられるガス交換を終えた血液は働く心臓の一部である。このような関係は結局コミュニケーションの構造なのである。コミュニケーションにおいて、パートナー同士は相手のフロントを自分の働きの一部に転換することによって、お互いがお互いを映し合うようになるわけである。それが(2-1)式の意味である。この場合の含み合いの意味は、神と人との相互内在［(1)式右辺の第3項、第4項］とは意味が異なることに注意されたい。独立の人間同士では中心に及ぶような含み合い（M_m↓M_n↓と書けるような関係）は、M_nがM_mを完全に代表するような場合のほかに、原則的に存在しない。というのはG

↓M↓は絶対と相対との関係であるのに対して、人間関係は相対者（向かい合う者）同士の関係だからである。

さて愛し合う人間は「統合体」を形成する。それが（3）式、⇩M_{intgr}の意味で、統合体はただちに現成するのではなく、愛し合う人間は統合体形成に「向かう」ことが、矢印⇩で示されている。矢印⇩は作用（↓）ではなく、運動の方向を示すと了解していただきたい。矢印⇩の意味は（4）式でも同様である。[5]

次に記号の意味を説明する。場所論にとって、作用（↓で記号化）と場所（inで記号化）は必須である。作用と場所は場所論の基礎語に属する。ここで神は働く神（Iコリント一二6、ピリピ二13参照）であり、M↓は働く人である（ローマ一五18参照）。ゆえにG（神）とM（人）には、必ず矢印をつけるのが本当である。場合により省略可能ではあるが、その場合でも矢印は含意されていると承知していただきたい。さらに等号（＝）は「言い換え可能」ということである。場所論ではさまざまな言い換えが必要である。だから我々の等号は、数学や論理学の場合のような厳密な同義性（同義反復）を示す記号ではない。それは差し当たりこういうことである。たとえば「私の母」を「私の父の妻」と言い換えることができる。「私の母」と「父の妻」では語義（意味内容）は異なるが、言い換えは可能である。同様に「私の母」を「私の娘の祖母」、「私の妻の義母」等々と言い換えることもできる。これらは要するに、同じ事態を異なった観点から見て言い換えているわけだ。さらに場合によっては、「私の母」は「父の妻」である、とだけいってもいいし、「私の母」は「父の妻」であり、かつ「私の娘の祖母」でもある、といってもよい。この際、それぞれの意味は同一ではないことに注意が必要である。また、等式の右辺はどれか一つの項だけでもよいし、複数の項から成っていてもよいことになる。さらに右辺の項同士を等号でつなぐことも可能である（互いに言い換えだから）。また右辺と左辺を入れ替えてもよい（可逆性）。

ところで我々の場合、等号だけでは足りない。たとえば我々は作用的一を語らねばならない。神的といえば神的、人間的といえば人間的な事態を同時に語らねばならない。これは「神的『かつ』人間的」でありつつ、見方によっては「神的か『あるいは』人間的かどちらか」という事態を語ることである。そのためには「かつ」と「あるいは」を同時に示す記号が必要である。それがスラッシュ（「／」＝and／or）で示されている。さらに説明を加えると、a／b（aスラッシュbと読んで下さい）とは、aかつbであり（a・b）、さらにaかbかどちらかでもある（a∨b）という意味になる。つまり、a／b＝（a・b）・（a∨b）のことである。「・」は一般の論理記号の約束に従ってandを意味し、「∨」はorを意味する。この記号は場所論の叙述にとって、思うに不可欠である。必要なことは追々説明するが、ここでいえることは、たとえば人間を「個人／家族の一員／社会人」と書けば「人間は個人であり、家族の一員であり、さらに社会人でもある。また、人間は、特定の観点（たとえば特定の時と所）ではそのいずれかである」ということになる。茶筒は上から見れば円で、横からみれば長方形だから、「円／長方形」と書ける。本書は「人間とは身体である人格、人格である身体」だという観点で貫かれているが、これは「身体／人格」と書ける（人間は身体であり、かつ人格である。また、観点によって、身体であるか人格であるかのいずれかである）。だからa／bと書けば、aとbとは単に異なる二者である。しかしこの記号が大事だというのは、「即」を「／」記号を使って表現できるからだ。「p」即「非p」は、p／～pと書けるのである。「～」は一般の論理記号で「非」を意味する。ここで「p」と「～p」とは単なる差異ではなく、矛盾関係を示すと了解していただきたい。つまり「p／～p」とは、（p・～p）・（p∨～p）の意味である。すなわち「p『かつ』非p」であり、また観点によって「p『あるいは』非p」である、ということである。したがって有即無を「有／無」と書けば、これは「有かつ無であるが、観点によって、有であるか無であるかのどちらかだ」ということになる。すると神と人との作用的一は「神の働き／人の働き」と書けるわけで、「愛＝神の働き／人の働き」と書けば、愛は神の働きでありつつ人の働きである、また、愛は観点によっては神の働きか人の働きかのいずれかだ、という意味になる（愛は、神に由来する限りでは神の働きで、自我の働きである限りでは人の働きである）。

各項の意味について。ここで（1）式右辺の第1項と第2項、すなわちG↓／M↓について説明しておきたい。これらはむろん左辺G↓M↓の言い換えである。左辺は、人の働きは神の働きを受けてそれを表出している、それは自覚という場所で明らかになる、ということであった。さてそれを言い換える右辺のG↓／M↓とは以下の意味になる。

右辺第1項の「G↓」は神が神として働いているという意味である。つまり働く神が存在するということで、他の諸項を無視して（スラッシュはand-orだから、一項目だけ選びだすことができる）、G↓だけとれば、神がすべてのすべてだということである。第2項のM↓は、単独では、人間が人間として働いているという意味である。働く人が存在するということであり、これだけをとれば神は全く問題とならず、人間がまさに人間として働いているということで、人間は誰でも全く自主的であり、「天上天下唯我独尊」だということだ。こうして、G↓／M↓は上記のスラッシュの意味に従い、「G↓・M↓」と「G↓∨M↓」の両方を意味するわけである。以上の全体がG↓M↓＝G↓／M↓で表現されるわけである。ただし全体の意味は、神また人はあくまでこの式全体のコンテクストのなかで理解されなければならないということである。たとえば人間は自主的であって全く人間的に理解されるが（天上天下唯我独尊。これを無神論的ということもできる）、それは事柄の一面であって、それは同時にG↓M↓のコンテクストのなかで語られなければならない、ということである。

第3項（G in M）↓は神が人のなかで働くこと、第4項すなわち（M in G）↓は人が神という働きの場に置かれて働いていることである。つまり第3項と第4項ではinの意味が違う。Gが先に書かれる第3項では神は人に宿り、人の超越的主体として働くことを意味する（ガラテア二20参照）。第4項では神は人がそこに置かれている場のことで、神は人をいわば包む、人のあり方の根拠である（Iコリント一4参照）。それぞれが事柄の一面で、一面は両面のコンテクストのなかで理解される。ところで、第3項と第4項で「in」の意味が異なることは一般の記号論理学では不整合だが、場所論では当然のことである。場所論では、概念の意味は、それがかかわる相手とかかわり方（これは記号の位置によって示される）によって変わるからであり、その変わり方が重要だからである。語の意味は位置によって異なるということだ。一方では神は人間のなかで、その真実の主体として働く。人間は神の働きの場所である（G in M）↓。他方では、神は人間がそこに置かれる場（根拠）である（M in G）↓。そして前者と後者は上述のスラッシュ記号で結ばれるわけである。

　第3項と第4項について、前述した「作用的一」という概念を使えば、以下のようになる。第3項、第4項右端の矢印は神と人との作用的一を示す。（G in M）↓はもともと（G↓ in M↓）のことであった。したがって（G in M）↓における神は、人のなかで、人の働きと作用的一である限りでの神の働きのことである。神そのもののことではない。同様に（M in G）↓における人は、神（という場）のなかで、神の働きと作用的一である限りでの人の働きのことである。これは具体的には、まずは「自己」のことである。決して単なる自我のことではない。換言すれば自己とは人における神と人との作用的一のことである。この点はくれぐれも誤解のないように願いたい。

（2）式はG↓M↓を人間関係の場でさらに言い換えたものであり、M_mがM_nに働きかけ、M_nがM_mに働きかけるという相互作用を示す。Mm、Mnは任意の人間であるが、その間にある矢印（↕、相互作用）は上の場合では愛である。実際には一方的でしかない愛がありうるが、本書では基準となる相互の愛が書かれている。さらに(1)と(2)を併せると、神が人に働きかけること(1)は、人同士が愛し合うこと(2)だという意味になる。

(3)式はすでに説明した通りで、より詳しくは後述する。

(4)式（M↓＝S↓E↓）について説明すると、これもすでに述べたことの記号化である。すなわち人が人として働くとは、自己（S）が自我（E）に対して、また自我のなかに、露わになり、自我の働きが自己の働きを表現することだ、ということを意味している。自我は必ずしも自己を自覚的に表現するものではない。だから(4)式は宗教的なあり方の完成した状態を示している。一般に本書の場所論は完成した宗教性を述べるものである。罪のなかに閉鎖された人間のあり方や、未完成の宗教性は副次的にしか語られない。これは理論の不備ともとりうることだが、基準を語ることが全体への見通しを与えるのであって、罪や未完成の状態を語っても人間のあり方への正確な見通しは立たない。とはいっても、以下のコメントは必要である。つまり普通はS（自己）とE（自我）の間に壁があり、自我はSから隔てられている。これはS↓|E↓と書ける。つまりS↓とE↓の間に壁があって、EはSの働きを受けていない。この壁が消失する出来事が「神の子が私のなかに現れた」（ガラテア一16）という回心の出来事で、それを記号化すると（S↓|E↓）⇨（S↓E↓）になるわけである。S↓E↓はEがSに目覚め、SがEを通して働くようになったことを意味する。反対にS↓|E↓の「E↓」は「S↓」を知らない「単なる自我」である。回心の出来事において、自我は自己の働きをうちに映す自我に変わるのである。パウロの場合ならば、彼はキリスト者を迫害していたのに、回心のあとで「キリストが私のなかで生きている」（ガラテア二20）、あるいは「私の宣教はキリス

G→H→＝G→／H→／(G in H)→／(H in G)→　　　(5)

トが私を通して遂行したことである」（ローマ一五18）といい得たことはすでに述べた。つまりSとは「うちなるキリスト」（あるいは「G in M」、後述）のことである。S→E→において自己（S）と自我（E）の関係は原則的に不可逆である。それは、「G→M→＝G→（S→M→）」においてGが究極的能動であるからだ。一般に我々の記号化においては、左が主体で右が根拠になる。G→が一番左に位置するとき、それは究極的能動の意味であり、一番右にくるときには、G→は究極的根拠（西田の用語では超越的術語面に当たる）の意味になる。

3　記号の一般化と変形、記号論理学との違い

（1）式は一般化できるから一般式（5）として提示しておきたい。Gは神のこと、Hは媒介者としての「聖なるもの」のことである。我々は何かを聖なるものとして経験するとき、その背後に人と世界を超えたものがあって（G→）、それが聖なるものを通して働いている（G→H→）と語るものだ。それをさらに言い換えればGはHの「なか」に宿っている（G in H）→といわれる。とはいっても、GはHのなかに、いわば吸収されてしまって、その外には存在しなくなったのではない、HはGの作用圏内にあるということだ。それが（H in G）→で示される。比喩的にいえば、複数の朝露が日光を宿すさまを思い浮かべていただきたい。日光はG、朝露はHの比喩である。朝露の光はG→H→の比喩である。日光は朝露に宿って光り（G in H）→、朝露は日光の働きの場のなかで光る（H in G）→。露は互いに照らし合うことになるはずだ（相互作用）。この式は多くの宗教に見られる、神と聖なるもの一般の関係式で（神道の場合も、Hを「依《憑》り代」とすると、（5）式が成り立つ）、実は我々の（1）式は（5）式という一般式のHに

Mを代入したものである。

さてH↓が人格（預言者、使徒など）である場合、H↓の矢印（作用的一）は、Hが神の人間に対する語りかけ（G↓）を受けて、神の言葉を語ることとしても語られる。ここに人格主義的な宗教言語の根がある。一般に神の働きかけは強制でも機械的必然でもなく、促しだから、語りかけと応答のカテゴリーを用いて人格主義的にも語られるのである。ところで預言者の言葉は人間の言葉でありつつ神の言葉だから、ここでも作用的一が成り立っている。聖書の言葉は神言でありつつ人言であるとされる所以である。場所論との違いは、この場合神は預言者を通して語る「人格神」として表象されることである（この場合、神の霊が預言者に宿る、あるいは神の言葉が預言者に臨む、というように語られる）。他方、H↓が他者ではなく、自分自身であり、しかも自分が自己と自我に分節されるとき、矢印（作用的一）は、神が人（自分）のなかで、人（自分）を通して働くと自覚され、場所論的思考が成り立つ。すると人（M）はSとEに分節されるから、G↓M↓＝G↓S↓E↓と書くこともできるわけである。

この節の終わりに、本書における場所論の記号化と、一般の記号論理学との違いを簡単に述べておきたい。本書において記号化された場所論は、あくまで記号化された「場所論」であって、本書では記号論理学を使えるところでは使うけれども、全体としては記号論理学における命題一般の記号化とは同じではない。本書でなされているものは、場所論的思考の記号化だから、そこには論理記号一般とは違って、作用と場所を示す記号（↓、in）があり、さらにスラッシュ記号（／）がある。スラッシュ記号があるということは、文には数学や論理学におけるような同義反復的一意性はなく、文は異なる観点から見れば異なるものを同時に語っているということである。あるいは、一部一面ではない全体性を、同義反復的一意性を犠牲にして、あえて語っているということである。したがって、何よりも違うのは等号の意味である。論理学では等号は同義反復的な同意性を意味する。それに対して場所論では、等号は「言い換え」である。同義でなくても、異なる観点からする、同じ事柄の言い換えであるものは等号でつながれる。なぜこういう記号化をするのかといえば、それが必要だからと答えるほかないが、等号の意味が異なるだけではなく、特に場所論では「作用的一」が眼目であり、作用的一がG↓M↓＝「G↓／M↓」のように「／」を用いて記号化されるからである。そしてそもそも何故これが記号化されなければならないかといえば、記号化した方が厳密に叙述できるからである。作用的一を日常言語で語ると、周知のように「aでもない」、「非aでもない」、「『aでもなく非aでもない、つまり何でもない』ともいえない」、などと、何のことだかわからなくなる。しかし作用的一あるいは「即」は、p／～p＝（p・～p）・（p∨～p）と書けば意味は明瞭だし（たとえば、個物は、観点によって、有でもあり無でもあり、有あるいは無であるということ）、演算にも使える（後出）。作用的一を語るということは、神は客観的・科学的な世界には存在しないが、自覚には現れる（自覚の言語化においては、人間と世界を深みの次元へと超えながら、そこから人間と世界を成り立たせる働きが語られる）ということである。つまり場所論は宗教的自覚の言語化という特殊の領域の言説である。そこでは「含み合い」が事柄の本質であり、「含み合い」を含み合いのまま、語らなければならないのである。そのような言説が記号化される場合、それはやはり思考一般の論理学的記号化とは違ったものとなるのが当然であろう。要するに場所論は、作用の場における神と人、人と人、自己と自我などの作用上の関係を叙述するのである。これは、近代の物理学が個物の記述をやめて、作用の場のなかでの計測可能な量と量の関係を数式で表現したのに似ている。場所論の記号は、記号論理学を叙述に適用するのではない。本質上は物理学が事象を叙述するために数式を使うのと同様である。つまり場所論における記号化と記号論理学との関係は、物理学における関数表現と数学の関係に等しい。これはむろん、自覚にあらわれた世界――内側から見られた世界というべきか――における作用関係の叙述であって、視覚的であるだけ文章による表現よりわかりやすいと思う。

第三節　人格・コミュニケーション・統合・神――場所論の理解のために

1　概念の説明

以上述べたことだけではまだ概説として不十分なのでなお解説を加えておきたい。我々は人間を身体である人格、人格である身体（身体／人格）として把握する。これは本書を一貫する理解で、場所論とも関係が深いから、以下で「身体／人格」の意味をさらに掘り下げておきたい。「人格」という語は person（英）、Person（独）、personne（仏）などの西欧語の訳である。また「人格」という語は日本語としては人間としての資格がある人間、ゆえに人間として認められ、人間にふさわしい敬意をもって遇せられるべき存在というほどの意味であるらしく、だから人格死という語があり、これは人間としての資格を喪失した人間（たとえば全脳死した人）という意味である。

さて person はラテン語のペルソナ（persona）から来た語であり、ペルソナとは元来ローマ古典劇で用いられた仮面のことであった。さて仮面は役割を表示するが、演劇だから役割は言葉のやりとり（コミュニケーション）のなかで成り立つわけである。役割は普通一貫したものであって、役者には自分の役割を遂行する義務がある。それゆえペルソナという言葉が舞台から降りて一般化したとき、それは「社会生活におけるコミュニケーションの網目のなかで、自分に与えられた義務を果たす責任主体、ないし個性的人間」という意味になったといえる。実際、ペルソナは古代ローマでも法的人格の意味をもつようになり、カントの場合ペルゾーンは、無条件的な道徳的義務を、創造的自由を介してそれぞれの状況で具体化する、道徳的人間の意味になった。こうして「人格」という語は法的人格性、道徳的人格性、宗教的人格性などいろいろな意味で用いられるが、本書では人格がコミュニケーションのなかで成り立つことを重視したい。つまり人格とはコミュニケーションの網目のなかで自分の義務を果たす個性的な責任主体のことである。

ではコミュニケーションとはそもそも何か。コミュニケーションの原語はラテン語のコムニカチオ（communicatio）である。[6] ラテン語には、ペルソナも同様だが、社会生活における人間のあり方を示す含蓄深い語が多い。コムニカチオという語に含まれるコムニオ（communio）は共同性のことであり、分配によるにせよ、一つことに参与するにせよ、（必要なものを）皆で分かち持っていること（share すること）である。それはまた共同体のことでもあり、community や common というような英語の語源となっている。コムニオの動詞形はコムニコ（communico）で、これは（必要なものを独占せず）分かち持たせる（share させる）ことによる共同体形成ないし共同体維持行為のことである。さて communicatio はコムニコの名詞形だから、これはもともと（必要なものを独占せず）分配することによる共同体形成行為を意味するわけである。これらの語に含まれるムーヌス（munus, この語には贈り物と義務という両義がある）の語根は、交換する、または結合する、という意味であったらしい。しかも「交換」はまさしく「結合」原理だから、この語はもともと共同体形成と縁が深かったわけだ。さらにムーヌスはモエニア（moenia, 城壁）という語とも関係が深いようで、ここからするとコムニオは町を守る城壁を共有する「共同体」の意味になる。

さてコムニカチオには、分かち合う、分かち持つという意味があるところから、意思を分かち合う（共有する）こと、つまり意思や情報や知識を伝達し合い、またお互いを理解し合って、合意の形成にいたるということにもなり、現代英語のコミュニケーションは主としてこれを意味するが、これは元来もっと広い意味切衆生悉有仏性といっても、仏性はそれに目覚めないうちは働かない、ないも同然だ、というのである。

上記の「キリストが私を通して働く」という言葉について注意すべきことがある。ここで語られているのは、私とキリストの「作用的一」である。実体的一ではない。パウロとキリストが実体的に一だというのではなく、パウロの働き（伝道事業）は、パウロの働きでありつつ、同時にキリストの働きだということである。この二重性を作用的一という。これも場所論的神学のキーワードの一つである。先に引用した「ヨハネ第一の手紙」の言葉についていえば、「愛は神から出る」（四7）という言葉は愛における神の働きと人間の働きの作用的一を示している。愛は人の働きでありつつ、同時に神から出た、神の働きだ、ということである。人が神なのでもなく、愛が神なのでもなく、愛において神と人間が協力するのでもない。愛は神と人との作用的一だということである。

作用的一についても、理解のために比喩ないし類比が有効かもしれない。人間は物質から構成されていて、人体における反応はすべて物理的・化学的反応、つまり物質間の反応である。しかし人体という「場」（細胞や器官がそこでかかわり合う場）においては、物質間の反応が同時に生命の営みになっている。物質的反応が同時に生命の営みである。物質の働きが同時に生命の働きである。それが単なる物質の働きとなるとき、人体は死ぬ。声は音である。空気の振動である。しかし声は単なる音ではない。人格関係の「場」（個々の人がそこでかかわり合う場）では、私たちは声を掛けられるとき人格の語りかけに出会う。声は空気の振動でありつつ人格の語りかけであって、単なる音ではない。さらに一般化すれば、月の光は月の光でありつつ太陽の光である。池に映る月影は、水の光でありつつ月の光である。これらは作用的一の類比である。作用的一は個の働きが場の働きを映し表現するということだから、場所論的な概念なのである。

作用的一はさまざまに誤解されるが、そのなかに、G→M→（後述）は個が普遍に吸収されることだとい

をもつ語である。我々も原意に戻って考えてみたい。するとコミュニケーションとは、もともとは前述のように共同体形成行為のことである。そしてその内容は、それぞれが働いて共同生活に必要なもの、有用なものを作り、それを与え合い分かち持つことである。つまり意思や情報を交換して合意を形成しつつ、必要なものを必要なところへ供給ないし提供し合うことだ。必要なものとは、まずは生活に必要・有用な「もの」、それからサービス、また情報・知識だが、それだけではなく、他人への思いやり、気遣い、優しい言葉や態度なども入る。

以上は広義でのコミュニケーションである。以下本書では、コミュニケーションといえば、言語による狭義でのコミュニケーションを含む、広義でのコミュニケーションのことと承知されたい。すると「身体／人格」としての人間はコミュニケーションを営む存在であり、これをコミュニカント（コミュニケートする者）と称することができる。人間は「身体／人格」だから、働いて生活に必要なもの（もの、サービス、情報、他者への思いやりなど）を作り出し、これを独占したり他者から奪ったりせずに、必要なところへ供給することで共同生活を営むものである。こうすれば働いて作った分だけ皆が豊かになってゆくのである。この場合、大切なことは、必要なものが必要なところへ提供されるシステム（統合体）が作られることだ。誰がどこで何を必要としているかを理解、判断して、それを実際に提供するシステムを作ることが円満なコミュニケーションのためには必要なのである。マルクス主義が社会的システムとして失敗したのは、彼の予想に反して、革命と計画・統制経済が内外でコミュニケーションの断絶と阻害をもたらしたからである。他方、共産主義に「勝利」した自由経済では、一層先鋭化した競争原理によって、少数の強者が——社会層にせよ、国にせよ——その貢献以上の富を吸収してコミュニケーションを阻害している。富が少数者に集中して社会が空洞化するとき、全体が倒壊にいたることは古代ローマの歴史が示すところだ。同じことは人間と自然の関係についてもいえる。人間が自然を収奪し尽くしたとき何が起こるかはいわずして明らかである。

前述のように、広義のコミュニケーションは狭義の（言語による）コミュニケーションを介して行われる。その全体は広義でコミュニケーションだといえる。だから人格はコミュニカントなのである。我々は統合体を考え、統合体とは極が集まってまとまりをなすものとした。極とは対極なしには存立できないもの、つまり、対極との関係のなかで自己同一性（自分自身であること）をもつようなものである。そして関係の具体的内容は、以上で論じたことにより、コミュニケーション（狭義でのそれを含む広義でのそれ。以下いちいち断らない）にほかならないのである。以下にここまでの論旨を展開しつつまとめておく。

2　場所論の主題としてのコミュニケーション総論

人間とは人格であり、同時に身体である（身体／人格）。身体とは肉体のことではなく、こころとからだの統一体としての全体性のことである。人間とは人格としての身体、身体としての人格である。言い換えると、人間の本質は自我にあるのではなく、自我はかえって「身体／人格」の一機能である。「身体／人格」は、他者との関係のなかで自己同一性を保持するような極である。それに対して自我は、人間が身体として他者とかかわり合うなかで、自分のしていることを意識しまた制御しつつ、考え、判断し、選び取る機能である。人格は身体であり、人間の身体は人格だということは基礎的な事柄で、新約聖書でも仏教でも、人間は身体として把握されている。さて身体としての人間は、物質世界の一部であり、生物世界の一環であり、かつまた人間共同体の一成員だということが明瞭である。ここには物質性、生命性、人格性という重層的構造が示されるわけだ。さて人間は「身体／人格」であるから、人生には生死がある。性があり、家族がある。病気もある。「身体／人格」だから生きるために必要なものを働いて作り出さなければならない。つまり人格とはコミュニカントとしての人間のことである。そして労働は広義・狭義でのコミュニケーションによる共同作業だから、ここで社会生活が成り立つ。すると以下のように経済、政治、法、倫理、宗教なども成り立ってくるわけである。

人間の共同体では元来、各成員が働いて作ったものを必要に応じて分かち合う行為がもっとも基本的だったと思われる。血縁、地縁、親愛の情で結ばれている共同体をドイツの社会学者テンニエスはゲマインシャフトと呼んだが、ここでは契約、権利、義務、個人というような観念は希薄(むしろ不要)で、自我は発達していない。ゲマインシャフトの成員は、作ったり獲得したりしたものを当然のこととして分かち合っていたのであろう。ついでながら愛とは、働いて作ったものや自分が持っているものを、愛の対象にすすんで与えることに表現される。ただし宗教的な愛は、ゲマインシャフトに見られるように、「うち」と「そと」を区別――むしろ差別――して、よそ者を排除することをしない。愛はあらゆる人に開かれているもので、ここに宗教的愛とゲマインシャフト的人間関係との決定的な違いがある。

さて互いに何が必要かを知り合い、与え合い、与えたものが必要を満たしたかどうかを知るためには、狭義のコミュニケーション(意思の伝達、相互理解、合意の形成)が必要であった。そして必要なもの(もの、サービス、情報など)を分かち合う広義のコミュニケーションは実際にコムニオ(共同体)を作る共同体形成行為であるとされた。換言すれば――宗教的にいえば――愛により、愛の表出として、自然に、おのずから、コミュニケーションがなされ、コムニオ(共同体=統合体)が成り立つのである。

ところで与え合うことと交換とは同じではない。与えるときはお返しを期待しないものだ。しかし交換とは、対価なしには与えないことである。むろん、一方的な贈与は長続きしないから、社会的に制度化されるのは贈与ではなく交換である。ところで交換は「等価」交換が原則（これを正義という）だから、使用価値とは区別された「価値」の観念が成立し――価値とはそもそも何かということは簡単ではないが、とにかく――価値の観念ができてそれが数量的に表現されれば貨幣経済が成立して売買が可能となる。話が飛躍するが、売買が成り立つためには――売買とは貨幣を媒介とする所有権の移転だから――まずは所有権が確立していなければならず、それとともに契約、権利、義務、契約違反に対する罰などの社会的現実性が成立していなければならない。これらは原初的ではあっても、立法、司法、行政の制度、ひいては合意を形成してこれを――権力を用いて――遂行する政治の存在を前提し、また促すものだ。

これらは都市生活ないし国家のなかで可能となるが、本書の問題は、「与え合う」行為が売買にまで発展すると、親愛の情による共同体形成行為とは違ったものが現れることである。それは契約や法というような社会的合意によって運営される社会だが、ここでの問題は「自我」である。かつて農業を営んで生活していた人間が都市を形成したとき、貨幣経済による都市生活のなかで言語が発達し、自我――自我は言葉と金を使う主体だといえる――が成り立ちまた確立されるが、これは自我主義や自我中心主義を生むのである。自我は都市生活のなかで発達したものと考えられる。さて世界を対象化して認識し利用ないし支配しようとする自我は、身体をも対象化、道具化するが、このとき身体は肉体となり、自我に反抗する力ともなる。たとえば病気や死がそうである。老化と死は身体にとっては自然だが、自我にとってはそうではない。自我はそれを厭うのである。自我は、学び獲得した情報を操作しつつ、自分の行動を選択する（自分のために配慮する）主体となり、それだけ身体性を見失ってゆくのである。そのような自我たちから成る社会も同様で、そこには個を超えた社会・国家レベルでの自我主義、自我中心主義も現れる。

人間を「世界内存在」と規定し、その本質を「配慮」に見たのはハイデッガーである。[7] 他方、イエスは

「思い煩うことなかれ」と説いた。その違いは、イエスが人間の本質を自我に見なかったところにある。自分のために配慮するのは自我だからである。この点について多少のコメントをしておきたい。唐突ながら、言語学に、たとえば喫茶店ではウエイターに「ホット」といえば何のことか通じるのに、スーパーでは通じないのはなぜか、という問いがあり、これは通常「習慣」ということで説明されている。しかしここにはもっと深い根がある。喫茶店には飲み物や軽食を提供するという目的があり、そのために、あらかじめ決められた行動の過程（プログラム）、手続きや順序等のきまり（コード）がある。つまり来店から商品提供を経て支払いにいたるプログラムとコードがあるわけだ。ところで客は店とそれらを共有しているから、その進行のためには、必要なときに必要な情報だけを提供すればよい。それがたとえば「ホット」という言葉であるわけだ。しかしプログラムを異にするスーパーでは、これでは通じない。「コーヒー」といえば、それらが置いてある棚に案内してくれるだろう。

大小の組織には一般にプログラムがあるが、個人にも（家庭にも）毎日の、また一年の、ないし一生にわたるプログラムがある。「配慮」とは、具体的にはプログラムを遂行するための配慮である。人間存在が「配慮」であるとは、ただ――ハイデッガーが語ったように――「投企」（プロジェクト）された当人の「存在可能」を実現させるためではない。個人の配慮とは、実はそのプログラムを遂行するためのものである。現代社会では、我々はプログラムのネットワークのなかで生きている。プログラムの設定とその共有なしでは、ことは互いの期待通りには運ばないから、社会生活はまるで成り立たないのである。しかしプログラムを強行しようとすると無理が生ずる。かつてわが国が富国強兵という理念を掲げ、アジア支配のプログラムを設定し、それを強行しようとして大失敗をしたのがその例である。

プログラムは個人の場合も組織の場合も、現実を解釈し価値評価する視点を決定するものである。所謂

perspectivism（遠近法主義では何のことかわからないから、視点主義とでも訳すか）によると、人間の世界解釈と現実評価はその視点によって決定されるのである。これはニーチエが炯眼にも見抜いたところだが、実は、具体的には「力への意志」が視点を決定するというよりも、直接的にはそれが構想するプログラムが現実解釈と評価の視点を決定するのである。価値評価は具体的にはプログラムによって決まる。さてプログラムを構想し、その遂行のために配慮するのは自我である。ところで自我（単なる自我、「S↓—E↓」のE↓）がさまざまなレベルでのプログラムを構想して、逆にそれに拘束されることを我執という。だから逆に「思い煩うことなかれ」というのは、自分のプログラムから自由になれということで、それは我執の消滅を意味する。プログラムフリー（それは自我からの自由でもある）となったときに、思い煩いからも解放されることになるわけだ。このときプログラムに決定されない創造的自由も成り立つのである。

この転換がもっともラディカルに起こるのが「S↓—E↓ ⇩ S↓E↓」と表現した回心の出来事である。我執的自我は、一切を自分で構想し実現しようとして、世界像を歪め、また自分の「身体／人格」性を見失うのである。それはまた「自己」を見失っていることだ。実は我執が滅びて自己が自我に対して、また自我のなかに露わとなるときに、全人格性（身体／人格性）が回復される。自我は身体の一部（身体の一機能）となり、正常な位置に戻るのである。自己は「身体／人格」の中心であり、「身体／人格」性を自我に露わならしめる。そのとき人間と世界を超えてこれらを成り立たせる働きが「自覚」されるのである。この転換については第三章（直接経験）でより詳しく述べられることになる。

自我はなくてはならない。「私」とは自我のことだ。自我なしでは人間は人間でなくなってしまう。責任の所在もなくなってしまう。人間が単なる自己（S）ではなく、自己・自我（S↓E↓）だというのは、決断と責任の所在が自我にあるからである。問題は我執であり、これは消滅して無化されなければならない。

そのとき自我は消滅するのではなく、正常化されるのである。それは、自我を担い手とするプログラムについても同様である。生活の上でプログラムは不可欠だが、その強行は争いと不幸をもたらすのである。宗教的には自己への目覚めを妨げ、不可能とする。原始キリスト教（新約聖書）はエゴイズムと律法主義（神が与えたとされる戒律を学び解釈し、日常生活に誤りなく適用することが神によしとされる所以だという確信）からの自由を説いた。エゴイズムはもちろん、律法主義を担うものも自我である。自我も律法も人間には不可欠だが、我執と律法「主義」は自我の病である。私は現代状況において、新約聖書がそこからの解放を説く「律法」に当たるものは、法と倫理ではなく、プログラムだと考えている。倫理と法はプログラムの運用を秩序づけるものだといえる。これらは必要だ。しかし問題は我執であり、みずから設定したプログラムに拘束され、これを強行しようとすることである。これをプログラムフリーに対してプログラムバウンドの状態と称することができる。律法主義とは、宗教を神の民のプログラムとコードに変えて把握し、これに拘束された状態のことである。一般にプログラムに拘束されている状態は個人的・社会的・国家的な我執であり、これは他者のことを顧みないから、コミュニケーションを妨げまた不可能とするのである。プログラムに拘束された人間はコミュニカントではありえない。

以上の観点から、前述した「統合」についても若干の補足をしておきたい。統合体とは、言い換えれば、コミュニケーションが阻害されることなく営まれる共同体のことだが、そもそも統合された人格共同体なるものが実際にあるかといえば、そうではない。後述のように、この世に実際にあるのは統合への傾向性である。あまり強くはないが統合作用が世界全体に及んでいる。だから完全な統合体とは実は「神の国」のことである。そして統合作用はこの世における「神の働き」である（後述）。その成就としての神の国は、キリスト教的伝統では、終末論的現実性である。

さて上記の「神の働き」、「神の国」は我々の現実の社会とどう関係するのかといえば、人間が神の働きをうちに宿すように、社会は統合作用をうちに宿すのである。社会は統合体を映すといってもよいだろう。それは統合へと向かうものだが、実際には統合体ではない。しかし我々は本書では一貫して「世界を超えて世界に及ぶ働き」に生かされる人間の基準的なあり方、あるべき基準的な形を問題としているのである。我々は基準としての統合体、つまり統合が成就した形を語るのである。

我々は統合体を複数の極が集まって一つのまとまりをなすものと考えた。極同士は区別できるが切り離せない。換言すれば極は関係性のなかで自己同一性をもつのであった。これは「私は私のみによって私であるわけではない、他者と一緒に生きる自分が本当の自分だ」ということである。そして他者とのかかわり（関係）とは、上述のように具体的にはコミュニケーションである。人格はコミュニカントだといった。そしてコミュニカントは相手なしには存立できないから「極」である。狭義のコミュニケーションをとっても、人間は言葉を用いる存在である。言葉なしには人間は十分な意味での人間ではない。さて私は言葉を語るが、言葉はそれを受け取る相手（他者）なしには無意味である。つまり、私は他者なしには自分ではありえない。また私が語り用いる言葉はまさしく私の言葉である。私が自分の言葉を語るとき、私はまさしく私なのだが、言語自体は私が作ったものではない。私は言語能力をもって生まれてはきたが、私が使う言葉は私が学んだものである。ということは、言葉を作ってきた人間の歴史・社会・文化なしには、私は私ではありえない、ということだ。すなわちコミュニカントとしての人格は、自分だけでは自分でありうる存在ではなく、コミュニケーションというかかわりの「極」なのである。これはコミュニケーションを広義に解しても同じこと、いや、一層はっきりすることで、広義のコミュニケーションなしには人間的な社会生活は不可能である。そのネットワークは直接目には見えなくても、人間はコミュニカントとして、はじめて十分に人間なのである。

実際、悪とは何かについては多くの見解があるが、悪は一般にコミュニケーションの阻害ないし破壊であって、悪には必ずこれが付き纏う。悪にして戦争（殺人）や人間の奴隷化や差別にまさるものはないが、これらはすべてコミュニケーションの断絶であるか、少なくともそれを含んでいる。一方的（暴力的）支配やレイプや盗み、略奪や虚言についても同様である。一般に悪とは正当な秩序の侵犯だと考えられているが、もし正当な秩序がしかるべき手続きによって合意された秩序ということであるなら、悪は合意の不当な破壊である。つまり合意によってことを運ぶコミュニケーションの阻害ないし破壊を伴う行為は悪である。だから、たとえば配偶者との間のコミュニケーションを不可能とする不倫は、自由な現代においても、やはりよいことではない。

このように考えると、古くからどこでも「悪」とされてきたこと――これはモーセの十戒と仏教の五戒との共通部分でもあるのだが――「殺すなかれ」、「姦淫するなかれ」、「盗むなかれ」、「虚言するなかれ」という掟の意味が了解される。人間は身体としての人格である。そうであればこそ、人間には個人生活、家族生活、社会生活（生産、等価交換を原則とする流通、消費を中心とする）があり、この際、社会生活には狭義のコミュニケーションが必要である。すると上記の四つの掟には、「身体／人格」（コミュニカント）としての個人を、さらに家族、社会から成るコミュニケーションシステムを、護るという意味があるわけだ。「殺すなかれ」はコミュニカントとしての個人に、「姦淫するなかれ」は家族の中心である夫婦のコミュニケーションに、「盗むなかれ」と「虚言するなかれ」は社会のコミュニケーション（広義と狭義のそれ）にかかわり、これを護るためのものである。

コミュニカントが集まって一つのまとまりを作ったものを統合体という。ところで、現実の社会が統合されているかといえば、そうではない。それは以下のようなわけである。個人は自己決定的な存在であり、自由とは私が私によって私であるということである。個人にこの面があることは否定できないし、否定してはならない。自分で考え、自分で選び決断するとき、私は自由である。ただし上述のように自己同一性が関係性のなかで成り立つということは、自由はコミュニケーションのネットワークのなかで成り立つということだ。自由とはコミュニカントの創造的自由である。しかし「自己決定性」はエゴイズムないし自己中心性へと頽落するのである。エゴイズムとは、自分を動かすもの、自分にとって関心があるものは結局のところ自分自身だけで、他者は自分のプログラムにかかわる限りで関心の対象であるというあり方のことであり、自己中心性はここから出るもので、自分さえよければ他人はどうでもよいという態度のことである。そもそもコミュニケーションが成り立つためには、互いに互いを共存の相手として受容し、関心を抱き合い理解し合って、互いに必要なものを提供し合うことなのに、エゴイズムは一方的に自分の利益のみを求める、つまり自分勝手に構成したプログラムの遂行だけを考えるから、これがコミュニケーションのネットワークを阻害ないし破壊するのは当然で、これが悪であることは説明の必要もないほどだ。

ところで宗教は、キリスト教も仏教も、報いを求めずに与えることを教える。我々有限な人間には一方的に与え続けることは不可能だ。しかし報いを求めずに与えることがあってもいいではないか。というのは、我々の社会は、等価交換を基本とするといっても、とかく一方的な収奪型に偏っているものだ。もちろん社会構造の問題として、必要なものが必要なところへ届けられるシステムを作ることは必要だが、いくら工夫して作っても公正な等価交換は望みがたいものである。だからエゴイズム（我執）の克服が必要なのだが、それだけではなく、損をしても報いを求めずに与えることは、収奪型の社会を等価交換という基本形に幾分でも近づけるために必要である。すでに社会福祉やボランティア活動がこのために営まれているわけだが、宗教の社会的意味の一つは、宗教的活動の一環として、収奪を是正して必要なものを必要なところへ提供するところにあると思われる。

さて統合体は個（極）の集合であるが、統合体には「統一」という要素がある。これはあらゆる個に等しく妥当するもののことで、我々の社会では――統合体ではない社会にも統一は存在する。むしろ統一が社会の本質だと考えられている――言語、通貨、法や倫理、秩序や制度、共通の価値観や目的や通念など、合意により社会的現実として成員すべての間で通用するもののことである。要するに統合体は単なる極の集合ではない。それには「統一」面がある。そもそも生体は人格統合体のよい比喩だが（ただし生体の部分――細胞や器官――は人格の統合体と比較すると自由度が極めて小さい）、形や構造、部分同士また部分と全体との関係の仕方は一生を通じてほぼ一定しているもので、これが統一に当たる。人間の社会にも、前述のように、構造や制度や秩序や価値観や通念のような統一性がある。ただしこれは可変的であるところに特徴がある。一般に共同体には構造と秩序があり、規範や価値観があり、合意された通念があって、これらは統一に当たる。むろん社会的に合意された理念またプログラム（共通の目的）も統一のうちである。そしていうまでもなく、統一は――何よりも秩序の原理であって規範性があるから――統合体にとっても不可欠の要素である。ところで一般に統一は秩序の原理だといっても、実は個の自由と対立しうるという厄介な性質をもっている。統一は統合を守るものなのに、統合という地盤から離れて絶対化されると、自由を圧殺するものに変わる。つまり統合をも歪め破壊するのである。実は統一には個人レベルでの統一もあって、これは具体的には先に述べた個人的プログラムである。プログラムは個人の生き方（現実解釈、目的、価値観を含む）を決定する統一的な志向だからである。そして自分のプログラムに拘束される個人は自由を失うのである。

さてプログラムを担うのは自我だといった。一般に「身体／人格」は統合を求めるものだが、単なる自我は統一を志向する。まず自我は通念や秩序（統一性）に従って自分を制御する。統一的なるものは一義的に定義されやすいから（それは、お前はこうしさえすればよいと教える）、自我は、その都度自分で判断選択する「自由」よりは統一に頼り勝ちなのである。一般に通念は、それに従っていれば安全なものであり、したがって我々（つまり自我）はあまり考えもせず通念に従って生きているのが普通である。つまり自分で考え決断して選択する「自由」は失せているわけだ。しかし他方では、自我は自分のプログラムを遂行しようとしてこれを他者に押しつける（自己中心性）。それは大袈裟にいえば――必ずしも大袈裟ではないが――世界を（統合ではなく）自分の目指す方向に「統一」しようとすることであり、これは我執によって自他の自由を失いまた奪うことにほかならない。

このような場合、自我は「自己」から疎外されるのである。つまり自己から離れて「単なる自我」へと変質するのである。通念や社会の秩序に従う自我はエゴイズム的自我ではないといっても、実は自我は統一的規範に従うことによって、自我の安全や名誉や権力を求めるものであり、これは社会性の仮面をつけたエゴイズムにほかならない。いずれにせよ統一が統合性から離れて自己目的となり絶対化されて、自我がこれによって行動するとき、結局は統合も歪められ、ひいては破壊される。統一だけが志向されるとき（たとえば通念さえ守っていればそれでいいと考える）、自由が失われるだけではなく、コミュニケーション（よく見て判断し、実際に必要なものを実際に必要なところへて提供する行為）が無視されうるのである。これは統合の疎外ないし破壊にほかならない。

宗教社会において統一に当たるものは、聖典や秩序や戒律や制度だが、統一性はしばしば教義に表現されている。宗教社会にプログラムがあるときには、そのプログラムと、それを支える理念およびコードが教団の統一に当たる。そしてこの場合も統一が、理解されることなく、ただ規範として個を制約するときには、統一は思想や行動の自由を圧迫するものへと変質するのである。さてイエスは「思い煩うことなかれ」と語り、また律法主義からの自由を説いたのだが、上記の観点から見れば、これは個人的・社会的統一の担い手となった「単なる自我」（自己から疎外された自我）への批判であった。それはまた自由を圧殺する統一への批判でもある。イエスは「神の支配」（統合作用）に生きることを求めたのである。それゆえそれから疎外された単なる自我の生き方を、自我がいかに律法を守ることに専念していても、専念していればいるだけ、否定したのであった。

要するに、人格、コミュニケーション、統合、さらに（統合性を守る限りでの）統一は相関的なのである。ここでさらに統合についてコメントするなら、人格はコミュニカントで、統合体はコミュニカントの共同体である。そしてコミュニカントとしての個人も、統合された人格共同体も、人間と世界を超えた働きによって生かされるものだ。その自覚が宗教の根本なのである。そしてこの働きとは統合体形成作用のことである。この作用は人間の場合、うちから働きかけるもの、自覚されて、自覚を通して、感覚や思考や行動の上で現実化するものだが、あまり強力とはいえない。統合体の成立は必然ではない。もともとこの作用は物質界、生物界、人間世界のすべてに及んでいると考えられる。身体としての人格が統合作用に担われているなら、身体は生体でありまた物質なのだから、統合作用はそのすべてを超えながらそのすべてに、結局は全宇宙に、及んでいるはずである。実際、ビッグバンのカオスから形と構造のある物質が生まれ、さらに星雲が形作られ、そのなかにさらに恒星と惑星からなる系が生まれ、太陽系はその一つだが、そのなかに地球という絶妙な条件を備えた惑星があって、その上に生命が生まれ人類にまで進化してきた。これは物質的統合→生体的統合→人格的統合という統合の進展（重層的分化・統合の現実化）だと解釈できる。

さてこのように偶然とは思えない「進化」の過程から、それをデザインした知的存在を推論する考えがある（知的デザイン説）。確かにこれには相当な説得力がある——もっともこの説は、ではなぜこの世界には地震や津波などの天災があり、またエイズのような病気があるのか、なぜ人間は統合を推進せず、しばしばこれを破壊するのか、という問いに答えてはくれないが。しかし知的デザイン説が厳密な「神」の存在証明になっていないことはすでにカントが示したところである。カントは「純粋理性批判」で神の存在証明を批判し、「必然的に存在すると『考えられる』からそれは実際に存在する」とはいえないことを明らかにした。いくら存在すると考えられても、それは「実際にある」こととは違う。後者は実証されなければならないということだ。この理論は現代の言語哲学の検証理論にも受け継がれているが、カントの説は正しいとされなければならない。ただしそれは逆の立場の不当性を証明するものではない。信仰内容を理性的に証明するのではなく、逆に信仰の立場から現実を解釈すること（つまり神学）は、信仰内容（あくまで「信仰」内容である）の明確化として成り立つのである。

我々が統合作用と称する働きは自覚に現れるのであって、それ（自覚に現れる統合作用）が宇宙を貫くといっても、それは客観的（科学的）に検証されるものではない。しかし統合作用があるということは科学と矛盾するものでもない。神学からそれ以上の科学性を求めるのは不当であろう。さてこの意味で統合作用を解釈すると、この世界に、強制力ではないが、統合力が働いていること、物質、生命、人格、人格の統合体がそこから成り立ってくるということは、一つの現実解釈の可能性だとはいえるのである。統合の現実化は必然ではない。これは重要な認識である。つまり我々は統合化を選び取るのである。その目指すところは全人類的統合である。統合の成就を肯定し、選び取り、我々を超えた統合形成作用の自覚的表現となるのである。要するに我々にとって重要なのは、世界を貫く統合化への方向性が、それを担う働きが、我々の身体にも作用していること、それを実感し、自覚することなのである。そして重要なことは、前述のように、人間はそれに目覚めなければ、その働きは人間的現実とはならないことである。人間がそれに目覚めるとき、それは人間のなかで自覚される仕方で働き、人間の行為を通して、またその人間として、世界内に現実化するのである。つまりそのとき人間はコミュニカントとなる。

なお——事柄上極めて大切なことだから本当は主題的に論じられるべきことなのに、本書ではあまり言及されないから——ここで一言付言しておく。コミュニケーション・システムとしての人間共同体は自然界内でしか成り立たないのだから、人間と自然との間のコミュニケーションは決しておろそかにしてはならないことである。人間は自然から収奪ばかりしてきたが、それでは人間生活が危くなることがようやく気づかれてきた。しかし自然環境を人間のために守るのではなく、自然自体のために自然を守ること、奪うばかりではなく与えること、つまり自然を人間のコミュニケーション・パートナーと認識することは、現代にとって不可避である。ここで一応のまとめをすれば、一四頁の命題式において、第一行右辺（G in M）／（M in G）は神と個人の関係、第二、第三行（$M_m \leftrightarrow M_n$）、（M_m in M_n）・（M_n in M_m）は「我と汝」関係のコミュニケーション、第四行 Mintgr は共同体のコミュニケーションを示すわけである。

第四節　神について語るということ

ここであらためて「神」を語ることについて簡単に述べておきたい。統合作用は上述のようにうちに自覚されるものである。それは内側から自分に働きかけてくる作用である。といってもそれは自分と異質的な作用ではなく、統合化が自分の意志に、また願いになるとき、自分が自分となるような作用である。統合作用は、それを自覚した人にとっては疑いようのない現実である。それを自覚した人は、それを「私のうちにおける、私を超えた神の働き」というように呼ぶものだ。

では、それと「神」の関係はどうかといえば、実はまず「神」があって、統合作用はその「神」の「働き」だということではない。それは我々に（客観的に）確認できることではない。我々は神に出会い、神が働くさまを見るわけではない。「神の働き」とは自覚内容を言語化したものである。我々はこの作用の地平として「場」というものを立てるのである。神は場であり人は場所だというのは、自覚が自覚を明確化するために、自覚が成り立つ地平を立てているのである。

さて、まずは「神の働き」と呼ばれる働きがある。それは自覚に露わとなる作用のことである。これを我々は「神が働く」というように言語化するのである。我々は言語化するとき、必ず「主語プラス述語」という形式で言語化するのである。また、このように主語を立てて言語化しなければコミュニケーションは不可能ないし極めて困難となってしまう。だから「神」という主語が立てられ、我々は「神の働き」とは区別された「神」について語り始めるのである。したがって「神が働く」という文は現実の直接的叙述（厳密にいえば客観的記述）ではない。我々はまず自覚にのぼる統合作用を「神の働き」と呼ぶのだが、するとそこで「神」の働き、神の「働き」、「我々における」神の働き、というような分節がなされる。ここに三位一体論の根があるが（第二章参照）、こうして三位一体の神が語られることになる。神とは三位一体の神のことだ。さらに働きの究極の主体（働きの、いわば出どころ）としての神（宗教的現実を語る文の主語となる神。我々が用いるGのことで、記号では最左端にくる）が立てられ、それに述語がつけられて神を語る文が成立する。このような言語化によって宗教言語が成り立ち、言語による宗教的コミュニケーションが可能となるのである。究極の場としての神（記号では最右端）についても同様である――この場合、他方では理解抜きでの教義（自覚内容の言語化）の受容が信仰だという誤解が生じ、さらに「神」の存在は検証できない、そもそも、それには現実性もない、という神否定論も出てくることになる。

とにかく宗教言語は「神が働く」というように語る。文の主語としての神（G）が現れる。我々もそれを受け入れて宗教的思考の分析をしているのだが、実はまずは「神の働き」と呼ばれる現実があるのだ。なぜそのように呼ばれるかといえば、その働きが「聖なるもの」だからである。我々は、すでに述べたように、世界内の何かを「聖なるもの」として経験するとき、それを「神の働き」と呼び、そこに神の現前を「見る」のである（見るとはむろん比喩である）。それは聖なるものに出会ったという経験の「表現」にほかならない。それは「神」という「検証可能な客観的実在」の「認識」ではない。ところで「神の働き」をうちに自覚するということは、その働きにみずからを委ねて生きることであり、それが場所論的な「信仰生活」である。信仰とは「神の働き」とその目指すところ（統合体形成）を肯定しまた願いつつ、その働きに身を委ねるということで、それを我々は——神について語りつつ——神と人との「作用的一」と呼んだのである。神「神の働き」に参与することである。委ねるということは、人間の働きが「神の働き」の自覚的な表出になるということは、とりもなおさず、世界の統合化信仰あるいは、我々のうちに働きかける神の働きに目覚めるということは、とりもなおさず、世界の統合化ということ、統合体つまりあらゆるレベルでのコミュニケーションが支障なく営まれるシステムの成就が、我々自身の願いとなり誓いとなり、我々自身の働きとなることである。そもそも宗教とは、その願いと誓いを目覚めさせ、実行にいたらしめるものである。

「神の働き」と呼ばれた作用を、神という主語を立てずに語ることは可能だろうか。実際、それは可能なのであって、仏教的言語がそうだ。仏教はその「働き」の自覚に立ち、その働きの「主体」（由来）を立てることなく、働きについて語るのである。その分節は、たとえば三身論で、法性法身（キリスト教のロゴスに当たる）、報身（キリストに当たる）、応身（イエスに当たる）が語られることになる（後述）。宗教哲学はしばしば神といわずに「超越」、つまり「超越的内在」と「内在的超越」について語るのである。ただし宗教哲学には経験を離れた理性的推理によるものがあって、ここには「神の働き」の「自覚」があるとは限らない。さらに、もし人間論的な用語のみを使うなら、「神の働き」は「人間性の働き」と言い換えることができる。それは通常のヒューマニスティックな「人間性」ではないが、しかし人間性であるには違いない。イエスが「人の子」と称したものは、内容上「神的」であり、かつ「人間的」であるもので、両者をあわせて「人間性」といえるもののことだ、といっても不当ではない。それは――我々の記号を使うなら――「神／人」的なものである。これは、事柄上は人格化されて表象された「作用的一」のことにほかならない。ところで人間とはまさに「神／人」的なものである。ところで我々が「神／人」性と呼ぶものが、ほかならぬ人間性のことなのである。それは、イエスは人間である、というのときの「人間」のことである。人間とは誰でもこのような人間なのである。結局は「神の働き」と呼ばれる作用を離れて「神」について語っても意味がない、ということである。だから我々が「神の働き」と呼ぶ現実を踏まえた上で、しかしそれを「人間的」なこととして語り、結局は「神」（働きの究極の出どころ）を語らない、正しい宗教や哲学がありうるわけである。(8)

では結局のところ「神」信仰はどうなるかといえば、上の意味での「信仰」者は――自然に、といってよいだろう――「神」（人格神！）を信じているものである。しかし、あらためて「神」があるか、いかなる正当性をもって神について語れるか、と問われれば、一義的な答えはない。「神」の客観的実在を検証することはできないからだ。信仰者は「（神の）働き」に基づいて生きながら、それゆえ「働き」の主語（究極の主体）としての神を「信じて」生きるのである。では「（神の）働き」の自覚からして、その働きの主体としての神（宗教的文の主語としての神）を必然性をもって立てることができるかといわれれば、それは一義的には不可能だ。だから「神」信仰とは――いかに信仰者の自然でも――やはり一つの決断である。その決断について弁明を求められた人は、神信仰とは、人間と世界、またそこに及ぶ「いま・ここ」での働きには、「無限の奥行きの彼方の主体」があるという実感だ、と答えるであろう（「無限の彼方」とは超越性の比喩であって文字通りの空間性のことではない）。この点については「むすび」を参照されたい。

要するに宗教言語は自覚の表現であり、それを分節し展開したものである。したがって宗教言語を理解するとは、まずはそのもとにある経験を追体験することであり、経験を抜きにして教義を信奉することではない。本書の研究も宗教的思考の分析と叙述を通して、結局は根本にある経験（自覚）に返ることを目指しているのである。

さて話を統合作用に戻すと、私は「ヨハネ福音書」（一1―5）がいう、神と等しいロゴスとは、世界と作用的一をなす限りの神の働き（統合作用）を意味していると考えているが、しかし前述のように統合作用は決して必然ではない。あまり強くもない。物質の統合体（原子、分子、元素、化合物など）はある低い確率をもって現成したものと思われる。我々が知っている物質はビッグバンによってできた「もの」の僅かな部分にすぎないという。物質があるからといって、必ずしも地球のような惑星や、その上の生命が生まれるわけではないし、個々の生体が必ず進化するとは限らない。人間とその社会が現れたからといっても、災害や病気や戦争が多発して、神の国（統合体）が現成するとは限らないのである。我々にできることは、統合作用そのものを作り出すことではない。それは不可能だ。我々に可能なのは、統合作用をうちに自覚して各人が統合に向かう行為を選ぶこと、すなわちコミュニカントとなり、戦争や病気、社会の歪みや分裂、略奪や虚偽、要するにエゴイズム（また自己中心性）を克服するべく努力すること、統合の現実化を求めて、人間世界に統合が成就する確率を高めることである。統合化の方向を選びとるとき、それを選択した人の間では宗教言語（「神の働き」と呼ばれる現実の言語化）は理解されうる言語、その人々の間で通用する言語となる。現在、宗教言語が理解されなくなったのは、宗教的自覚が失われたままで教義がいきなり客観的事実とされることが多いからである。だから宗教の領域では、宗教的自覚にいたらしめることが何よりも重要である。布教、教育、教会生活のすすめなど宗教的活動一般は、それ自身が統合形成作用でありつつ、自覚の成就と統合された人格共同体成就のためによりよき環境ないし条件を作り出す行為と考えられる。この意味でコミュニカントは統合体形成作用の担い手なのである。

では統合体形成の行為は成功するかといえば、統合作用は人格のなかで働き（自己）、自覚に現れて自我に働きかけ、自我の自由を通して、また自由として、現実化するものではあるが、自我にはそれを無視したり従わなかったりすることが十分に可能なのである。それには確かに燃え盛るエゴイズムの猛火を消す力がある。しかし自我を強制するほど強くはない。神と人の作用的一は必然的に自我を屈伏させるものではない。自己と自我の関係は、滝沢克己の用語を使えば、不可分・不可同・不可逆である。不可逆はここで成り立つのである。自己はもともと神・人の作用的一で、この一が働くのだから、ここで不可逆をいうことはできない。作用の面での不可逆は自己と自我の間にある。ということは、自己は真実の自分ではあるが、自我に対しては他者という面があるということだ。それは自我が自己を無視することは常に可能だということでもある。自己の働きかけは自我を拘束、強制するものではない。だから自我がその責任から逃れることはできない。この事実の他面は、神は常に赦しだということである。では作用的一は全く不可能かといえば、そうでもない。これは極めて大切なことだが、作用的一は、成り立つときには「自然に」成り立つのである。自然に、おのずから、ということが宗教的生の核心である所以がここにある（マルコ四28の「おのずから」を参照）。これは真宗の「自然法爾」（仏の働きがそうならしめるゆえに、おのずからそうなる）に通じる。[9]

以上と関連して、最後に神義論について触れておきたい。神義論とは、全知全能で愛であり正義である人格神が世界を創造し支配しているのに、なぜこの世には不幸や災害、戦争や不正や悪がはびこり、悪人が栄えて善人が苦しむのか、という問いおよびそれへの答えのことである。すると統合が成就しないということは神義論とかかわってくるのではないか。

実は神義論はもともとは人格主義的神論に固有の問題である。他方、場所論的に考える限り、神は人間（人間の自由な行為）を通して働くのである。人間はそれを妨げることができる。だから人間悪は人間の責任であって、神の責任ではない。では自然的災害や病気はどうかというと、事実として統合力は統合成立が必然であるほど強くはないし、統合成就の確率も高くはない。災害や病気はもともと起こりうることだ。神が人間を通して働くことについては、これはパウロの場合、典型的に見られることである。すでに述べたことだが、原始キリスト教団を迫害していたパウロは、彼のなかに御子（キリスト）が「啓示された」ときに、彼が誕生以前から異邦世界にキリストを宣教するべく定められていたことを知るのであった（ガラテア一15）。それ以来パウロは使徒として異邦伝道に専念し、彼の伝道は、彼の伝道でありながら、キリストが彼を通して遂行したことだと語るのである（ローマ一五18）。「啓示」以前には、キリストは彼のなかで、彼を通して、働いてはいなかった。つまりキリストの働きは、人格がそれに目覚めなければ現実化しないのだ。この世界における超越の働きの現実化はそれへの目覚めと同時的なのである。

ところで（うちなる）キリストとは「自己」のこと、「自己」の働きとは、人間における神の働きのことである。神と人との作用的一のことだ。これはつまり、神は直接に人間を外から他律的強制的に動かすのではなく、うちから、人間の自由として、働くということである。逆にいえば、世界の悪や不正は「自己」を無視し、単なる自我になり終わっている人間の責任であって、神の責任ではないということだ。神義論が人格主義的神論の問題であって、場所論には神義論の余地はない、とは以上の意味である。私はイエスに神義論的発想がないのはイエスの神学が強度に場所論的だからだと考えている。

要するに、場所論的神学では人間は自分のうちにおける神の働きに目覚め、神の働きを理解しながら、その実現に参与する、つまりは統合体形成作用を担うのであり、実はこれは旧約聖書の信仰概念と親近性がある。特に注意されることは、後述のように場所論には仏教との本質的親近性があるということだが、本章はここで終わりとさせていただきたい。

註

（1）　個は世界のなかにあり、世界は場のなかにあるという二重構造を明確にしたのは上田閑照である。上田はこの構造を二重世界内存在という。『宗教とは何か』岩波版『上田閑照集』第一一巻、二〇〇二、一八頁以下、同『虚空／世界』同、第九巻、二〇〇二、第一部（『実存と虚存――二重世界内存在』）参照。

（2）　原始キリスト教におけるさまざまな神学とその関係については、八木誠一『新約思想の構造』岩波書店、二〇〇二、を参照されたい。

（3）　八木・秋月『ダンマが露わになるとき』（対話）、青土社、一九九〇、三〇四―三一一頁。

（4）　八木誠一『フロント構造の哲学』法藏館、一九八八。たとえば友人が私にくれた時計は、私が買った時計とは違って、私の居間の一部でありつつ友人の好意の表現であり続けている（友人のフロント）。人同士がお互いに関心を抱き合い理解し合って、互いに必要なものを知って与え合うとき、貰った贈りものは自分の所有の一部となりつつ、贈り主の表現であり続けている。このような関係をフロント構造と呼ぶ。一般に共同体の内部では（たとえば身体は部分の共同体である）、各部分は他の部分が必要とするものを作り、提供し合って共同性を維持するもので、だから一部分は他の諸部分の表現となっている。このような関係は広義でのコミュニケーション（後述）だが、コミュニケーションにおいてはコミュニケートし合う部分同士の間にフロント構造が成り立つものである。

（5）　ちなみに二〇〇四年一月一〇日―一二日にリーガロイヤルホテル京都で開催された公共哲学研究所主催の京都フォーラムの討議の席上で、金泰昌氏は、（3）式を Σ$(M_m \longleftrightarrow M_n)$ と表記することを提案されたが、これはまことに秀逸な案である。ただ統合体は関係性の単なる総和ではないことを勘案すると、Σよりもインテグラル記号（∫）の方が統合（integration）の語にも合って、よいかもしれない。すると左記のような（3−1）式ができる。

$$\int(I_m \leftrightarrow I_n) = I_{intgr} \qquad (3-1)$$

$\Sigma(M_m \leftrightarrow M_n)$ は、まだ統合体ではない。ゆえに、$\Sigma(M_m \leftrightarrow M_n) \Downarrow M_{intgr}$ と書かなければならないが、$\int(I_m \leftrightarrow I_n)$ は統合体だから、$\int(I_m \leftrightarrow I_n) = I_{intgr}$ と書けるわけである。

（6）コミュニケーションの原義については、八木洋一「コミュニケーションの語源とその原像」、『四国学院大学論集』第九九号、一九九九、から多くの示唆を受けた。

（7）Heidegger, M., *Sein und Zeit*, 1927.

（8）久松真一の「無神論」はこのような宗教哲学である。『絶対主体道』（法藏館版『増補久松真一著作集』第二巻、一九九四）所収の諸論文、特に「無神論」参照。滝沢克己は『仏教とキリスト教』（法藏館、一九六四）で久松の無神論を正しい宗教論として評価しつつ、人間の絶対化となるのではないかと批判した。

（9）「末燈鈔」五、法藏館版『定本親鸞聖人全集』第三巻、一九七三、五三頁（書簡の部）参照。

第二章　新約聖書の場所論概論

第一節　概　説

1　はじめに

以上、しばしば新約聖書から引用しながら論じてきたので、本章では新約聖書の場所論について概説しておきたい。この章では記号が多く用いられるので、煩雑だと感じられる読者がおられると思うが、何卒我慢していただきたい。第二節では説明のために図を用いるから、場所論の構造が見やすくなると思うが、図を作るためにもこの節が必要なのである。本節の記号表現も別に難しい話ではないので、慣れてしまえば、新約聖書の場所論がいかに論理的に一貫しているかがわかっていただけると思う。記号表現は新約聖書的思考の追跡のためだと考えていただきたい。

まずは基本的テーゼから始める。

2　基本的テーゼ

a　新約聖書の場所論的神学は――ローマ中心に発展した欧米の人格主義的キリスト教ではほとんど忘却

されてしまったが——新約聖書思想の重要な部分である。

場所論的神学とは、まずは神と人の相互内在を語る神学である。それは「神は人がそこに置かれる『働きの場』であり、人は『神の働きを宿す場所』であると語る。つまり人は神の働き場のなかで、自分のうちに神の働きを映す」という基本テーゼを中心とするもので、それと直接に関連する神・人・世界理解を含む。この場合重要なのが、パウロの場合に示されるように、人が神の働きをうちに自覚する（聖書の用語では、神の子＝キリストが人のうちに顕れる）（ガラテア一16）とき、神の働きがこの世に現実化することである（ガラテア二20、ローマ一五18）。

場所論的思考は記号で表現することができる。記号による表現は、通常の文にまさる思考の視覚化だから、記号で表すと、文では明らかに見えなかったことに気づくことが多い。記号化された命題は、文よりも抽象的なのではなく、全く逆に、目に見えない関係の具象化である。本章ではイメージ化をさらに進めるため、記号化に加えて場所論を図示する試みがなされている。

b　新約聖書における場所論的神学の代表的な箇所は以下の通りである。
マルコ一10、ヨハネ一〇30、一四10、20、一五1—11、一七20—26、ローマ八4、8—11、一二5、一五18、Ⅰコリント一4、三16、六19、一二6—11、Ⅱコリント四6、一三3、ガラテア一16、二19—20、ピリピ一21、二13、Ⅰヨハネ四7—16。

c　まず重要なことは、神が働く神（ho theos ho energôn）であること。
働く神とは人のなかで働く神であり（「神は人のなかで働いてその意欲と働きを成り立たせる」）（ピリピ

二13）、また世界のなかで働く神である（「すべてのなかで働いてすべてを成り立たせる神」）（Iコリント一二6、ヨハネ五17参照）。場所論的な神は「……のなかで働く神」である。聖霊論的だといってもよい。まず神という実体あるいは人格神があって、それが働くのではない。働く神が神である。それはあたかも、輝きとは別に太陽という実体があってそれが輝くのではなく、地球に光と熱を与え続けているあの輝きを太陽と呼ぶ、というのに似ている。よって作用を示す記号（矢印）を使って、神をG→と記号化する。これは働く神が神だ、という意味である。

d　基本的な記号の意味と用法の説明。

「→」は働き。場所論では、すべての主要単語に矢印がつくと理解される。矢印は省略可能だが、省略した場合も含意としては常についているものと考えていただきたい。

「in」は「於いてある」場と場所を示す。

「＝」は数学や論理学の場合のような厳密は同義性ではなく、たとえば「私の母＝私の父の妻」のように、語義は違っても「言い換え可能」であることを示す。すると左辺「私の母」を言い換える右辺はさらに、「私の父の妻＝私の姉の母＝私の娘の祖母＝私の妻の義母……」のように多くの語が等号で結ばれうることになる。この場合、右辺はそのうちの一つだけ（たとえば「私の父の妻」）でもいいし、他に幾つか選んでもいいし、全部を書いてもいいことになる。等号で結ばれた語（文）は可逆的であり（私の父の妻＝私の母などと書ける）、かつ各語（文）は全体を含意することを忘れてはならない。

「／」は「and／or」の意味である。別の観点から見れば、別様に表現される同じ事態を一緒に述べるときに使う。たとえば「私の母＝私の父の妻／私の娘の祖母」の場合、これは「私の母」は「私の父の妻であり、また私の姉の母でもある」が、見方によってはそのどちらかである（「父からみれば妻であり、姉からみれば母である」）という意味である。すると作用的一は「神の働き／人の働き」と書ける。これは「作用的一は神の働きであり、かつ、人の働きである」また「（神から出るという意味では）神の働きであり、（人間的自我の働きであるという意味では）人間の働きである」ことで、後半はつまり「見方によって、神の働きであるか、人の働きであるか、どちらかである」ことである。前半をとれば、我々の書き方では、スラッシュ記号は我々の意味での等号で置き換えられることになる（人間の働きが神の働きと作用的一である限りで「神の働き＝人の働き」）。これはスラッシュでつながれる記号が同じ事態の別の面を示すからである。

重要記号をあらかじめ示しておく。

G↓　働く神

C↓　働くキリスト（Christ）。前述のようにC＝（G in M）↓と記号化できる。

SG↓　働く聖霊（Spirit of God）

M↓　働く人間。人間は自己（S）と自我（E）に分節される。M↓＝S↓E↓

e　記号を使う命題式の書き方を説明しておきたい。

まず場と作用を分けて考える。作用の主体（究極の主体、超越的主体としての神）をG↓として、これを左端に、究極の場としてのG↓（西田のいう超越的述語面に当たる）を右端に書く。これは神と「世界・人」の間には、滝沢克己の用語を用いれば、不可分・不可同（以上はinで表現される）、また不可逆（これはG↓が左端と右端にくることに示される）があることを示す。

G→M→＝(G→ in M→)。これをG→M→＝(G in M)→と書く　（1）

なお「G→M→」については，多くの宗教に共通する一般式(2)が考えられる

一般式　G→H→＝G→／H→／(G in H)→／(H in G)→　（2）

以上から、「ピリピ」二13は上記(1)式のように書ける。G↓M↓はまずは神が人に働きかける意味である。この表現において、GはMを「通して（through）」（ローマ一五18参照）働くことも示されていることに注意していただきたい。

新しい記号の説明。(2)式の説明をすると、Hは「聖なるもの」を意味し、「／」は上述の通り「and／or」を意味する。(2)式が示すように語るものである。人は、何かを「聖なるもの」として経験するとき、(2)式が示すように語るものである。つまり「聖なるものの背後に神があって働いている」と語る。これが左辺「G↓H↓」である。さらにそれを敷衍して語ると右辺になる。まず右辺第1項と第2項「G↓／H↓」が意味することは以下の通りである。左辺「G↓H↓」を言語化する人はさらに「働く神が存在し（G↓）」かつ「働くHが存在する（H↓）」ともいうし、場合によっては「働く神が存在する」とだけ、あるいは「働くHが存在する」とだけ、いうこともある。このand／orが「／」で示される。

右辺の第3項、第4項についても同様である。(G in H)↓／(H in G)↓について説明すると、(G in H)↓は、GがHに内在しHの主体として働くことである（ガラテア二20参照）。神は働く神だから、神の働きのなかには神が臨在するのである。比喩的にいえば、日光（G↓の比喩）を受けた月（H↓の比喩）が夜空に輝くさま[(G in H)↓の比喩]を思い浮かべられたい。(G in H)↓を神自身から区別するときは「神の子」というようにいわれる（後述）。だからGのいわば全体がHに内在

$$G \rightarrow M \rightarrow = (G\ \text{in}\ M) \rightarrow \qquad (1)$$

してしまい、その結果HのほかにはGがなくなるということではない。ゆえに第4項が必要で、（H in G）↓は、HがGの作用圏内にあって、その結果、Gの働きを受ける（賜物を受け、うちにG↓を映す）ことを意味する。「Iコリント」一4の「信徒はキリストにあって恵みの賜物を受ける」を参照。両者は相関的だから、一方は他方を含意する（相互内在）。ゆえに（G in H）＝（H in G）と書くことができる。ここで注意していただきたいのは、（G in H）の「in」と（H in G）の「in」とでは「in」の意味が違うことである。これはGがHに宿って働く主体（第3項）か、Hがそこに置かれる働きの場（第4項）か、という違いによる。新約聖書においても同様である。「ガラテア」二20「私が生きるのは、キリストが私の『なか』で生きることである」（ヨハネ一四10、IIコリント一三3参照）と、「Iコリント」一4「あなた方がキリストの『なか』にあって受ける恵み」とを比べよ。前者ではキリストが主体、後者ではキリストは恵みの根拠である。

f　コメントしておきたいことがある。(2)式のHにM（人）を代入し、右辺第3項だけをとると上記のように(1)式になる。記号化の便利なところはこのように代入して別の命題を作ることができる点である。

第二節　主要概念

1　作用的一

G↓M↓について。M↓の矢印は、M（人）の働きが神と人との「作用的一」であることを意味

$$G \to M \to = G \to / M \to / (G \text{ in } M) \to / (M \text{ in } G) \to \quad (3)$$

している。たとえば「Iヨハネ」四7の「愛は神から出る」は「G↓M↓」(↓は愛)と書ける。人の愛は神から出るゆえ、それは神の愛と人の愛の作用的一である。人が神の愛の単なる通路なのでもなく、愛が神なのでもなく、愛において神と人が協力するのでもない(ローマ一五18、ヨハネ五17参照)。作用的一は実体的一ではない。この区別は極めて重要で、ここにキリスト教とグノーシス主義との違いの一つがある。この区別を無視すると、新約聖書の場所論をグノーシス主義と混同して排除することになりかねない(これは歴史上実際に起こった混同だと思われる)。

2　神人性

ゆえに(1)式において、G↓M↓のMにつく矢印は働きの「神人性」を意味する。さて、既出の(2)式のHにMを代入すると上記の(3)式になる。これは第一章の(1)式(一四頁)と同じものである。

この場合、G↓M↓においてはM自身が、実体としてではなく、「働くMは、作用として、『神的・人的』である」ことに注意されたい。これはもちろん(1)式が成り立つ限りにおいていえることであって、あらゆる人間の行動について常にいえることではない。ただし我々は本書において作用的一が成り立った状態を叙述する。それは、その場合に場所論的神学の基準的命題が成り立つからである。

作用的一が意味することは、神―人関係が人格主義的な「命令―服従」ではなく、深みからの促しが人間自身の意欲と働きを成り立たせ、人間自身の意欲と行動に転化することである。「ピリピ」二13はそれを示している。ここで「促し」の超越性(超越の内在)を見損なうと、場所論は人間神

$$G\rightarrow J\rightarrow = G\rightarrow / J\rightarrow / (G\ \text{in}\ J)\rightarrow / (J\ \text{in}\ G)\rightarrow \quad (3\text{-}1)$$

化に見えてくるから注意されたい。新約聖書の場所論は人間神化でもグノーシス主義でもない。全く逆に人間は神とのかかわりのなかで人間であることを示すのである。

さらに(1)式の左辺についてコメントすると、G↓M↓のM↓は「(神の働きを宿す、聖なる)人間の働き」の意味になる。ここで人は神ではなく、神・人的である。ところで人のなかで働く神(G in M)↓は、括弧内の主語が神であることに注目すると、「Mと作用的一をなす限りの神」の働きのことになる。神人性における「神」人性である。「神と人との作用的一」の「神性」面のことだともいえる。他方(M in G)↓では、Mが主語だから、ここで人は神と作用的一をなす限りの人の働きのことである。これは「神と人との作用的一」の「人性」面のこと、神「人」性である。つまり(1)式はキリスト論的である。

すると、(3)において、右辺第3項、第4項はそれぞれ「神の働きの人間内在面」、「人を包む神の超越面」を示すといってもよい。いうまでもないことだが、人の働きがそれとして神的な面をもつのではなく、あくまで(3)式が示す関係があるとき、それがいえるということである。この点はあとでより詳しく述べる。

MをJ(イエス)で置き換えると、(3)式は「ヨハネ福音書」における神とイエスの関係を示す式となる(3-1)式。ヨハネはキリストといわず、地の文では常にイエスというのである。

さらにヨハネでは、後述するように、(G in M)≡Jであって、右辺と左辺の両者が恒等式で結ばれる(イエスの排他的・絶対的同一性)ことに注意が必要である。

3　キリスト

新約聖書では、人と作用的一をなす限りの神のことを「キリスト」（C）という。さらに、後述のように、（C→M→）におけるM→という、キリストと人の作用的一もある（ローマ一五18参照）。この点について説明しよう。（G in M）→は人に内在する神の働きであり、神そのものではなく、人と作用的一をなす限りの神のことである（神の子、ガラテア一16）。実際、「ピリピ」二13の「人のなかで働く神」は「私のなかで生きるキリスト」（ガラテア二20）と置き換えられる。ゆえにC＝（G in M）である。ところで人間（信徒）の働きは、全体として、本当に神の働きと作用的一をなすのかという問題がある。とんでもないことだ、そんなことはごく稀にしかありえない、と考えるのが当たり前であろう。しかし、それは確かにある。それは人間を「自己」（S）と「自我」（E）に分けて把握すると明らかになる。自我は罪を犯しうるものである（犯しうる、どころではないが）。それに対して「自己」（G in M）は神と人との作用的一である。自己も自我も人の「なか」にあるが、自己は通常は覆われていて、自我は自己から隔離されている。このとき自己の働きは現実化しない。ないも同然である。しかし、この覆いが除かれて自己が自我に対して、また自我のなかに、露わとなる出来事がある。それは後述のように、パウロが「神が神の子を私のなかに啓示した」（ガラテア一16）という出来事である。ここで「神の子＝キリスト＝自己」であるわけだ。釈義家は「ガラテア」一16の「en emoi, 私のなかに」を「私に対して」と訳すことが多い（「御子を私に示し」という新共同訳もそう読める）が、これは人格主義的誤訳である。実は自己は「自我に対して」、かつ「自我のなかに」、露わとなる。パウロはこの箇所のすぐ後で同じ「en emoi」を用いて「私（自我）はキリストとともに十字架につけられた。生きているのはもはや私（自我）ではない。キリスト（自己）が私の『なか』に生きている」という。この箇所は「キリストが私に対して生きている」とは訳せない。ところで自我は消滅したので

(G in M)＝「G in M」(自己) in M(自我を含む人の全体)　(4)
(G in M)→＝S→　(4－1)
M→＝S→E→　(4－2)
(G in M)＝S＝C　(4－3)

はない。「肉にある私（自我）は神の御子を信じる信仰によって生きている」（ガラテア二20）とある通りだ。このとき自己と自我の関係は、S↓E↓となるのである。つまり、厳密にいうと、（G in M）↓＝S↓である。さらに「M↓＝S↓E↓」だから上の式が成り立つ。すなわち神が自我を含む人の全体のなかにあるという意味での「G in M」は、あくまで厳密にいうと、神が自己のなかにあり、それが自我に作用するということである。これは（4）式のように「G in M」（自己）in M（人の全体）と書ける。ただし「G in M」（自己）はうちなるキリスト（C）と等しい。

つまりパウロの場合、「キリスト」（自己）はパウロ（の自我）を「通して」働くのである（ローマ一五18）。パウロの伝道はパウロの仕事だが、それは、パウロの自覚においては、キリストがパウロを通して遂行したことで、それはとりもなおさずパウロの自己の働きである。ここでは実際にS（＝C）↓E↓が成り立っているわけである。

さて以上で「うちなるキリスト＝自己」という等式を前提にして話してしまったが、あらためてその説明をする。超越的なキリスト（復活者、霊なるキリスト、新約聖書では「天」にあって神とともに在《いま》すキリストともいわれる）の働きは同時にパウロに内在する。そして「パウロのなかのキリスト」と「パウロの自我」の関係は「うちなるキリスト↓パウロの自我↓」ということになっている。さて「キリスト」はパウロとは異質的な力としてパウロを拘束、強制しているのではない。パウロがパウロとして生きて伝道しているということは、「キリスト」はパウロの自我を超えた働きでありながら、し

（G in M）＝神の子＝C（キリスト）＝S（自己）　（5）

G→C→＝G→／C→／（G in C）→／（C in G）→　（3-2）

かもパウロ自身の働きだといいうることだ（作用的一）。それが我々のいう「自己」にほかならない、パウロの真の主体である。ところで、それは「神の子」なのであった（ガラテア一16）。「神の子」とは、神に由来する、「人間のなかでの」神の働きを、神自身と区別して、そういうのである（G in M）↓。場所論では「働く神」こそが神だから、人間のなかで人間と作用的一をなす「神の働き」つまり（G in M）↓は「神の子」（三位一体論的には子なる神）である。なお、ここには後述のように、イエスが神の子とされ、だからパウロのなかの神の子はイエスと同一視されるという事態がある。だから神の子はキリストといわれる。これを記号で示すと（5）式のようになり、これは「新約聖書の」場所論の基本文の一つである。

4　神・キリスト・イエス・人間

さて、順序が前後するが、神とキリストと人間の関係を問題にする。（3-1）式のJ（イエス）はキリストと等しいから、（3-1）式のJにCを代入すると、上記（3-2）式が得られる。これは（2）式のHにCを代入しても得られる。ところで（C in M）（ガラテア二20）がいわれ、また（M in C）（Iコリント一4など多数）がいわれる。だから「言い換え」を重視する我々の書き方では（Cは自己として、自我を含む人間全体のなかにあるから）、C＝（C in M）と書ける（Cの人間内在面のこと）。これは（4）式の右辺の（G in M）にCを代入しても得られる。同様に、MはC（ここでは教会、後述）の作用圏にあるから、M＝（M in C）と書ける。これをそれぞれ上の（3-2）式の第3、第4項に代入して、その間

$$(G\ in\ C\ in\ M)=(M\ in\ C\ in\ G) \quad (6)$$
$$(G\ in\ J\ in\ M)=(M\ in\ J\ in\ G) \quad (6-1)$$

$$(G\ in\ C\ in\ M)=(G\ in\ C),(C\ in\ M)$$
$$(M\ in\ C\ in\ G)=(M\ in\ C),(C\ in\ G) \quad (7)$$

にあるスラッシュを等号に変えれば（同一事態を言い換えるスラッシュは等号に置き換え可能だから）、上記の（6）式が得られる。

いうまでもなく、これは「ヨハネ福音書」における神とイエスの関係である（注意・ヨハネはキリストを一貫してイエスという）。したがって、ヨハネの場合、（6）式のCはJ（イエス）になる。

（6−1）式はヨハネにおけるイエスと信徒の関係にほかならない。「ヨハネ」一四10―21、一七20―26などでヨハネは神とイエス、イエスと信徒、神と信徒の相互内在を語るのだが、それは要するに（6）式の部分を（G in J）、（J in G）、（J in M）、（M in J）というように分けて語っているのである。つまり（6）式を展開すれば（7）式のようになり、ヨハネはその各項を――キリストをイエスと呼びつつ――語っているのである。

では（M in C）、（C in M）とは何のことか。「ヨハネ」一五1で、イエスは「真の葡萄樹」といわれる。[1]「真の」とは、世に生命の樹といわれるものは多々あるが、イエスこそ「その名にふさわしい」生命を与える樹だ、ということである。他方、弟子たちは枝といわれ（5節）、枝は葡萄樹の「なかにとどまる」ものとされる。新共同訳は枝がイエスに「つながっている」と訳していて、あたかもイエスが幹で弟子が枝のように聞こえるが、もしこの意味なら、これは場所論的言語を知らないゆえの誤訳である。ヨハネによると「葡萄樹であるイエス」は信徒を含む全体で、「枝である弟子」は部分なのである（実際、葡萄樹は蔓だから、幹と枝の関係は、林檎や柿の場合のように明確ではない）。もっと正確にいえば、イエスは「場」で、弟子はそのなかに置かれ、イエスの働きの「場所」としてイエスの働きを表出する「個」であるということだ。だからイエスのなかにとどまっていない弟子は、磁場から出た（軟鉄の）釘のように、相互作用の能力を失ってしまうのである（5、6節）。ついでながら、パウロにおいてはキリストのからだとしての教会がキリスト自身と等置される場合があり、この場合もキリストは教会の全体でキリスト者はその部分である（Ｉコリント一二12、後述）。

5　場と場所

「場」とは単なる空間ではない。場とは、個を「包む」働きの場なのである。場の働きを映す個を含んで場は場として現実的である。これは場の一般論としていえることである。実際、教会にせよ、大学にせよ、また会社にせよ、その他の組織にせよ、そこには具体的な人間関係がある。組織化する働きと、そのあらわれとしての、組織のなかでのコミュニケーションがある。そこに加わった個は、そこで具体的な作用を受けるのである。個々の教会の場合も、教会を訪れた人は、入信への働きかけを受け、教会員となれば、信徒として礼拝に出席し、教会生活を営み、学び助け合い、奉仕に参加するよう求められ、また他の信徒にそのように働きかけるのである。場の働きを受けるとは、直接に「キリスト」の働きを受けつつ、同時に教会の構成員を媒介として、その働きを受けることである。この働きは間接的にはキリストの働きにほかならないのである。「場」というとき、その中の個を含む場合があり、個から区別される場合があるわけだ。ただし現実的であるのは前者である。

キリストの働きを自覚的に映す個なしには、キリストの働きはこの世に現実化しない、とはこれまでも繰り返したことである。キリストは個々の信徒に内在し（ローマ八10―11）、教会の全体に内在する。パウロは

「教会はキリストのからだである」というのである（Ⅰコリント一二。ここで教会は我々のいう統合体として描かれている。ローマ一三5参照）。キリストと教会の関係をパウロは、教会はからだでキリストは生命（統合作用）だという比喩で語っている。からだなしに生命は現実化しない。つまり教会は（この世での）キリストの現実性である。だから12節では、からだ（身体）は多くの部分から成りながら一であるように、「キリストもそうである」といわれる。ここでの「キリスト」は、「キリストにある教会と、教会をそのからだとするキリスト」の全体のことである。それがこの世におけるキリストの現実性なのだ。この意味でのキリストとは、信徒から区別（切断ではない）すれば、そのからだである信徒を生かしている働き、すなわち「個を包む場」なのである。信徒はこの意味での教会（単に宗教社会の一つである教会ではなく）であり、信徒は肢体としてキリストに生かされる身体の「なか」にとどまるものだ。

「ヨハネ」一五でも同様である。キリストを「うちなるキリスト」（C）とした場合、S（＝C）→E→であるような信徒の集合が葡萄樹（事柄上は教会。ただしヨハネはこの語を使わない）であり、その葡萄樹が、信徒がそのなかにとどまる場である。繰り返すが、キリストは個々の信徒に内在しながら同時に超越的である統合作用、個々の信徒を一つのからだに統合する統合力（G in M）→である。そして統合体がキリストの現実性である。キリストは個々の信徒のなかにありながら、教会の全体に臨在し、これをみずからのからだに組み変えるである。これは信徒が「キリストのなか」にあるときに成り立つことだ。（C in M）／（M in C）とは以上のような意味である（この場合のMとは、教会の成員としての個々の信徒のことである。教会全体はM_{intgr}で示される）。（C in M）／（M in C）、つまり（G in C in M）＝（M in C in G）は、（G in M）を、「キリストのからだである」教会を媒介として言い表したもので、キリストのからだ（C）は、個にとっては、個がそこに置かれる場であり、神にとっては、神の働きの「場所」である。この意味でキリストは神と人の媒介者なのである（これは真の教会のことで、現実の教会がそれだとは限らない）。

第三節　新約聖書的場所論の内容

以下に扱う新約聖書の場所論的神学の諸命題は、以上に示した（1）―（7）式を変換規則として、演算によって厳密に演繹できるのだが、多くの方にとってはそれが煩わしいようなので、以下ではできるだけ図を用いて説明したい。

1　図Ⅰ（次頁）を用いての説明

G↓（働く神）を周辺のない領域（場）であらわす（その作用圏を示すために横の罫線が引いてある）。上述のように「キリスト＝キリストのからだ」としての教会（C）は、神人性の領域を表す円で描かれる。ここは後述のように（G in M）↓＝（M in G）↓が成り立つ領域であり、円のなかには縦の罫線が引いてある。そのなかの小さい円（M_1、M_2、M_3）は信徒である。ここには三つしか描いてないが、実は多くの信徒がいて、領域Cに満ちているものとご承知ありたい。つまり、Mの集合とCの外延は一致するわけである。また小円を結ぶ矢印（↕）は信徒相互間の作用（コミュニケーション）を示す。つまりCはMから成る統合体（キリストのからだである教会）である。Mは個で、それに内在する神の働き（G in M）↓すなわちキリスト（C、神の子）は、個をキリストのからだにまで統合する作用をもつと読んでいただきたい（ただし図ⅠではSとEが区別されていない）。以下、作用を示す矢印が省略されることがあるが、矢印は常に含意されていると考えていただきたい。

図Ｉ

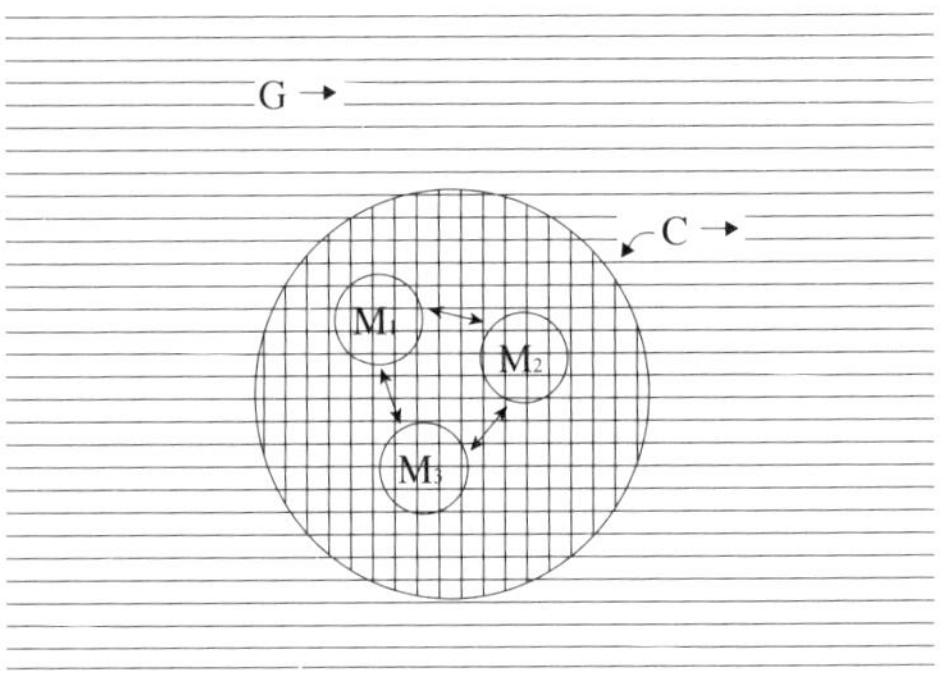

・Cは（G in M）／（M in G）が成り立つMの集合。つまりC＝（G in M）
・（M in C in G）＝（G in C in M）

さてCの内部に神の働きが及んでいることは、Cの内部、つまりはMの内部にまで見られる横の罫線で示されている（これは神の作用領域を示す）。換言すれば領域Cにおいて、GとMの関係だけを見れば、GのなかにMが、MのなかにG（の作用）があるわけだ。つまりCは、そこで（G in M）＝（M in G）＝Sが成り立つ領域（神と人との作用的一、あるいは神人性が成り立っている領域。図では縦と横の罫線が交わっている領域）なのである。見方を変えれば、神が人との作用的一をなす限りで、この作用的一が成り立つ領域は、全体として神自身（G↓）とは区別されて、神を表現する「神の子」あるいはキリストC＝（G in M）／（M in G）＝Sであるわけだ。さらにC（キリスト）を独自の領域と見れば、神はキリストのなかにあり（円Cのなかに横の罫線がある）、またキリストは神のなかにある（円Cは周辺のない領域G↓のなかにある）。これは（G in C）、（C in G）などのことで、すでに（7）式で示したところである。

ところでMはCのなかにあり、Cの働き（縦の罫線で示される）はMのなかにある。さらにMのなかに縦と横の線があるのは、MのなかにC↓とG↓があることを意味する。これをGとCの関係に重ねて示せば、図Ｉを見れば明らかな通り、次頁に再び示される（6）式、（G in C in M）＝（M in C in G）が成り立つ。前半はGの働きはCのなかに、またCの働きはMのなかに及ぶことを示し、後半はMが「場」Cのなか

$$(G\ \text{in}\ C\ \text{in}\ M) = (M\ \text{in}\ C\ \text{in}\ G) \qquad (6)$$

に、Cは「場」Gのなかに、置かれていることを意味している。

結局図Ⅰは神人性（神と人との作用的一）が成り立つ領域をCで示しているわけで、Cは全体としての「キリストのからだ」としての教会のことである。換言すれば図Ⅰは、作用的一が成就した状態――いわば神の国における神と人との関係――を描いている。これはまずは基準的状態の方が描きやすいためである。

換言すれば、Cとはやはり、（3）式G↓M↓＝G↓／M↓／(G in M)↓／(M in G)↓の前半（G↓M↓）が成り立っている領域のことである。このなかではG↓は「人の働きと作用的一である限りの神」、M↓は「神の働き（またキリストの働き）と作用的一をなす限りの人」のことである（式の後半）。すなわち、前述のように、Cは全体として「キリストのからだ」としての教会（Ⅰコリント一二）であり、「まことの葡萄樹」（ヨハネ一五）である。

念のために繰り返すと、個々の人間（信徒）、つまりそこで（G in M）↓／（M in G）↓が成り立つ個々の人間は、Cの領域内にあることになる。図ではMは三つしか書いてないが、そのようなMは複数あって、領域Cを満たす。それらは互いにかかわり合って、全体として世におけるCの現実性を表現するから、「キリストのからだ」としての教会を形成する。この際、教会（C、つまりキリストのからだの全体）と、それを統合する作用としての「神の働き」を区別しつつ両者の関係を書けば、C↓＝(G in M)↓となるわけである。他方でCは前述のように教会と等置されうるのである（Ⅰコリント一二12）。「ヨハネ」一五において「イエス」は「葡萄樹」そのものでありつつ（1節など）、「葡萄樹」とは区別される「超越的な働き」でもある（9―10節）。この区別は前述の

M→＝S→E→＝(S in E)→／(E in S)→　　(4-2-1)

ように、人間において「身体」と「生命力」とを区別するのと似ている。葡萄樹は「身体」に、キリストは「生命力＝統合作用」に当たる。あるいは音楽と、音を音楽にまで統合する作用（心）との区別にも似ているといえるかもしれない。

2　図Ⅱ（六九頁）を用いての説明――自己（S）と自我（E）

ここで自己と自我の区別を再説する。それは以下でヨハネにおけるイエスの特徴を挙げるためでもある。さて「私のなかでキリストが生きている」（ガラテア二20）において、「私のなかで生きているキリスト」と、それを自覚しつつ語る「自我」とが区別されるし、区別されなくてはならない。キリストは自我を超え、しかし自我に対して、また自我のなかに現れた「神の子」（ガラテア一16）である。それはつまり人間的身体における神・人の作用的一のことであるが、これは自我を超える真実の主体である。我々はこれを自己（S）として、自我（E）と区別した。すると、S↓E↓＝（S in E）↓と書ける。これはすなわち（あるべき）Mの構造だから、さらに上記（4-2-1）式のように書ける。右辺はEの「自覚」内容を示す。これはすでに本章では（4-2）式として述べられたものだが、ここではさらに（S in E）↓／（E in S）↓をつけ加えておく。

さて「私のなかで生きているキリスト」とは（G in M）のことだが、より正確には（C in M）とも書ける（前述のように、C＝Sは自我を含む人間全体のなかにあるから）。つまり同じ事柄が多様に表記される。これは一意性を破るようだが、表記はコンテクストによって変わるということである。念のために再説すると、うちなるキリスト（C）とは自己（S）のことである。つまり、「身体／人格」としての人間の全体（これには自己と自我が含まれる）がCと等置されるのではな

S→｜E→ ⇨ S→E→　（4－4）

い。Cと等置されるのは実はS↓であって、それを無視しうるEのことではない。だから詳しく書くと「わがうちに生きるキリスト」は［（G in M）＝S］in Mである。これは第一節の（4）式である。これが、キリストは（C in M）とも書けるといった意味である。これは人間における神人性の領域で、自己のことであり、自己は自我と区別される。自我とは自意識的な自分、与えられた状況のなかで、多くの選択肢から一つを選ぶ機能である。自我は通常は単なる自我つまり自我中心的ないしエゴイスティックな「肉」（サルクス、神から離れた、罪の領域）であって、神との作用的一をなさない。Eが神との（間接的）作用的一をなすのは（4－2）式（M↓＝S↓E↓）が満たされる場合のみである。自己は神と人の一だが、自我はそうとは限らないことを明瞭にしておかないと、新約聖書の人間論は理解されない。これがくどくどと再説した所以である。ついでながら、回心（メタノイア）とは、隠れていて事実上ないに等しかったSがEに現れて人間的現実となることである。これはパウロについてすでに述べたことである。ゆえに自覚は（4－4）式のように書けるわけである。これは第一章では（4）式だが、本章ではあらためて（4－4）式としておく。

3　ヨハネのイエス

ここであらためて注意したいことがある。ヨハネは事柄上C（アブラハム以前から存在する、神と人との一、八56―58、一〇30）であるものを常にイエス（J）という。ヨハネではCがいきなりひとりの歴史的人物イエスとして振る舞い、語る。したがって（6）式のCにJを代入すると、（6）式と相関的な次頁上段の（6－1）式ができる。

これは前述のようにヨハネに特徴的な神、イエス、信徒間の関係である（ヨハネ一四10―11、一

$$(G\ \text{in}\ J\ \text{in}\ M) = (M\ \text{in}\ J\ \text{in}\ G) \quad (6-1)$$

$$(G\ \text{in}\ M) = C \equiv J \quad (8)$$

七20―23など)。記号化すれば上に示す(8)式、(G in M)＝C≡Jとなる。これはキリスト教の絶対性を示す命題式にほかならない。これは等式ではなく、恒等式になっていることに注意していただきたい。

換言すれば、ヨハネが描くところのイエスには自己と自我の区別がなく、普遍的な自己(C＝G in M)がいきなりイエスという個人として語っている。これが何を意味するかということは、本章の最後にまとめとして述べられるであろう。結論を先取すれば、(G in M)＝Cがイエスに重ねられる結果、逆にCはイエスという個人(の復活体)と全く同一視されているということである。

4 図Ⅱによる説明の続き

まず、ここに示されるのは作用関係である。その基本はまず、働く神(G↓)である。これはわかりやすいように、図Ⅱの左下に、これだけ取り出して別記してある。本来の位置は円の下から中心にいたる↑Gである。次に示されるのは神と人の関係(G↓M↓)である(ただし図では矢印は縦になっている)。それが以下のように分節されている。

a 聖霊(SG↓)の図示

「マルコ」一10では聖霊は天から下ってイエスの「なかに」(eis auton)入る。このイメージは場所論的である。それに対して「マタイ」三16、「ルカ」三22では聖霊はイエス「の上に」(とどまる)。マタイとルカはすでに場所論から離れる傾向を示している。たとえば後述のようにもっとも場所論的な「マルコ」四26—29（おのずから成長する種のたとえ）はマタイもルカも省いてしまった。さて「マルコ」一10によって、聖霊（SG↓）は、G「↓in」と記号化される。図Ⅱにおいては、Gから出てMの中心にいたる矢印つきの縦線が聖霊を表示する。

b　信徒のうちなるキリスト［（G in M）＝C］の図示

Gから出てMの中心にいたる線のうち、Mの内部にある部分は、MにおけるGの働きだから、（G in M）である（神は働く神である。だから神が働くところ、神が臨在する）。しかし、これは「私のなかに生きるキリスト」（ガラテア二20）のことであり、Mの真の主体すなわちSのことにほかならない。自己は「Eのなかに、またEに対して」現れる。こうして図Ⅱには（G in M）＝C＝Sが示されている。

図Ⅱ

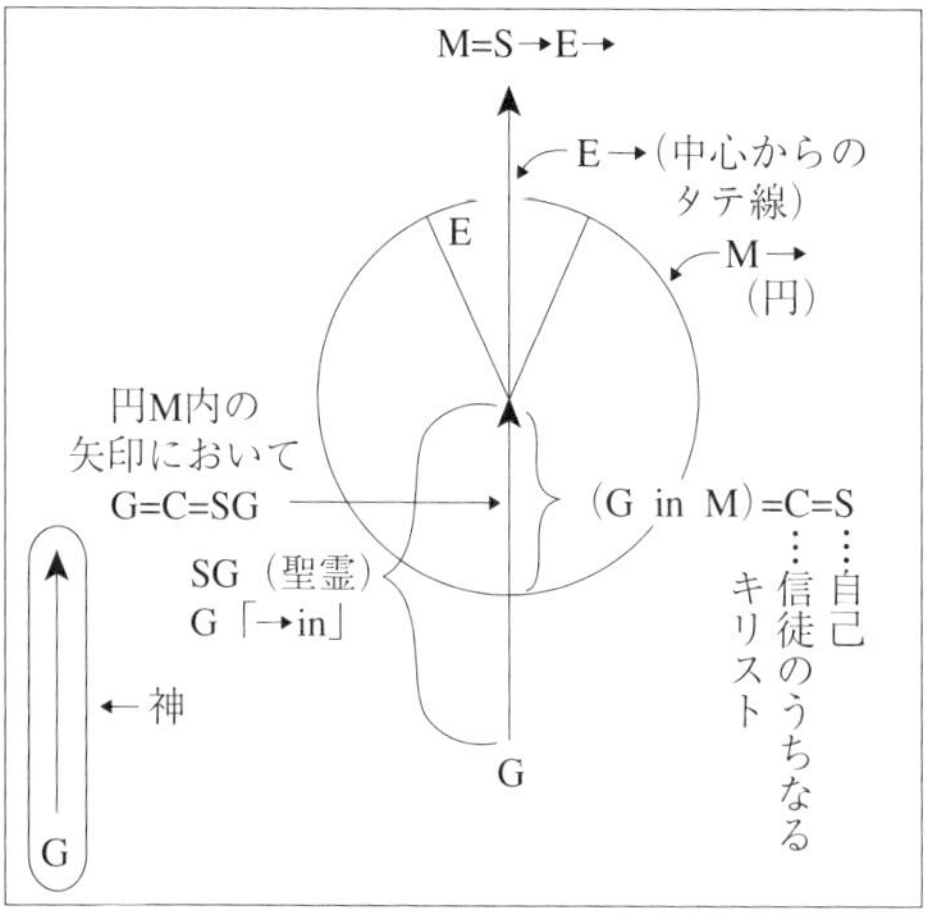

c　自己と自我「M＝S↓E↓」の図示

前述したように、自己（S）が自我（E）のなかに、また自我に対して、露わとなり、自我がそれに目覚め、それを自覚するとき、M＝S↓E↓が成り立つ。この事態は、図Ⅱでは、自我の作用を表す線（領域E内の縦線）が（Mの中心で）（G in M）＝C＝Sを示す縦線につながることで示されている。

$$(G\ in\ M)\rightarrow=(Sg\ in\ M)\rightarrow=(C\ in\ M)\rightarrow \quad (9)$$

d　三位一体について

Gから出てMの中心に向かう縦線のうち、Mの内部にある部分を見ると、G（働く神、G↓の「↓」）とSG↓とC↓＝（G in M）↓は一本の線である。換言すれば、この部分では「G↓＝C↓［すなわち（G in M）↓］＝SG↓」が成り立つ。これは三位一体を意味する。つまり三位一体とは、上記の線が示す作用を分節して関係づけたもの、あるいは神と人の関係を分節したものである。記号で書けば、G↓＝（G「↓in」M）↓＝（G in M）↓が成り立つところが三位一体である。三位一体論は場所論の一部である。これを「人格主義的」に語ると説明はとても困難である。三位一体論ではなく三神論になりやすい。

e　神・キリスト・聖霊の等価性について

よって新約聖書の場所論において、神と聖霊とキリストは、同義ではないが、等価（一が他を意味する）であって、交替しうることになる。実際信徒は「神の宮」であり、また「聖霊の宿る場所」であるといわれる（Iコリント三16）。他方、信徒にはキリストが内在する（ローマ八10、ガラテア二20）。すなわち上記(9)の式が成り立つ。

ただし第1項と第3項の関係だけをとって、これを正確に書けば、（G in M）＝（C in M）＝（S in M）とも表記可能である（Sは自己）。つまり「神の人間内在」は「キリストの人間内在」（＝自己）と言い換えられる。

$$
\begin{aligned}
G\rightarrow M\rightarrow &= (G \text{ in } M)\rightarrow / (M \text{ in } G)\rightarrow \\
&= (M_m \longleftrightarrow M_n) \\
&= (M_m \text{ in } M_n)\cdot(M_n \text{ in } M_m) \\
&\Rightarrow M_{intgr} \qquad (10)
\end{aligned}
$$

f　新約聖書における場所論の総括について

新約聖書における場所論の全体を簡単に書くと上記(10)式のようになる。この形は「Iヨハネ」四7―16から簡単に導かれる。これは本書の冒頭で述べたことだから、ここでは結果だけを再録する。M_{intgr}は信徒の統合体のことである。

(10)式は、G→M→によって神・人の相互内在(第1行)、人と人との間のコミュニケーション(第2、3行)、さらに共同体(統合体)が成り立つこと(第4行)を示す。統合体とは、そこであらゆるレベルのコミュニケーションが成り立つ共同体のことである。ただし、ここでコミュニケーションとは、広義で、互いに必要なものを必要なところに提供することによる共同体形成行為のことである。さらにMを信徒のことと解すれば、M_{intgr}は教会のことで、コミュニケーションは教会共同体を維持し宗教生活に必要なものを授受し合う場所である。

5　新約聖書における場所論的命題

場所論的神学を示す図Ⅰ、Ⅱから場所論的神学の諸命題を読み取ることができる。若干の例を挙げる。以下の論命題は基礎命題からの変形によって導き出すことができるが、ここではそれを省略する。

a　「ローマ」八4。「肉(サルクス)によらず霊に従って歩む」私たち

図Ⅱの、Gから出てMの中心に届く線は「聖霊」を意味する。他方、Mの中心から出て

上に向かう線は自我の行為を示す。後者は前者に基礎づけられ、それに「従う」わけである。

b 「ローマ」八9―11。「神の霊」の信徒内在

図Ⅱは、SGがMの「なか」に及ぶことを示している。

c 「ローマ」八9（キリストの霊）

図ⅡではMは一つしか書いてないが、信徒は実は複数（多数）であり、図はそのうちの一つを示すにすぎない。つまりキリスト（C）は、多くの信徒（M）に内在するわけである。我々はキリスト（統合力）と教会（統合体）とを区別したが、信徒と区別される（超越的な）「キリスト自身」が、それ自身の現実性として立てられるとき、そこから信徒に及ぶ働きは「キリストの霊」といわれても不思議はない。特にキリストが人格主義的に表象されるとき、その働きはその「霊」を「送る」、というようにいわれるものだ。キリストがそれ自身の現実性として立てられうることは、多くの露に月影が宿るとき、月を見ないでも、多くの月影からして（いきなり太陽ではなく、太陽を映す）月が一つの（超越的）現実として立てられることを比喩として、了解される。キリストは個々の信徒に内在し（ローマ八10）、また教会全体に現臨する（Ⅰコリント一二）。教会が「キリストのからだ」といわれるとき（Ⅰコリント一二27）、キリストは単なる内在ではなく、超越的・内在的な現実と考えられている、といえる。

d 「ローマ」一五18。パウロの宣教はキリストがパウロを「通して」遂行したことである

図Ⅱは、一面ではS↓とE↓の不連続を示すが、他方では、M＝S↓E↓である限り、連続する（「不可

分・不可同・不可逆」の不可分面）。さてS＝Cだから、S↓E↓はキリストがパウロの自我を通して行為していることを示す（キリストとパウロの作用的一）。

e　「ヨハネ」一四16―20。聖霊が弟子たちに与えられるとき、弟子たちは神、キリスト、弟子の相互内在を知る

聖霊が与えられるとは、（4-2）式が成り立つこと、つまり回心の出来事である。このとき、自己（＝C）が現実化して、自我に露わとなり、自我が自己の働きを自覚するとき、信徒は自分における、神と聖霊とキリストの相互内在を知る。この相互内在は、図Ⅱでは G と S G と C の重なり合いとして示されている。弟子はそれを「知る」わけである（自分における超越の働きを自覚し、その構造を分節して知ること）。

f　場所論は両性キリスト論的である

（G in M）↓＝C↓は、働くキリストすなわちC↓が神・人の作用的一であり、神的・人的であることを意味する。また上記のように場所論は三位一体論的であり、またM＝S↓E↓はキリスト両意説（イエス・キリストのうちには神的中心《G in M、すなわちSのことと解釈される》と人間的中心《Eのこと》とがあって、後者は前者に従い、これを表現する）である。以上は場所論がこれらの教義を形成した東方（ギリシャ語圏）の神学になじむものであることを示している。

第四節　イエスとキリスト論の成立――第二章へのエピローグ

1　イエス≡キリスト（これは恒等式であることに注意）の意味

前節の(8)式すなわち（G in M）＝C≡Jが示すように、「ヨハネ福音書」ではキリストとイエスが同義であり、神の子（キリスト）がいきなりイエスとして語るのである。むろん新約聖書において歴史的個人としてのイエスと復活者キリストとは同一なのだが、「ヨハネ」の特徴は、神と一である存在、事柄上すでに復活者（霊なるキリスト）と等しい存在が、地上でいきなりイエスとして語り行動するところにある。ただし「ヨハネ」では、地上のイエスは救済者として働くこと（聖霊を与えること）はできない。そのために、個的存在であるイエスは死ななければならないのである（七37―39、一二24参照）。死ぬとは、神のもとに昇り、「栄化」（霊化）されることである（三14参照）。これが「ヨハネ」におけるイエスの死の意味である。実際、弟子たちに聖霊を「吹きかける」のは復活者である（二〇22）。神のもとから来たイエスは、死んで甦って神のもとに帰り、信徒に与えられる聖霊のなかに臨在し、信徒と一となる救済者として働くのである（一四16―20）。このようなキリストとイエスの無差別の同一化は何を意味するか。

歴史のイエスは神の国を宣教したのに、原始キリスト教はイエスを救済者として宣教した。これはどういうことか、という問題はいわゆる「史的イエスの問題」として一九五〇年代―一九六〇年代に国際的規模で論じられた。ところで歴史のイエスと復活者キリストが無差別に同一化されていることは、復活信仰の成立にかかわることである。この問題をここで詳論することはできないが、核心的な部分にかかわる私見を簡単に述べておきたい。

滝沢克己（一九〇九―一九八四）は伝統的キリスト論の批判によって仏教とキリスト教の相互理解の可能性を基礎づけた重要な宗教哲学者である。滝沢の中心的な宗教理解は以下のようなものだ。[2] 人間が人間である根本には、それが誰であるかないか、何であるかないかとは無関係に、「インマヌエル」（神われらとともに在ます）という原事実がある。滝沢はこの原事実を「キリスト」とも呼んでいる。さて、人は通常はこの原事実（神と人との第一義の接触と呼ばれる）に目覚めていないが、この事実に目覚める（神と人との第二義の接触といわれる）とき、宗教的生が現実化する。そして第一義の接触と第二義の接触との関係、また原事実そのものと、それに目覚めた人間の関係は、不可分・不可同・不可逆である。さてイエスもブッダもともにこの原事実に目覚め、原事実をあらゆる人のモデルとなりうるほど典型的に表現して生きた人間であった。換言すればキリスト教も仏教もともに原事実の上に成り立つ、いわば姉妹宗教であって、ここに両教の相互理解の基盤がある。

さてイエスは原事実に目覚めた人間であって、原事実そのものではなかったのに、伝統的キリスト教は――滝沢の師であったカール・バルトを含めて――イエスにおける神と人との第一義の接触と第二義の接触の区別を見失い、イエスが原事実そのものであると理解した。こうしてイエスに依らなくては救済（人間と神との関係の正常化）は不可能だということになり、キリスト教は排他的絶対性を主張するようになってしまった。現代の我々は伝統的キリスト理解を批判して、キリスト教絶対主義を脱却し、仏教と通底する根拠に立つ、全人類的立場を回復しなくてはならない。

以上略述した滝沢のキリスト論批判は正しい。現代のキリスト教には不可欠の認識である。私はこの点で滝沢に同意するものである。ただし滝沢は「直接経験」（主―客―直接経験）も「目覚め」に属することを認めなかったので、私はこの点をめぐって滝沢と長期にわたる論争をしたのだが、本章ではそれに触れない。

また原事実についても、私はそれを「インマヌエル」(神われらと「ともに」在ます)というよりは、「(G in M)＝(M in G)」、ただし「(G in M)↓＝S↓＝C↓」ととらえ、目覚めをも「S↓―E↓ ⇩ S↓ E↓」と表現している。さらに、原事実は目覚め(自覚)以前からあるといっても、「作用の現実としてはないも同然で、作用として、感覚、思考、行動の上で現実化するのは自覚と同時である、と考えている。これはパウロと道元を例として述べた通りである。本書は一貫してこの立場で書かれてきた。

ところで滝沢説は、「イエスの復活」理解を少なくとも含意している。それはイエスの弟子たちは、彼ら自身がそれに目覚めた原事実を「復活したイエス」と理解した、ということである。私の新約聖書学研究は、結果としてこの含意を顕在化させる試みである。[3] それをごく簡単に述べる。「マルコ」六14―16に、イエスが洗礼者ヨハネの死後、独立して公の活動を始めたとき、人々はイエスが師にまさるとも劣らない働きを示し、イエス独自の方法で師の仕事を継承しているのを見て、「洗礼者ヨハネが死人のなかから甦ったのだ。それであのような力がイエスのなかで働いているのだ」といい、ヨハネを処刑したヘロデ自身もそういった、とある。ここで「イエスのなかで力が働いている」とはまさしく場所論的言語であることが注目される。「マタイ」(一四2―3)はほぼこの言い方を踏襲しているが、「ルカ」(九9)はこれを削除している。

さて、もし当時人々が洗礼者ヨハネとイエスの関係をこのように理解したのなら、イエスが洗礼者ヨハネと同様に非業の最後を遂げたあとで、弟子たちが「原事実」に目覚め、彼ら自身が――師の真似ではなく、彼ら自身の根底からして――イエスのように生き始めたとき、彼らはその事実を「死んだイエスが復活してその力が私たちのなかで働いているのだ」と理解したのに何の不思議もない。はじめ原始教団を迫害していたパウロも同じ経験をした。同じというのは、回心のあとでペテロとも会っているパウロ(ガラテア一18)は、ペテロと復活者顕現に接した経験についても語り合っただろうが、パウロは彼らの経験の同質性を証言しているのである（Ⅰコリント一五1―8）。ということは、復活者のペテロへの顕現も、パウロへの顕現と同質であったことであり、パウロへの顕現は、「ガラテア」一11―17に本人の言葉で述べられているし、我々はそれを、「（G in M）→E→＝S→E→」が自覚され、成り立った出来事として理解したのである。それは「S→―E→ ⇨ S→E→」すなわち回心の出来事であった。これは第三章で自己―自我―直接経験といわれるものである。原始キリスト教はこの自覚を「復活したイエス」の顕現として理解したわけだ。この際彼らはイエスの死を贖罪死として理解し、宣べ伝えた。あるいは逆に、彼らがイエスの死を贖罪死と理解したから、彼らは律法の束縛から解放されて自己―自我直接経験にいたったのかもしれない。いずれにせよこの解釈からして「人格主義的」神学が発展した。他方「その力が私たちのなかで働いている」という自覚は「場所論的」神学として展開された。つまり原始キリスト教が成立し、原始キリスト教徒は死んで復活したイエス・キリストを宣教したのである。そのとき「（G in M）→＝S→」が復活して信徒のなかに働くイエス・キリストとして宣教された。とすればイエスとキリストの同一性が主張されるのは当然で、それを当時としては極端な仕方で主張したのが、ヨハネであり、だからそこで「（G in M）＝C＝J」というイエス理解が成立し、ヨハネによる福音書が書かれえたのであった。それに対して我々は一貫して「（G in M）＝C」とは自己のことで、誰のうちにも潜在するものと解し、それに目覚める自我とは区別してきたのである。

2　イエスの場所論

以下でイエスの宗教についてもごく簡単に触れておきたい。神を父と呼んだイエス（マタイ六9、ルカ一一2）の宗教に人格主義的な面があることはいうまでもないが、イエスの宗教は深く場所論的でもある。山上の垂訓のなかに誓いに関するイエスの言葉がある（マタイ五33―35）。そこで天は神の御座、地は神の足台、エルサレムは神の都であり、人間は髪の毛にいたるまで神の支配下にある、といわれている。素直にとれば、これは――一般にあまり注意されていないが――天も地も都も個人も神の働きの場所だ、ということである。実際、空の鳥も神に養われているし、野の花も、思い煩うことなし（プログラムフリー）に美しく咲いている（マタイ六26―34）。学ぶという言葉が好きな「マタイ」では、イエスはここで「野の花をよく観察し学びつくせ」（六28）というが、ルカの並行箇所では katanoeo という動詞の命令形が使われている（一二27）。この動詞は同じ「ルカ」の二〇23では「（背後に働いているものを）見抜く」という意味で用いられているのである。いずれにせよ「考えてみよ」（口語訳、新共同訳）という軽い意味ではなく、自然を見て天地に働いている隠れた神の働きを見抜き、会得せよ、ということである。実際、イエスの「倫理」は実は普通にいう倫理ではなく、神の支配に生きる人間の叙述であり、「終末論」は神の支配が成就した形を描いたものである。ここからしてイエスの宗教の全体を理解することができるが、ここはそれを詳論する場所ではない。

神の支配は天地に及ぶから、人間にも及んでいる。したがって、自然の出来事が人間世界の比喩となる。イエスによる神の支配の比喩に以下のものがある。「神の支配とは以下のような事態のことである。人が種を大地に蒔いて、夜昼寝たり起きたりしていると、人が知らないうちに、種は発芽して育ってゆく。大地は『自然に』実を結ぶのだ。はじめに芽、次に穂、それから穂のなかに充実した実ができる。実が入るとすぐ鎌を入れる。刈り入れ時がきたからである」（マルコ四26―29）。これはもっともイエス的な言葉であり、その真正性を疑う人は少ない。また、イエスが天地を神の働きの場所ととらえていたのであれば、この言葉は単なる比喩ではなく、神の働きの描写でもある。これはイエスの言葉のうちでももっとも場所論的なものの一つであるが、大地の自然（おのずからの営み）は神の働きと作用的一だ、というのである。大地の営みはほかならぬ大地の営みで、しかもその自然な営みである。それが神の働きと作用的一だ、という[4]。それが、神の支配が及ぶ人間生活の類比になるのである。しかしマルコのほとんど全部を採録したマタイもルカも、この比喩だけは削除している。それは偶然ではあるまい。上記の意味での「おのずから」も「成る」も当時の通念から外れているのであろう。通念的には、出来事は神の意志、言葉での命令によるものだ。そういえば、やはりもっともイエス的な言葉の一つである「安息日は人間のためにできた（生じた）ので、人間が安息日のために（できた）のではない。だから人間が安息日の主である」（マルコ二27―28）という言葉もマタイとルカは省いている。その理由の少なくとも一つは、安息日にかかわる律法の掟は神がモーセに与えた命令であって、（あたかも人間生活のために自然に成り立ったかのように）「生じた」のではない、という通念であったろう。

3　イエスの「私」

神の支配は天地を貫き、人間にも及んでいる。しかし人間はそれに気づいていない。それは客観的に「ある」ものではなく、「君たちのうちに」あるものだ。しかも、それは隠れているから、発見されなければならない。イエスはそう語っている（ルカ一七21、マタイ一三44―46）――神の働きとその自覚を語るこれらの言葉も、場所論的宗教に理解の乏しい研究者たちは無視するか、人格主義的に誤解するのが常であるが。

神の支配は超越的であり内在的である。この働きが人格主義的に表象されるのは、働く神が人格主義的に語られうるのと同様で不思議ではない。私はそれがイエスにおける「人の子」だと理解している。「人の子」とは、身分上神の子で、しかも人間的であり、終末論的に表象されるときは、天から現れて裁きを執り行う存在であった。他方、イエスの言語と考えられるアラム語では、「人の子」という言葉は「人間」あるいは「私」を意味していたことがよく知られている。だから以下のような説が流布している。それは、イエスが自分の言行を「人の子」の言行として語るとき、イエスは自分が終末論的「人の子」そのものだといっているのではない。「人の子」とは、アラム語では、もともと単に「私」という意味である。それがギリシャ語に翻訳されたとき、文字通り「人の子」と直訳されたから、終末論的「人の子」と誤解されたのだ、という。しかしそのように解する必要はない。もしアラム語の「人の子」が以上の意味であれば、イエスにとって「自己」を言い表す言葉として「人の子」にまさるものはなかったのだ。「人の子」は「自己」と同様、神的・人間的で、超越的・内在的である。しかも「私」をも意味するではないか。さて超越的な人の子を語るとき、イエスは自分を人の子の代表（表現）として理解（自覚）している。「みだらで罪に満ちたこの世で私と私の言葉を恥じる者は誰でも、人の子が聖なる天使たちとともに父の栄光をまとって来るとき、人の子はその人を恥じるだろう」（マルコ八38）。イエスは終末時に神の国が到来するとき、人の子が顕現すると考えている。それは闇に覆われていた人の心のなかに神が輝いてキリストが露わとなるさま（Ⅱコリント四6）を宇宙的に拡大して言い表したものと理解できる。イエスは「稲妻が天の端から端へと閃き輝くように、人の子も（その顕現の日には）同じようであるだろう」と語るのである（ルカ一七24）。

他方「自己」は自我を深みの次元へと超える、人格の真実の主体である。自己と自我は作用的一となりうる。つまり自我は自己を映すのである。だからそのような人は自己から出る働きを「自分の」働きとして語ることができる。また自分の働きを「自己」の働きとして語りうるはずだ。だからイエスは自分の行為を「人の子」の行為として語りえたことになる。つまりイエスは「人の子」の座から発語することもできたはずである。だからイエスがあたかも自分が終末論的な人の子であるかのように「人の子は安息日の主でもある」というのも全然不思議ではない。(5) イエスが実際に「中風」患者を癒やしたかどうかは別として、イエスが「人の子は地上で罪を赦す権威をもっている」と語るのも同様である（マルコ二10）。これらの言葉は、単なる自我の言葉なら冒瀆だが、「自己」から（自我を介して）出た言葉だから真（むしろ当然）である。

新約聖書の読者、研究者の多くがこれらの言葉を読んで、これらの言葉においてイエスは自分を超越的存在である「人の子」と無差別に同一視していると考えたのは、自己と自我の区別と関係を知らないからに違いない。イエスの同時代人も同様で、イエスは自分を人の子と同一視したから神を冒瀆した罪で処刑されたという記事（マルコ一四62）は、この場面が歴史的事実であるかどうかは別として（議会が実際開かれたかどうか、議会でのイエスの裁判のさまを弟子たちがどうして知りえたかという問題がある）、この場面に、なぜイエスがユダヤ人支配層に逮捕され処刑されるにいたったかという理由が反映していることは十分に考えられることである。

イエスの生時、弟子たちもイエスを本当には理解していなかった。共観福音書はこの点で一貫している。ペテロのキリスト告白についても――これが原始教団のキリスト告白の投影ではないとすれば――イエスは、君たちは私について何も語ってはいけないと禁じているのである（マルコ八29―30。イエスはペテロの告白を認めていない。マタイ一六13―20はこの記事を全面的に変えてしまった）。

弟子たちはイエスの死後――いつのことか、いかにしてか、についてはは信頼できる資料がない――自分たちのなかに自己＝神の子（G in M）が顕現したとき、それをイエスが復活して、その力が自分たちのなかに働いている、と理解したのである。イエスは我々の罪のために贖罪死をとげ、復活した、というのが原始教団のキリスト宣教のはじまりであった（Iコリント一五3―5、ローマ三23―25）。こう理解すると新約聖書が矛盾も困難もなしに理解できるのである。実際、イエスのいう人の子もパウロのいうキリストも、超越的（また終末論的）で、かつ内在的である点で（神の子＝自己）一致している。自己→自我→の働きの内容についても、「神の支配」に生かされるイエスと「キリスト」に生かされる原始教団には、基本的一致が存在するのである。

むすび

イエスとインマヌエルの原事実（G in M）を区別したように、キリストとロゴス（ヨハネ一1―3）を区別することができる。これらの区別がないと、イエス・キリストは世の創造以前から神・人であった、ということになってしまう（実際、伝統的教義学ではそうなっている）。そうではない。場所論的神学は一般化できるのである。すなわち神と世界（W）の作用的一、つまり（G in W）↓（世界と作用的一をなす限りでの神）をロゴスというのである。我々はその内容を統合化への作用として理解したわけである。また神と作用的一をなす限りの世界を被造物という。ロゴスは世界に内在する秩序だから、世界の一部である人間にも内在するわけだ。それが（G in M）（新約聖書のキリスト）である。それが人に露わとなる出来事が「神は神の子を私のなかに啓示した」といわれる出来事にほかならない。

イエスの宗教は以上の神・世界・人間理解を内包している。むしろ明示的に語っている。それを把握しないのは場所論的神学を解しない後世の人々だ。我々の立場は、以上述べたイエスの把握と一致するものである。すなわち、神は世界に内在し（G in W）↓、したがって世界内存在である人間にも内在する（G in M）↓。だから人間はそれに目覚めることができる。それが宗教である、ということだ。さらにその宗教には普遍性がある。それはこういうことである。「C＝G in M」と書けるなら、「キリスト」は基礎語ではない。ここで基礎語というのは、神、世界、人のように、自分自身以外の語の組み合わせでは書けない語、つまり他者に還元不可能な語である。よって「C＝G in M」なら、Cは基礎語ではないことになる。それだけではない。「神」と「人」という用語を用いる宗教には「G in M」と書ける現実性がありうるだろうし、もしあれば、それは「キリスト」と対応する宗教的現実性であろう。もしキリスト教以外の宗教にもキリストと対応する宗教的現実性があれば、キリスト教は相対化されるが、逆に「キリスト」は人類的・普遍的現実性だということにもなる。実際、我々の命題式(10)は、そこに仏教的用語を代入すると、仏教思想の表現となる。それが以下の諸章の主題である。

しかしその前に「S→—E→ ⇨ S→E→」の出来事について語っておかなくてはならない。

註

（1）「ヨハネ」一五1以下については、R. Bultmann, *Das Johannesevangelium*, Göttingen, 1941, 当該箇所参照。

（2）滝沢のインマヌエル論は全著作にわたっているが、ここで問題となっている点に関する代表的著作は第一章註8に挙げておいた『仏教とキリスト教』（法藏館、一九六四）である。なお、後期の滝沢は、神と人との関係を「実体的統一」と「作用的統一」に分け、両者の関係を不可分・不可同・不可逆とし、さらに作用的統一のなかで、㈠統一そのものと、㈡それへの目覚めとを分け、その関係をやはり不可分・不可同・不可逆と規定した。そして以前「神と人との第二義の接触」といったものは、作用的統一の㈡のことだと厳密化するにいたった。滝沢克己『「歎異抄」と現代』三一書房、一九七四、三六頁、およびそれへの註（二〇七頁）参照。しかし私見によれば神と人との実体的統一を語る必要はない。神も人も「実体」ではなく、「実体的一」はグノーシス主義と誤解されかねない。

（3）これは滝沢を知る以前、私の最初期の著作から一貫する解釈である。『新約思想の成立』新教出版社、一九六三、二八〇頁以下、特に二八八頁。さらに、『イエス』清水書院、一九六八、一九四頁以下など、論じた箇所は多いが、列挙は省略する。このように解釈すれば、私が『新約思想の構造』岩波書店、二〇〇二、で示したように、新約聖書の全体が矛盾も困難もなく理解される。

（4）この言葉を命題式にすると以下のようになる。本章の（3）式と比較されたい。

神→大地→＝神→／大地→／（神 in 大地）→／（大地 in 神）→

また、（神 in 世界）→＝神の支配、と書ける。また（神 in 人間）→＝神の支配、とも書ける（ルカ一七

21―22参照）。とすれば、イエスにおける「神の支配」が原始キリスト教におけるロゴス（G in W）、またキリスト（G in M）と対応することが明らかになる。

（5） 久松真一は「私には煩悩はありません」といってのけた。この「私」は「単なる自我」ではない。そうではなくて、「無相の自己」（我々の用語では自己と自我の統一）の発語である。久松・八木（対話）『覚の宗教〈増補版〉』春秋社、一九八六、四―七頁。この対話は法藏館版『増補久松真一著作集』（第九巻、一九九六）に収められている（四七六―四七七頁）。

第三章　言語・自我・直接経験

はじめに

「S→｜E→⇩S→E→」の転換において、自己が自我に対して、また自我のなかに露わとなるといった（第一章）。ところでこの転換とは、換言すれば「直接経験」（純粋経験とも呼ばれる）の生起のことである。よって以下に直接経験について述べる。さて「純粋経験」を主題的に語ったのは西田幾多郎（『善の研究』冒頭）だが、以下では「西田における直接経験」ではなく、直接経験という事柄そのものを問題としたいと思う。その方が西田理解の役にも立つと思うからである。また本書では「純粋経験」ではなく「直接経験」という用語を用いたい。それはイメージや言語が経験を可能としながら他方では経験の「直接性」を覆い、ひいては経験そのものを歪めるからである。したがって直接経験を問題とすることは、他面ではやはり経験の「不純さ」を取り除こうとすることにもなるわけだ。

第一節　言語[1]と自我

経験にはしばしば直接的反応が結びついている。熱い薬缶に触れれば反射的に手を引っ込める、眩しければ即座に目を閉じる、という具合である。むろん他方では我々は経験される状況に判断と思考を媒介として対処することがあり、我々の日常生活ではこのような態度決定の方が圧倒的に多い。しかし経験と反応の間に齟齬が生ずる場合がある。たとえば梅干しを見ると唾が出る。これはいわゆる条件反射だが、梅干しをイメージしただけ、場合によっては梅干しという語を思い浮かべただけでも、唾が出ることがある。さて食卓に梅干しがあり、それを見たら唾が出た。しかし手にとってみたらそれは梅干しそっくりの甘い菓子だった。こういう齟齬はどうして生ずるか。あるいは、ご存じ水戸黄門の話で、乱闘の場面の最後に助さんが印籠を掲げ、「ここなるお方をどなたと心得る。恐れ多くも先の副将軍水戸光圀公なるぞ、控えおろう」といえば、それまで「この老いぼれめ」などといって乱暴を働いていた悪代官はじめ悪徳商人どもがハハーッと平伏する。これは漫画的だが、一般にAという人がBという人に接する態度は、Bが「何であるか」にはよらず、AがBを何と「心得る」かによって決まる。そしてAがBを正しく認知しているとは限らない（実は、限らないどころではない）。これは恐ろしいほどの真実で、気づかれないまま、日常生活で広く見られることである。まずは左図を手がかりとして「梅干し反応」から考える。

対象	感覚	反応（唾が出る）
梅干し……………	視覚	

嗅覚
触覚
味覚…………反応
⇦
（梅干しの）イメージ…………反応

感覚（特に視覚と味覚）と反応が繰り返され、両者が結合されると、梅干しのイメージに対して反応が起こるようになる。すると梅干しのイメージを呼び起こすものに対して、梅干しを食べたときと同様の反応が起こるようになる。つまり経験の反復により、反応はイメージと結合したのである。このように、反応は常に対象と「直接に」結びついているわけではない。反応は、対象が「何であるか」によらず、主体がそれを「何と認知するか」によるのである。イメージを喚起するものをイメージ対象と呼べば、イメージ対象は特定のイメージを喚起することによって、イメージと結合した反応を呼び起こすことになる。すると先に挙げた誤認は次のように書ける。

イメージ対象（菓子）→（梅干しの）イメージの喚起→イメージと結合した反応の生起

認知一般を扱うなら言語を問題としなければならない。認知とは言語使用（記号使用）の一例だからである。現代言語学の通説として――これは正しい認識である――言語は記号の体系だと考えられている。ところで記号とは、記号表現と記号内容が結合したものである。記号表現とは、たとえばイヌを例にとると、イヌという発音およびイヌという字（漢字でも平仮名でもよい）のこと、記号内容とは、イヌという記号表現と結合した——イヌに関する——社会的通念のことである。記号表現は感覚可能だから、これを感覚不可能な意味（通念）と結びつければ、感覚可能な記号表現を提示することで、感覚不可能な意味を伝える（受信者のうちに通念を喚起する）ことができるわけだ。また記号には一般に記号対象があり、これはイヌの場合なら、イヌの実物のことである。これは一般に指示対象と呼ばれているが、思うに記号対象という方が正しい（後述）。実は記号には——それが指示する現実性はあるが——「客観的指示対象」が存在するとは限らない。抽象名詞や動名詞には客観的指示対象はないし、小説に登場する人やものは架空のものでありうる。その叙述に「指示対象」は実在しないのが普通である。しかしここではこの点にはこれ以上立ち入らない。

さて記号論的にいって認知とは何か。認知とは、ある対象が特定の記号の記号対象だと特定する（identity）ことである。「あれは何だ？　ああ、あれはカラスだ」という認知は、「『あれ』は我々が使っている『カラス』という記号の記号対象だ」ということだ。ここには多くの問題がある。第一に——これも現代言語学の通説だが——認知は記号があって可能なので、記号なしでは認知は不可能だ、ということがある。言い換えれば、言語なしに経験は不可能だということである。これは実際に正しいので、たとえば野球をよく知っている人は、ピッチャーが投げる球がストレートかカーブか、その他フォーク、ナックル、スライダーなど、見分けるけれども、いくら眼がよくても、これらの記号——記号表現と記号内容（球の軌跡）の結合——を知らなければ見分けはできない。相撲の決まり手の見分けも同様である。植物学者が山で多くの植物を見分けるのは彼の眼がいいからではない。言葉なしでは現実はカオス同様だ、といわれる所以である。

ところが他面では記号による認知は事柄を覆い隠すのである。それはこういうわけだ。認知とは、あるものを既知の記号の記号対象だと特定することであった。そのとき我々は、記号内容を記号対象に読み込むのである。「あれは如何なるものか」という問いへの答えは記号内容で与えられる。「あれはカラスだ」とは、「あれ」（記号対象）は我々がもつカラスに関する通念があてはまる対象だということである。換言すれば、認知には――特別の場合は別として――通念以外の情報は含まれないのが通例である。通念とはまさしく通念だから、抵抗なしに通用するが、通念を少しでもはずれた内容は全く通じないか、あるいは大変に通じにくいものである。

一例を挙げよう。差別ということがある。これは現代ではあってはならないことになっている。それは当然だが、しかし差別は記号の使用にかかわっていて、根が深い。差別とは、ある言語社会が特定の対象（通常は集団）に特定のレッテルを貼る（記号表現を与える）ことから始まる。差別に特有なのは、当の記号表現と結合する記号内容が劣悪、醜悪、不潔、不道徳、など反価値的であることだ。一旦このように記号化されると、その記号対象は、すべてその記号内容から理解されてしまう。それが実際に当てはまるかどうかは全く関係なしに、対象に記号内容が読み込まれ、「記号対象」は劣悪、不潔……な人間として扱われ、ひいてはそのような人間として振る舞うことさえ求められる。つまり、その記号を用いる言語社会では、差別される集団は劣悪……な人間として通用してしまうのである。差別は不当である。しかし、上記のような記号の使い方は、およそ記号の使用一般につきものなのである。つまり記号対象は記号内容から理解される。記号内容が当てはまるものとして扱われ、通用するのである。記号内容が正しいかどうか普通は問題とならず、記検討もされない。記号対象への我々のかかわり方は、対象が実際に何であるかによらず、記号内容から決定される。これが、ある人への態度は一般にその人が実際に何であるかによらず、何と思われているかによる、ということである。だから差別は記号使用一般の問題性に気づかなくては克服されない。記号対象が実際に何であるかは通念的記号内容とは別であること、換言すれば「ありのまま」の現実と「言語化された現実」

とは別ものだということが明瞭になっていなければ、「差別」もなくならない。抑圧すれば陰に籠るだけである。そして両者の区別一般が直観的に明らかになるのは直接経験においてなのである。言語社会で通用しているものは言語化された現実であって、決して現実ありのままではない。記号が指示する現実は指示対象というより「記号（内容をそのまま読み込んだ）対象」であるということも、この点にかかわっている。もともと記号は現実を特定の仕方で切り取り、他から際立たせるものである。新しい記号が作られるときのように、浮かび上がった特定の現実が新しい記号を要求することもむろんあるけれども、圧倒的に多いのは、対象の切り取り方、際立たせ方、さらには対象の意味内容までが記号の側から決定される場合である。だから対象は一般に「記号」対象なのである。ありのままの現実ではない。

言語は社会的現実、つまり通用する現実である。社会的現実とは、重力のように、我々がそれについて知っていようといまいと、それには無関係に成り立つ現実ではなく、あるいは無意識のうちに我々を動かす働きのように、我々が気づくとなくなるような現実でもない。また覚《さとり》や理性や自由のように、我々がそれに個人的・社会的に自覚的となってはじめて十全に働く現実でもない。そうではなく、社会的現実とは、言語、秩序、地位、法や倫理、さらに通貨などのように、社会的な合意と裁可によってはじめて成り立ち通用する現実性のことである。また社会的通念は、ことさらな合意や裁可なしに通用している社会的現実である。言語にかかわる問題は現実のこの領域を正面から問題としなくてはならない。通念的言語世界は社会的に「通用している」現実であって、現実そのものではないということだ。言語は意思伝達のための道具として認められ、用いられ、こうして一般に通用する現実だが、言語世界はまさに通念的であることによって、ほとんど抵抗なく通用するのである。ありのままの現実の代用として、つまり仮想現実として、通用しているわけだ。よく人間は本能を失った動物だといわれ、それは——本能を学習せずに生きてゆく能力と定義する限り

――本当だが、我々は社会生活を営むために本能ではなく社会的通念（たとえば共有されたプログラム）に従って生活しているのである。人間生活においては通念が本能に取って代わったわけだ。通念という社会的現実、仮想現実がありのままの現実に取って代わっている、という認識は、直接経験を理解する前提条件でもあるが、直接経験から見えてくることでもある。

さらにいえば、言語はコミュニケーションの手段ではあるけれども、その意味で不可欠であり、言語なしには人間生活は成り立たないけれども、実は言語には言語特有の現実造形の仕方がある。それは現実ありのままの、いわば「組み立て」（構造、関係性）と、同じではない。文は周知のように主語と述語とからなり、主語は名詞で述語は名詞、形容詞、あるいは動詞である。換言すれば我々（言語使用者）は現実を名詞（他から区別されうる一定の形ないし内容をもつもの、個物とその集合を指す普通名詞が多いが、抽象名詞や動名詞も名詞である）と形容詞（性質）と動詞（動態、作用）を使って叙述する。我々はこれらを用いて文を構成する。つまり実体（名詞）、属性（形容詞）、作用（動詞）は現実を言語化するための基本的カテゴリーであって、これは認識と伝達のために我々がもち、かつ使用している情報処理装置である。現実の側にこの三分割があるわけではない。たとえば我々が見るのは「走っている馬」だが、それを文にすると「馬が走っている」となり、あたかもあらゆる状態や動作とは無関係に存在する「馬そのもの」（実体）があるかのような通念的錯誤が生ずる（あえて錯誤という。プラトニズムは直接経験から見ると錯誤である。概念は高次の現実などではなく、一般化する認識と伝達のために必要不可欠な言語化上の装置である）。こうして我々は主語と述語からなる文を構成するが、これはコミュニケーションのための言語化なのであって、この形の文を用いなければコミュニケーションは不可能ないし極めて困難である。

コミュニケーションを成り立たせるために言語が作り出す現実の組み立てには、さらに以下のものがある。

まず「主―客関係」の定立がある。言語社会は自分に関心のある第三者を「対象」として立て、それについて情報を形成して、言語社会に流す。この情報は対象を知り、管理、操作するための客観的知識である。現代ではこの言語に属する科学的知識が技術に応用され、それが経済に組み込まれて商品が生産される。このような情報言語は「記述言語」とか「関説《かんぜい》言語」（referential language）とか呼ばれる。この言語領域は言語とともに古いものだが、現代では言語生活の中心になっていて、現実の大部分はこのような客観化する知識の立場、つまりは科学と技術を商品生産に組み込む経済優位の立場から言語化されている。我々の世界は、社会も政治も、経済優位にできている。そしてその根本にある主―客の区別（むしろ分離）と関係は、上述の言語使用が生み出し定立した二次的・仮想的関係であって、原関係ではない。これは少し考えてみればすぐわかることで、我々はたとえばそこに桜がある（客観）から、我々はそれを見る（主観）と考える。しかし、そこに桜があると判断するのは何によるかといえば、桜が見えているからである。「桜が見えている」ことが基本で、それに先行する主観が、それとは独立の客観（桜）を認識するわけではない。主客関係は、桜が見えている（これは直接経験にかなり近い言表である）という事実を言語化の基本的な仕方に従って「私は桜を見る」と言表するところで成り立ってくる（後述）。これは記述言語が「認識主観」を立てることであって、「認識主観」とは同時に記述言語を用いる主体のことである。つまり「認識主観」は個人的認識の現場でではなく、対象を認識しかつ操作する――科学的・技術的・経済的――言語使用の場でとらえる方が具体的である（意識一般）。

さらに一言するならば、我々が諸概念を組み合わせる仕方も問題になる。我々は諸概念を因果論的に、また目的論的に配置するが、因果また目的というカテゴリーも現実の側の秩序ではなく、記号化と同様、情報を処理し、意図を達成するための我々の側の言語化装置なのである。換言すれば、カントが認識と判断の枠組み（認識論）で考えたことを、我々は言語化とコミュニケーションの枠組みで考え直す必要があるということだ。たとえば、因果性とは十分条件のもとで特定の事象が生起するということだが、それが十分条件だという判断は事象が実際に起こったことからなされるのであるから、原因と結果は同じ事態の見方の違いにすぎない。「原因と結果は別物で、前者が後者を生み出す」ということではない。また目的論は因果性の秩序を逆転したものである。包摂についても同様だが、これらは我々が情報を処理し現実を操作するために必要でかつ有用な枠組みであって、現実そのものに内在する秩序ではない。もっとはっきりいえば、これらはエゴ（たち）が現実の一部一面だけを取り出してそれを自分たちに都合よく操作するための道具である。逆にいえば、自然はもともと人間的認識や営為の材料ではないし、動植物も我々に利用され食われるために存在するものではないということだ。自然を材料として用い動植物を食用にするのはやむをえないことだが、それは人間が自然に押しつけた秩序だということを弁える必要があろう。自然にはそれ自身の秩序と相互関係があるのに、人間は記号を用いて「対象」を取り出し際立たせ、人間の見方からして関係づけ構造化して利用する。自然だけではなく、人間同士もこのような仕方でお互いを管理、操作、支配し合っていて、その「人為性」に気づかないでいる。

要するにありのままのあり方で存在する現実と、その認知およびそれへの態度決定の間には、通念的言語世界が介在しているのである。しかも言語世界が――言語によって――現実を再構成する仕方には自我が絡んでいる。ここでエゴイズムについて詳論することはできないが、自我とは「私」のこと、何かをするとき、それをしているのは自分だと意識しながらそれをしている当体のことである。我々は考え、感じ、動かし、言葉を使うとき、そうしている。だから考え、感じ、動かし、言葉を使うのは自我であり、また自我は言葉を使うことで確立される。自我の成り立ちが言葉の使用と結合する所以である（金と道具の使用も自我と相関的である)。

さて、自我の機能は与えられた状況のなかで内外からの情報を処理勘案してしかるべき行為を選択することだが、この際意識は自己制御の必須条件である。自分が何をしているか、それがうまくいっているか否か、自分でわかっていなくては、自己制御はできない。だから自我は必然的に自意識的なのだが、自意識はさらに一方では自我の虚無性を露わとし、他方では他者との比較を可能とする。自分に気づいた自我は、その虚無性と他者との対立関係にも気づくので、常に不安である。こうして単なる自我、つまり他者との関係を無視して、関心を自分だけに集中する自我(自分の安全を求め、さらに勝利を征服を求める自我)が成立する。自我はエゴイスティックになる。エゴイズムとは、自分にとっての関心事、自分を動かす現実とは結局自分だけだという自己理解のことで、これが自我中心主義を生むのは容易に了解できる。自我(たち)は言語によって通念的世界を再構成するが、その構成の仕方は多分に自我(たち)中心的で、自我(たち)はほとんど知らず知らずのうちに自我(たち)中心的に、つまりは自分たちに都合よく解釈され構成された世界(自分たちのプログラム)を他者に押しつけるものだ。これはニーチェが「力への意志による現実虚構」といったもので、いまさら説明の必要もないほどよく知られていることである。さらに、「単なる自我」は、自閉的情報処理機構となりはてて、身体としての自分、全人格的な自分——これは世界の一部であり、生命の一環であり、共生する人類の一員である——を見失い、身体の「深み」との自覚的関係を失っている。

以上、自我を主として個我の立場で考えた。しかし自我は社会的でもある。それは自我が言語を用いるところに現れている。換言すれば、エゴイズムは常に個的であり集団的である。ここには利害による離合集散の力学があるが、ここでは触れない。エゴイズムには集団的エゴイズム(やはり安全と勝利を求める)があり、それはしばしば社会的通念に表現され、集団的エゴイズムへの「忠誠」はしばしば献身として称賛の的となるのである。自我は多くの選択肢がある状況でどれかを選ぶ機能だが、この選択はエゴイスティックになされるのである。

ここでエゴイズムと記述言語（これは対象を定立し操作するのに適した言語である）の関係についてさらに一言しておきたい。記述言語は一意的である。そうでなければならない。なぜかといえば、記述言語は情報として機能するが、情報は一意的でなければ役に立たないからである。情報は、どうなっているのか、どうすればよいのか、という問いへの答えだが、そうであればこそ、一意的でなければならず、それは伝統論理学のいわゆる三原則に表現されている。ＡはＡであって、非Ａではなく、Ａと非Ａの間に第三者はない、という原則である。これは語と文の一意性の条件である。ところで、我々の社会では記述言語が中心的な役割を果たしているが、我々がこの一意的言語で自分を把握するとどうなるかといえば、「私は私であって私以外の何者でもなく、私でも他者でもあるという領域は存在しない」ということになるわけだ。ところでこの言語化の原則は、いつのまにか――不当にも――存在論的に解釈される。「私は私のみによって私である」ということになるわけだ。なぜなら私が私以外のものによって私なら、他者と私がかかわる領域は排中律を犯すことになるだろうからである。するとそれは排除されるから、上のような自己理解は「私は私のみによって私であり、私が私であるためには、他者との関係は一般に不要である」というエゴイズム的自己理解（エゴイズムを可能とする自己理解）を、知らず知らずのうちにもつようになる。しかしこの原則を貫くことは実際上不可能だから、利益になれば結びつき、不利益になれば排除する、という他者との関係が成り立ちやすいわけだ。以上は私（たち）が――特に記述言語を使用して――自分を理解し、他方では対象を認識、操作する仕方である。これは他者との原関係を無視する「単なる自我（たち）」が、主―客関係を定立し、自分（たち）に都合のよい概念世界（言語世界）を仮構して現実に読み込み、それを現実そのものとして通用させつつ、現実を自己中心的に操作し構成する、という仕方である。

直接経験は先の構図が錯誤であることを明らかにする。そのためには直接経験ということが、単に「思慮分別を加えない」、「経験そのまま」ということではなく、言語とエゴイズムの結合による現実（自分を含む）構成が破れ、その虚構性が直観的に明らかとなる「経験」（出来事）であることが明確にされなければならない。そうでなければ、よくなされているように、「純粋経験」は単なる心理、一時的な忘我の境と誤解されてしまう。また「未だ主もなく客もない、知識とその対象とが全く合一している」経験の層に到達することも不十分に終わってしまう。上記の引用はいうまでもなく西田『善の研究』第一章冒頭にみえる言葉だが、以上に論じたことが明確となったときに、「純粋経験を唯一の実在としてすべてを説明する」（同書「序」）というプロジェクトも正当なものとなる。実際、西田の哲学的苦闘はこのプロジェクトを現実化するための開拓的な試みであったわけである。

第二節　直接経験

まず一つの実験に参加していただきたい。これは極めて限られた範囲でのことではあるが、直接経験と関係のある実験である。目を閉じて指で机なら机に軽く触れていただきたい。まず指をあちこち動かして、そこらにあるいろいろなものに触れてみる。すると我々は指で対象を感じるものである。つまりその感覚は対象の触覚である。次に指を動かさずにじっと一定のところに置いてみる。すると今度は指は圧されて冷えてゆく指自身を感じる。感覚は指の内部感覚（自己感覚）である。しかし感覚の構造（つまり指と机との関係）は前の場合と後の場合とで異なることはない。感覚には対象感覚と自己感覚の二面があって、それぞれの場合にその一面ずつが前面に出るまでである。ということは、感覚内容は全く同じでも、感覚情報をその都度処理して外からか内からかを判定するのは、我々の「知」覚つまり操作し判断する主観（脳）だということである。感覚内容が変化するとき我々は感覚は外部に由来すると判断し、変化がないと内部感覚だと判断するものである。今度は目を閉じ、指も動かさずに、自分が指で机に触れているということを忘れ、感覚が内部感覚だという判断も忘れ、触れているという意識もイメージもなくして、ひたすら感覚の事実に集中していただきたい。すると感覚は対象感覚でも自己感覚でもない。それは「主客未分以前」の事実である。感覚の事実だけに集中することに慣れれば、限られた範囲ではあるが「主客未分以前」が現前するはずである。この実験は視覚では不可能ではないが難しい。それは視覚内容は変化に富む上に、視覚が「対象」の知識まった意味とあまりにも強く結合しているせいである。

さて記号「対象」を「認知」し「意味づける」のは言語を用いる自我であった。言語を用いる自我とは、現実を我々に固有な情報処理装置によってコミュニケーション可能なものに造型し、社会的―個人的言語世界を構成し、それを現実そのものとして通用させる自我であった。その自我は、定立した対象世界を記号対象の世界として認知し、自己中心的に意味づけて、対象を意味世界のなかに配置し操作しているのだが、自我による言語世界の仮構が失せると直接経験が現前するのである。これはまずは感覚の事実として、感覚の全面において――視覚面を含んで――起こることである。

直接経験の現場には主客の別も言語もない。「ない」という判断もない。言語がない消息を言語で語るのは矛盾だとはよくいわれることだが、しかし語ることは可能である。なぜかといえば、直接経験の現場で、これは私の経験だという「気づき」が起こる。するとそこで主客が分かれるのである。そして言語世界が戻ってくる。それだけ経験は「純粋」ではなくなるわけだが、直接性は依然として変わらずに現前している。

つまり日常経験の世界と直接経験とはいわば二重構造になるのである（時とともに直接経験と日常的経験がいわば馴れ合ってそれが日常的になってゆくものだが）。日常経験のなかに直接経験が現前し、直接経験の上に日常経験が構成されているといってもよい。だから、言語を使う立場で言語のない経験に気づき、これを述べることができる。こうして直接経験を言語化してゆくことが――そのままでコミュニケーション可能かどうかは別として――できるのである。

視覚についていえば直接経験の最初の言語化は「見えている」（何かが見えている、ではなく、単に見えている）で表現される「経験への気づき」である。これは単純な感覚の事実に気づくことであって、そこには主観も客観も対象認知もない。「見えている」がすべてだから――上記の反省の立場では――その世界は主観といえば主観、客観といえば客観で、主がそのまま客、客がそのまま主である。この事態は我々の仕方では「主／客」と書ける。すなわち直接経験は「（主・客）・（主∨客）」である。それは主であり・客である（主がそのままで客、客はそのまま主である）が、見方によって、主か客かどちらかだ、ということである。だから主客の一といっても、まず主があり客があり、しかるのち両者が合一するのではない。逆である。前述のように、「見えている」事実が「自分の」感覚だと気づくとき、見られているものが「対象」となり、主客が別れる。すると日常的言語世界が戻ってくるが、それが「言語化された世界」だと気づかれるときに、言語化された「対象」世界が実体、属性、作用というような我々の側のカテゴリーによって構造づけられていることがわかり、また対象とは実は記号対象として認知されたものであり、欲望の対象となっていることもわかってくる。言い換えれば、直接経験で見えてくる現実は、日常的に経験される現実（言語化された現実）とは異なるということだ。つまり言語世界が戻ってくると、たとえば「見えている」→「見えているのは桜だ」→「桜が見えている」→「私は桜を見ている」というような言語化が成り立つわけである。しかしこのようにして成り立つ言語化は、もはや単なる日常経験の言語化と同じではない。それは日常的言語世界が戻ってきて、だから当人は一見したところ前と同じことをいっていても、まずは「見る」主体が前と同じではなくなっているからである。すると現前する現実の「組み立て」も、以前考えていたものとは違うことがわかってくる。

前述したことにコメントを加えると、直接経験の現場には主客の別も言語もないといっても、それは単なる心理的状態、曖昧で幻のごとき一時的な心境だということではない。全く逆で、その現場は無限の言語化の可能性を秘めているものである。それは言語を用いる自我（たち）の現実仮構が破れて現実本来の原関係が露わとなる出来事である。それ以前の経験と比べてみれば、以前の経験は、経験といっても実は結局のところ記号化する自我が、実体や属性のカテゴリーや主客図式を用いて、「対象＝記号対象」を構成し、「記号対象」に通念的「記号内容」を読み込んでいただけで、実に無内容で一面的で貧弱なものであったこと、しかも、因果や目的や包摂関係を用いて、自我（たち）中心的に編成されたものであったことが気づかれるはずである。両者は同じ現実経験でありながら、内容については全く別の現実経験である。直接経験をはじめて経験した人はきっと、同じ世界が全く違って見えることに驚くはずである。それは、それまで「対象」を記号化してそれに記号内容を読み込んでいたときには、記号内容に対応するもの（つまりは単なる自我の言語が押しつけた秩序）しか見えていなかったのに、いまは当然見えるはずのものがすべて見えているからだ。ただし見えているとは、認知されていることではなく、全く逆に、既知の言語化を超えた無限性が現前しているということである。直接経験とは、「ありのままの現実が何か」を即座に見透すことではない。まずは、直接経験の世界が言語化された現実とは無限に違うという実感である。正確な現実認識はそれから始まる。西田の場合がそうであった。直接経験は超常的経験ではない。全く逆に、あるのが当たり前の経験である。

第三節　自己と自我、直接経験の諸相

1　自己・自我

さて直接経験が日常的経験と同じ経験でありながら、その内容は異なるということは、単なる日常経験と直接経験（あるいは直接経験と日常経験との二重性）では、経験の主体のあり方が異なるということである。日常経験の主体は主客対立の構図のなかで記号化し認知し操作する自我である。それに対して直接経験の主体は何か。それが語れるというのは前述のように、我々は「これは私の経験だ」という自覚のもとに、経験とその主体を反省することができるからである。ただしそれは、経験を対象化して観察するのではなく、経験しつつ経験のなかで経験の構造を分節する「自覚」による。「見えている」経験を自覚する主体は、主観として客観を見る主体ではなく、直接経験を見失うことなく、しかもそれを主客に分節する主体だから、主客のかかわりの原関係のなかにある主体、前述した意味での「主客の一」を弁えている主体である。換言すれば、この場合でも自分は確かに個我として自覚されてくるが、この場合の個我は関係の「極」である。主なしに客はなく、反対も真であるから、「私」は関係の「極」である。ただし関係の極は自我ではなく、身体である。「私」は自我ではなく、身体であり、身体としての人格、人格としての身体である。自分を一意性の言語で把握する仕方が破れるから、自我が（古典的な意味での）原子的自我ではないことがわかり、自我が自分の主ではなく、身体の一部、身体の一機能であることが気づかれるのである。直接経験は自我が対象を経験することではなく、私である身体が世界（自然的世界・人間的世界）の一部として、その全体とかかわっているという経験である。そこで見えてくるのは、自我は身体の一部であり、意識として機能する部

分であるから、認識と判断と選択を営む主体であるが、身体の全体でも中心でもなく、いわんや究極の主体ではないということである。

直接経験の前、自我は身体の主として振る舞っていた。私とは自我であり、身体は自我を生かすための装置であった。私は身体をも対象化して把握していたから、身体は「肉体」と化し、自我は肉体のなかにある非肉体的なものであった。ここに考える自我と肉体の二元論の根がある。こうして私は肉体を支配するという不可能事をも企て、かえって肉体の反抗を招いていた。自我は情報を集めて処理し、与えられた状況のなかでなすべきことを選択する。そしてそれは社会的通念による。しかし実は選択の基準は自我自身のなかにあった。すなわち通念によりまた通念を利用しつつ、実は自我を維持し他者に押しつけるという、（第一章第三節の言葉でいえば、自分勝手なプログラムを強行したがる）自我性・自我中心性が選択の基準であった。たとえば社会生活を営む自我は、善や正義や真理をも仮面として利用し、この仮面で他者ばかりか自分をも欺いていた。この「我執」があらゆる悪と迷いの根源であったわけである。

直接経験というとき、我執つまり言語を使う（エゴイズム的）自我の仮構の全体が清算されるのでなければならない。それは単なる「主—客—直接経験」ではない。これは直接経験の一面、不可欠の一面である。以下で触れる全面的直接経験を経た主体はいかなるものかということは、一般の経験の分析からだけでは導けない。そこには新しい事態が成り立つのである。人間は「身体／人格」である。それは物質世界、生命世界の一部であり、人類の一員である。それは世界のなかで、生命として、しかも人格関係のなかで生きている。「身体／人格」はそれら現実の一部でありつつ、それらとの原関係のなかで成り立つ極である。そこからコミュニケーションが成り立ってくる。「身体／人格」にはいわば中心があり、それは自我よりも深く、しかも自我（意識化の機能）に対して開けている。「それ」は身体と全現実との原関係を自我に開示する働きである。しかし自分のうちに閉鎖され、自分のみによって自分であり、またあろうとして、他者に対する自己中心的な関係を紡ぎ出していた自我は、身体からも浮き上がって、「それ」を予感すらしていなかった。だから「それ」は、自我に露わとなり、自我を通じてその働きを現実化することができなかった。その意味では非存在と同様であった。これが「S→―E→」で示した事態である。さて直接経験において自我の自己内閉鎖性が破れる。自我に対して、また自我のなかに、身体性の中心が開示される（S→E→の成立。後述の自己―自我―直接経験参照）。これは同時に身体性の開示でもあり、身体と全現実との原関係の開示でもある。ところでその原関係とは「現実が一である」ことではなくて「そこには多と同時に一がある」ということだ。換言すれば、そこでは単なる自我が見た「自我―現実」関係（自我の現実支配に都合よく造型された関係）とは異なった相が見えてくるのである。私はそれを統合というカテゴリーで言い表す試みをしている（前章参照。必要な限りでは本章でも述べる）。

話を前に戻して、「それ」のことだが、「それ」は身体性の中心だから、自我を超え、個我を超えて全現実界とかかわるものである。それはつまり本書で「自己」と呼んできたものである（G in M）。それは世界を超える働きを宿している。そういうのはなぜかといえば、私はその働きを「統合作用」として語ってきたのだが、統合作用は身体としての私を超えている。この作用は世界を貫くロゴス（G in W）ともいうべきものであって、またそれが世界のあらゆる部分で働いているなら――実は我々は、同時に我々の側で、統合作用を肯定し選ぶのでもあるが――統合作用（ロゴス）の中心は、世界を超えて世界に内在すると考えられる。ただし「中心」をいうなら、これは厳密な認識というよりは、認識を媒介した信仰であるといった方が正直だろう。神に直面することは我々には不可能である。我々は自分をロゴスが働いている身体として自覚するまでである。これもすでに直接経験の分節として語られることだ。

さて「自己」は世界を超えて身体を成り立たせている働きを宿し、映している。ここで「身体性の中心」などと妙な言い方をしたものは、前述した「自己」である。「自己」というのは、「それ＝身体性の中心」は自分を支配する異質的な他者ではないからである。それは「身体／人格」としての自分の本来の主体で、自我はそれを宿し映して本来の自我となる。つまり自己は私の本来の主体である。自我ではないが、自我を超える「私」（自分）である。それは、自覚的にそれを映す自我を媒介としてはじめて自分自身を現実化するのである。これが自我に開示された時、自我はその働きを映し、身体と現実の原関係を自覚的に現実化する作用（統合作用）の一部となる。自我を超えた主体としての自己の働きはこうしてはじめて現実化するのである。これを我執的自我の消滅、「自己・自我」としての身体の成立ということにしよう。それがいかなるものかは再び日常言語外の消息を言語化することだから、客観的記述にはならない。自己・自我から何が出てくるか、つまりは自己・自我の表現を叙述して、暗示するほかはないだろう。この表現の特色は、そこに表現される主体は単なる自我ではなく、「身体／人格」としての自己・自我であることだ。換言すれば、自己・自我の表現は一見すると日常的言語世界の事柄のように見えるが、そこには日常経験と直接経験との二重性があり、したがって、自己と自我の二重性が暗示されているのである。

以上まずは主―客―直接経験と呼びうる経験を手がかりとして述べたが、上述の自己・自我の成立は、覆われていた自己が露わとなって、自分が自分と直接すること（自我が自己に直接すること、あるいは自己・自我が自己・自我の原関係に帰ること）だから、自己―自我―直接経験と称することができる。これは自我が自己に直接する経験であるともいえるし、もともと自己・自我であるはずの自分が、自分を自己・自我として自覚すること、つまり実際に自己・自我となることだともいえる。するとさらに「我―汝―直接経験」があり、「共同体性の直接経験」もある。以下ではこれらにつき、ごく簡単に述べる。なお、以上で主―客

―直接経験について述べ、それから自己・自我について述べたが、実は主―客―直接経験の内容は普通にいう主客の一ではない。なぜなら、言語と自我の癒着が破れる直接経験においては、すでに経験の主体は自我ではなく、自己・自我となるからである。だから主―客―直接経験の表現からは、自己・自我として働く「身体性」の自覚も読み取られるはずである。そして「身体／人格」と他者との関係は、単なる「一」ではなく、それぞれの意味での「二」がある。まずは主―客―直接経験へのコメントから始める。

2　直接経験の諸相

a　主―客―直接経験

「閑かさや岩にしみいる蟬の声」という誰でも知っている芭蕉の句がある。この句はもちろん客観的事態の記述ではない。蟬の声が客観的に岩にしみこむわけはないし、それを観察できるはずもない。では「岩にしみいる」とは何か。思うに「岩」とは自分のこと、自分と重ねられた岩の現実性なのだ。その岩つまり堅く冷たくこころない自分の「からだ」に蟬の声がしみいってくる。自分の身体の全体が蟬の声に浸透されている。私がいて、それとは別に蟬がいて、しかる後に私（主観として自我）が蟬（ちっぽけな客観的存在）の声を聞くのではない。そうではなく、私とは蟬の声に浸透されたからだのことであり、蟬とは私のからだにしみいってくる声のぬしのことである。といっても、私のからだの外に蟬がいて、それが声を発していて、それを私が聞くということではない。からだにしみわたるのは「蟬」と「声」とに区別される以前の、つまり「蟬が鳴く」という言表以前の、「一つの」現実である。それは「蟬」と「声」という、それぞれ別の記号内容を「と」でつないだものを遥かに超える現実性である。気がつけば私がいて蟬の声を聴いているのだが、感覚の事実としては、「蟬の声」に浸透されている「からだ」があるだけ、あらためて言語化すれば

「蟬の声」といわれる身体的感覚の現実性があるだけである。他の関心はすべて消滅している。それが「閑かさ」である。「岩にしみ入る」には母音「イ」が多く、その鋭さが「しみいる」という経験内容の表現となっているが、「閑かさや」に含まれる三つの母音「ア」が明るい、ほっとした気分を伝える。蟬の声がからだにしみわたる「主客の一」に気づいて、それを「閑かさや」と感想したように思われる。このように理解すると、この句は主—客—直接経験と称した事態の表現と読めるのである。経験は表現から汲まれるものである。いうまでもなくこの経験は全身体的である。

b　我—汝—直接経験

我—汝—直接経験は「言語以前」の出会い、つまり言語とエゴイズムの結合が破れたところに成り立つものではあるが、しかしこの出会いは通常「語りかけと応答」つまりコミュニケーションのなかで生起するという特色がある。「あなた」の「声」ではない「あなたの声」——それは声なき声かもしれない——が「私のからだ」にしみわたる。すると「私」は他者である「あなた」のことを私自身のこととして経験する。これを理解という。

「我と汝」の出会いは多くのことに媒介されている。まず知らない人同士でも、法律、倫理、エチケットや習慣などが出会い方、相手との接し方を規制している。パリサイ派時代の使徒パウロにとっては神から与えられた「律法」を守ることが第一の関心事であった。この場合、人との出会いそのものよりも、出会いの場面で自分（自我）が律法を守ることの方が大きな関心事である。律法と自我の関係の方が出会う相手と自分との関係に優越する。さらに出会い方を決める要素として、相手を記号づけ、相手にその記号内容を読み込み、つまりは相手は何であるかを名刺の肩書き（記号）から読みとって、その記号内容にふさわしい態度で接するという仕方がある。相手の学歴、職業、業績、地位、財産、名声など——しかもあくまで自分に知られる限りのそれ——が相手へのかかわり方や態度を決定するわけだ。これは相手に関する社会的な価値評価である。だから相手の地位などを知っているかいないか、あるいはどう知っているかが、かかわりの具体相を決めることになる。これは先に水戸黄門劇の例で示したことだ。まだある。相手がどのようなグループに所属しているかの認識がその人に対する自分の態度に影響する。一流の国家や組織に所属する人間は二流よりも「偉い」と、ひそかにあるいは公然と、思い込んでいる。逆にいえば、これらのものをもち、あるいはもたない人は、自分に出会う相手がそういう自分にふさわしい態度をとることを期待するものである。さらに相手が自分にとってもつ意味が問題となる。それにはまず、相手と自分との、社会的役割を果たす上での関係がある。夫と妻との関係でさえ、役割上の関係でもあるわけだ。さらに、早くいえば相手が自分にとって重要（大切）か否か、相手との関係が自分の利益になるか否か、という意味での相手の意味づけがある。これらすべては先に「差別」として問題にした事柄であり、広い意味での差別にほかならないが、差別の主体は自我である。出会いの場面における人格と人格の間にはこのように介在物が沢山あるものだ。

それら介在物が消滅したとき、出会いの直接経験つまり人格と人格の出会いが成り立つ。それがいかなるものかは結局人格に何を見るかの問題である。人格は単なる社会的自我ではない。それは身体であり、その中心は自己だから、人格はもともと身体としての自己・自我であり、自己は人と世界を超える働きを宿す。しかしこういってもこれは人格とは何かを述べる言葉であって、現実そのものの提示ではない。結局、ここでも一例を挙げることになる。それはやはり「ルカによる福音書」一〇25—37の例話である。やや詳しく再説する。ある律法学者がイエスと「隣人愛」について問答した。聖書（旧約聖書）には「自分を愛するようにあなたの隣人を愛せよ」とある（レビ記一九18）。ところで律法学者は、いかにも法学者らしく隣人の定義を問題にするのである。隣人を愛せよといっても隣人とは誰のことか定義がなければ、隣人愛は不可能だというわけだ。法学者によれば、ユダヤ教徒は聖書が「愛せよ」と命じているから愛するのであり（命じてなければ愛さないわけだろう）、隣人を愛せよとあるから、隣人の定義にあう人を愛するのである。つまり、この法学者は聖書の「言葉」に基づいて人間的現実を理解しているのであって、これは直接経験とは無縁の世界である。

しかしイエスは隣人の定義を与えず、例話を語るのである。あるユダヤ人がエルサレムからエリコの町に下っていった。途中は人気のない荒れ地である。彼はそこで強盗に襲われ、身ぐるみはがされて暴行まで受け、半死半生で倒れていた。そこへエルサレム神殿の祭司が通りかかるが、怪我人を避けて行き過ぎてしまった。さらに下級祭司も来合わせたが、同様に避けて通り過ぎてしまった。ところがそこへサマリア人が来る。サマリア人は元来はユダヤ人と同族だが、さまざまな歴史的事情により民族的宗教的純粋性を失ったので、ユダヤ人からは交わりを断たれ、差別の対象となっていた。しかしこのサマリア人は、自分たちを差別するユダヤ人が倒れているのを見ても、いい気味だとは思わない。損得の計算もない。あれは敵性のユダヤ人だから放っておこうという意識もなく、嫌だけれど神の命令だからやむを得ず助けようという宗教的動機づけもない。ただあっ大変だと思って駆けつける。苦しむ敵を見て自然にそう反応するところが肝心である。気がついたらもうそばにいて介護していたということだろう。サマリア人はさらに怪我人を宿屋に運び、宿の主人に金まで渡して世話を頼んで立ち去ったという。

ここには人格と人格の出会いが語られている。倒れていたユダヤ人は道行く人に声をかけ助けを求めたわけではない。しかし声もなく倒れているという状況自体が救助への訴えかけであり、その声を聞きえたのはサマリア人であった。ただちに駆けつけて助けたのはすなわち状況を理解して必要な人に必要なものを提供するコミュニケーションの成就にほかならない。コミュニケーションは社会的「差別」を克服する人格関係である。

もともと人格と人格の間では、人間を定義し資格づけ序列を作ることがない。価値づけ差別して、それが人間の本質に即することだとする認識もない。むろん人間を管理、操作して支配しようという意志もない。神の「言葉、命令」による動機づけもない。ただ現前する人格の圧倒的な尊さの感覚と他者の苦しみへの共感がある。他者のことを自分のこととして経験する実感は「汝自身のように汝の隣人を愛する」愛の働き、自他の一性の表現である。一性はコミュニケーションとして現実化する。これ以上言葉による説明は不要であろう。要するにこの例話は我―汝―直接経験の表現なのである。

このような出会いは人格間に限られたことではない。「山路きてなにやらゆかし菫草」という芭蕉の句は、山路で出会った菫というささやかな草花が無限の神秘（G in W）に根差しているという感覚を示す。この感覚は自分自身が無限の神秘に根差しているという直覚と通じている。ここからして――菫ではない――人間的他者も同様な人格として露わとなる。神という言葉を使えば、他者は神の働きを特定の仕方、その人固有の仕方で表現する人格である。それぞれが完全無欠ではないから、欠けたところがあり、それぞれが長所と限界をもつ個性であり、ゆえに人間同士は補い合い、助け合わなければならない。他方、人間は相互に理解し合える人格である。ここからしてコミュニケーションの必然が成り立つ。要するに我―汝の直接経験とは、通念とエゴイズムに決定された出会いを破って、相手が誰であろうとあるまいと「汝」に深みの次元（G in M）の表出を見ること、私と同じ深みの次元で出会うことである。言い換えれば、みずからコミュニカントである人格が、「隣人」を――それが誰であれ――コミュニケーションの相手とすることであり、隣人にコミュニケーション・パートナーを見ることである。それは原初的には、汝が誰であれ、汝の現実性が私の現実性とかかわり、私を動かすことである。それは汝の（言葉を含む）自己表現が私にかかわり、私を動かすということである。ここには反省を介しない直接性がある（動物にあっては本能と呼ばれるのであろう）。これが自覚され、言葉によって（G in M）↓などと明確化されたとき、かかわりは「語りかけと応答」、「表現と理解」ということになる。こうした事実が明らかになるだけ、人はコミュニカントとなるのである。コミュニケーションを担う働きは「愛」と呼ばれる。愛とは、自覚された統合力のことである。我―汝関係は二極的統合だからである。統合作用［（G in M）↓＝S↓E↓］は、愛という、意識に上る仕方で全「身体／人格」をコミュニケーションの実現に向けて働かせるのである。愛を倫理や義務に変えたら直接経験は消滅する。

c　自己―自我―直接経験

主―客―関係における知の代表は「認識」であり、我―汝―関係における知は「理解」である。それに対して、私がある仕方で私であるとき、まさにその仕方で働き、成り立っている「私」が何かということが私自身に露わとなる知は、「自覚」である。要するに何かであり、何かをしている自分に気づくことだ。他方、自分を対象化して「認識」する仕方もある。ある現実を対象化して記号づけ、その記号対象に記号内容を読み込むとき、我々がそれを何として知り、何として扱うかが決まるのであった。その対象が無生物であるとき、我々はそれを、それが実際に何であるかに即さない扱い方をするであろう。その対象が「汝」であるとき、私は「汝」を不当に扱い、傷つけるであろう。それに対して自分が自分を記号化して自分をその記号内容から理解して扱うとき、自分のあり方自身が変わり、歪められる。

一般に人間性は自覚を通して現実化するものである。あらゆる人は理性をもっている。とはいっても、自分が理性的に考え振る舞えることに気づき、それによって実際に理性的に生き始めるときに（自覚）、理性は現実化する。さらにその生き方が社会一般に承認されるとき、理性を尊重する社会と伝統が成り立つ。人間はその自覚なしで理性的になるものではない。自由についても同様である。自由の自覚なしには自由は現実化しない。人権についても同様である。人権の自覚のない社会には人権は根づかない。文化やスポーツの営みを含めて、人間性は一般に自覚によって現実化するものである。「自己」の自覚についても同様、というより、ここにおいてこそ、自覚は自己の現実化に不可欠である。

自己への目覚め、あるいは、本来「自己・自我」である人が自己を実際に「自己・自我」として自覚することを妨げるものは何か。それはやはり言語とエゴイズムの結合である。記述（情報）言語は一意的でなければならないのであった。私が一意的な言語で自分自身を認識するとき、私は私を「私は私であって私以外のなにものでもない私、私のみによって私である私」と認識するのであった。これは「私」の実体化であり、他者との関係の切断であり、エゴイズムを成り立たせるもとであった。ここに言語とエゴイズムの結合があるわけだ。自己―自我―直接経験においてはこの結合が清算される。

自己―自我―直接経験についてはパウロがよい例だから以下で繰り返して述べる。パリサイ派時代のパウロは、神が父祖に与えた律法を解釈し、日常生活の諸状況においてこれを誤りなく適用することに専心していた。それはユダヤ教徒の最高の義務であるばかりではない。律法を行うかどうかに、民族の幸福と本人の義認――神にその民の正当な一員として認められるか否か――が懸かっていたのである。認められなければ永遠の罰が待っている。換言すれば律法の行は神と民への奉仕でありつつ、それは自分の安全維持また同胞の尊敬獲得の手段でもあったわけだ。律法順守に成功すれば高らかに誇ることになる。こうして律法（言語）とエゴイズムが結合している。律法行の主体は単なる自我となる傾きを免れない。神と民への奉仕と信じつつ、パウロは――ほとんど無自覚的にであったろう――自己栄化への道を歩む。そして律法主義を否定してキリスト信仰による救済を説く原始キリスト教団を迫害するのである。そのパウロは、こうして律法の行に熱中すればするほど「単なる自我」となって、思いがけず自己栄化の「むさぼり」（我執）の虜となるのであった。律法の行は律法主義（そのプログラムとコード）の遂行であり、これは実は自己栄化の奴隷となることによる死への道であった。この間の消息は「ローマの信徒への手紙」（特に第七章）に語られている。

その解決――キリスト教への回心――がいかにして生起したかは、信頼できる史料がないので正確に辿ることはできない。パウロ自身は「神が御子を私のなかに啓示した」と語る（ガラテア一15―16）。回心したパウロは「律法の道を歩んだ私は、律法に対して、死んだ。もはや生きているのは私ではない。キリストが私のなかで生きているのだ」と告白するのである（ガラテア二19―20）。律法の道を歩んでいた私（自我）は滅びたが消滅したのではない。パウロは「肉にある私は御子（キリスト）を信ずる信仰によって生きている」と語る（ガラテア二20）。滅びたのは我執的自我であった。「肉にある私」とは身体としての自分のこと、しかもそこで真の主体として「生きている」のはキリストである。ここでパウロ神学の詳細な分析に入ることはできない。パウロは一貫して人間を身体として把握し、身体と「肉」とを区別する。これは微妙な区別だが、上の場合のように「肉にあって」というときの「肉」は一般に世界内存在とその秩序のことであることが多い（ローマ八4）。八3でパウロは「御子」は罪の肉と同様な姿に「於いてあった」という。他方、「肉に従って」というときは、「肉」は神の働きから疎外されて反神的な力に化した世界のことである。世界と世界内存在は本来は悪ではないが、神の働きから疎外されることで反神的な力となる。自我は「肉に従って」歩むようになる。そして世界内存在を肉に変えるのは「単なる自我」である。

キリストは身体の主であり（Iコリント六19）、ゆえにその働きは指一本の動きにも及び、肉にある単なる自我を超える、人格の真の主体である。異質的な力がパウロを占領したのではない。全く逆に、キリストはパウロの真実の主体、人間の本質を生かす働きである。すなわち「自己」がパウロの自我に対し、また自我のなかに、露わとなったのである。それは感覚、思考、行動が自己（うちなるキリスト）の表現となることだ。自我の側からいえば、自我はそれまで覆われていた自己を直接に経験したわけだ。こうしてパウロは自分を自己・自我として自覚したのである。このとき自我は、比喩的にいえば、自己に包まれ、いわば自我の背中で自己の中心に接する形で、つまり後ろから自己の働きを受ける形で、自己と「一つ」になる（作用的一）。ところで仏教徒もまさにこの「自己」を、真実の主体、身体としての全人格を生かす働きとして知っている。ここにキリスト教と仏教の接点があるが、ここで詳論する紙面はない。

要するに私はパウロの回心を自我―自己―直接経験の出来事と理解している。自己は個としての身体の主（中心）だが、自己のなかに働くものは個を超えている。パウロは教会をキリストのからだと呼ぶ（Ⅰコリント一二）。キリスト（G in M、統合力）は各信徒に内在し、同時に教会の全体に臨在するのである。だからキリストそのものは、全信徒に遍在するキリストのいわば中心として、超越的・内在的に把握される。だからパウロは自分自身の伝道事業について、それは「キリストが私を通して遂行したことだ」と語りうるのである（ローマ一五18）。むろんこれはパウロが自分を「観察」した知見ではなく、パウロの「自覚」に露わとなった事実である。神の働きは回心以前にもパウロに及んでいた。パウロは自分は母の胎内にいたときから異邦人の使徒たるべく定められていたという（ガラテア一15）。しかしキリストがパウロのなかに現れる前、パウロはキリスト教団を迫害していたのであった。キリストの働きが自覚されたときから、パウロは使徒となり、自分の伝道はキリストがパウロを通じて遂行したことだというようになる。ここには作用的一がある。繰り返すが、作用的一とは実体的一ではない。実体としての個が実体としての神と実体的に一となることはない。個の働きが超越の働きに根差し、これを映すことを作用的一という。映すとは同時に自覚されることである。自覚が成り立ったとき、はじめてキリストの働きはパウロにおいて現実化したのである。自覚というと、もともと自分のなかにあって働いていたもの、気づけば気づけるはずのものにいまさらのように気づくことだと思われやすいから繰り返すが、この間の消息を道元は、自覚と悟りの現実性は同時だ、といったわけである。[2] エゴイズム的自我と言語の連携プレーが破れるとき自己が露わとなる。あるいは、自己が露わとなるとき、自我と言語の連携が清算されるともいえる。自我とは（勝手に）自分で自分に望ましい自分の姿を思い描き、そのためにプログラムを設定し、これを自力で実現しようと努める自我である。その自我は言語世界で成り立つ仮象にすぎない。エゴイズムとは仮象の現実にすぎない我執的自我が荒れ狂うことである。しかし自己・自我となって、自己の働を現実化したパウロは、自己の働きに自分を超えたものと自分との作用的一を見たのである。このとき、それを映す自我は我執から解放されて「正常化」するわけである。

d　共同体性の直接経験、むすび

人―神の直接経験はない。人は神に直接出会うことはない。人は「神と世界（人間）の作用的一」と出会う。出会うというのは、「自己」（「自己・自我」の自己）の働きが神と人（あるいは超越と個）との作用的一であることを自覚し実感することである。それはしばしば引用した言葉、「愛は神から出る。愛する者は神を知る。神は愛だからである」（Ｉヨハネ四7―16参照）に見られる通りである。愛する者は自分の愛が神に根差し神の働きを表出することを自覚する。これが神認識である。神に出会うとは作用的一（G in M、M in G）の自覚のことである。

人―神の直接経験がないように、人が共同体そのものと直接に出会うこともない。では共同体の直接経験が全くないかといえば、それは上述の経験とはいささか異なった仕方で存在するといえる。それは自覚における自己の共同体「性」の直接経験である。「自己」の自覚は人格の共同体性の自覚を含むということだ。

さて、どのメンバーの間にも、またどの部分間にも、部分と中心との間にも、直接間接のコミュニケーションが成り立ち、それが可能な共同体を我々は「統合体」と呼んできた。統合体とはかかわりの「極」の集合で、かつ、一つのまとまりをなす共同体である。その典型は「キリストのからだ」としての「教会」である。愛は二極的統合である。身体は極だが、それ自身が統合された部分から成る一極的な統合体である。統合体では構成要素が互いにかかわり合い、全体として一つのまとまりをなし、かつそこには統合を維持しようとする調節機能があって、そのために、生体の場合に典型的に見られるように、内部で、また外部とのコミュニケーションが営まれるのである。あらためて注意すべきは、一般にコミュニケーションが統合の成立と維持という方向に意味づけられていることだ。換言すれば統合体（二極的、多極的統合体）とは、自由で創造的な主体がコミュニケーションのネットワークのなかで自分自身として成り立つ関係の総体である。主体は我々の用語では人格である。単なる自我は多の世界を、自分を頂点とするピラミッド型の「一」の世界に作り変えようとする。これは統合ではなく、統一（征服・勝利と一方的支配）の一だ。しかし自己・自我は現実の組み立てては統合へと向けられていることを知るのである。

自然界には統合形成への方向性がある（G in W）。それは自我にとって自然が単なる材料と見えなくなったとき、わかることだ。ただし、すでに述べたように、その現実化の確率は高くない。同様に実現の確率は高くはないが、人格にも統合体形成への方向性が内在する（G in M）。我々はその方向を肯定し、選ぶ。この方向性は自覚されれば、全人類的統合形成への意志であり願いであり祈りとなる。それはキリスト教では「神の国」到来への祈願である。換言すれば、自己・自我の自覚には統合体形成への方向性、願い、祈りが含まれている。それを自覚する人は、人格は共同体と直接に出会うことはなくても、人格には個性（自我―自己関係）、対人性（我―汝関係）だけではなく、共同体性（統合成立への願い・祈り）が本質として含まれていることを知るだろう。人はこの意味で、人格の根本において共同体「性」と出会う（自覚する）といえる。それは、換言すれば、統合作用の直接経験であり、一極的統合、二極的統合、多極的統合をもたらす統合作用の直接経験である。直接経験に三つの（共同体でのそれを含めれば四つ）の相を指摘した。しかしこれらは統合作用の直接経験である点で一致する。さらにいえば「自己」は統合作用の座（場所）だから、自己の自覚は統合への願いに満たされることである。

e　言語と統合作用

言語は直接経験を覆うといった。それはその通りだが、しかし実は直接経験の上に自我も言語も正常に成り立つのである。直接経験は自我と言語を排除するのではなく、言語世界の絶対化を清算し、言語を事柄との癒着から切り離す。言葉を語る私はまた、それが通用する社会なしには存在しえないことを知るのである。社会なしには言葉も言葉を語る私もありえない。人格はもともとコミュニケーションのなかで成り立つのである。コミュニケーションは人格同士の関係性の表出である。しかし自我による言語の不当な使用はコミュニケーションを妨げる。他方、自己・自我としての人間はコミュニケーションのなかで自己・自我として生き、働く。キリスト教は、コミュニケーションがどのメンバー間にも可能な統合体形成に向かう働きに、神と人との作用的一を見てきたのであった。コミュニカントとしての人格は、統合へと方向づけられているのであり、それを自覚的に表現するとき、言語は一意性を本質とする記述言語とは異なる「宗教的」言語となる。宗教言語は自覚を表現する「表現言語」であって、科学に典型的に見られるような記述言語ではない（後述）。宗教言語を客観を記述する言語として把握するとき、宗教的認識は歪められ、場合によっては偽となりかねないのである。

自覚表現言語は、自覚内容を分節しつつ表現する言語である。換言すれば、直接経験の現場で見えてくる原関係とは結局は統合体形成への方向性である。それに対して現実を対象化して知りまた操作、管理する自我は、一意的な因果論、目的論、包摂関係現実を用いて、現実を操作可能なものへと変えようと不可能な努力をする。自我が構想する世界は自我中心的に編成された世界であり、一意性の言語が通用する統一の世界である。それは単なる自我が用いる言語、直接経験を妨げる言語であって、世界の元来の構造を表現し人をそれに向かわせる言語ではない。本章第一節で、直接経験においてはじめて現実の原関係が見えてくるといったのはこの意味である。

自分と他者の関係には、主―客関係、我―汝関係、共同体関係、自我―自己関係（深みの関係）の四つの局面があり、それぞれの根本にそれぞれの仕方での直接経験（純粋経験）がある。さて西田幾多郎は「純粋経験」について語ったが、西田がいう世界の「統一力」は「統合作用」に近く、我々のいう作用的一は西田がいう「矛盾的同一」の構造をもち、それはまた「自覚」の内容でもある。統合体は「弁証法的一般者」と近く、また「場所的」現実でもある。こう考えると、中期・後期の西田は「純粋経験」の立場を放棄したのではなく、実際に「純粋経験を唯一の実在としてすべてを説明」しようとしたことが見えてくる。我々もその課題を受け継いでいることを思わざるをえないのである。

なお、私の考えでは、仏教の根本には主―客―直接経験と自己―自我―直接経験があり、我―汝―直接経験もあるが、共同体性の直接経験は乏しい。これに対してキリスト教の根本には我―汝―直接経験、自己―

自我―直接経験と共同体性の直接経験はあるが、主―客―直接経験はない。この違いは両教の教えの上にも反映していると思う。

参考文献

私事にわたるが、直接経験については私には特別の思い入れがある。私は処女作『新約思想の成立』（新教出版社、一九六三）で新約聖書思想が成り立った次第を解明する試みを始めたのだが、そのとき宗教的自覚の根本に「純粋経験」（いまでは直接経験といっている）を置いた。この本に対して滝沢克己が、若い一研究者の著作を高く評価しながらも、「純粋経験」のように曖昧な一時の気分のようなものを宗教の根本に置くことはできない、西田の誤ちを繰り返してはならない、と一著をもって批判したのである。(3) 滝沢の批判のなかには、新約聖書研究においては解釈だけ行って真理性批判をさけることは許されないというものがあり、これは誠にもっともなことで、私はただちに受け入れたのだが、「純粋経験」の評価を受容することはできなかったので、滝沢の死にいたるまで、公私にわたる長い論争を行った。ウイスキーを飲みながら議論をして、気がついたら夜が明けかけていたことも何度かある。この間私は滝沢から、彼のキリスト論、また伝統的キリスト論批判など、実に多くのことを学んだ。他方、直接経験とは何かを突き詰めて考えざるをえなくなったので、研究はおのずから宗教哲学へと向かったのだが、やはり直接経験を無視することは、宗教哲学上も、また西田理解においても間違っていると確信するにいたったのは、久松真一、西谷啓治という宗教哲学者との対話によってであり、なかんずく経験と自覚に関する上田閑照の諸論文によってであったことを、以下の参考文献を挙げるに際して、付記しておきたい。

久松真一・八木誠一（対話）『覚の宗教』春秋社、一九八〇

西谷啓治・八木誠一（対話）『直接経験』春秋社、一九八九

上田閑照『経験と自覚』、『上田閑照集』第二巻、岩波書店、二〇〇二

註

（1）本書の言語論についての詳細は拙著『宗教と言語・宗教の言語』日本基督教団出版局、一九九五、を参照

されたい。

（2）仏性は成仏より先に具足せるにあらず、成仏よりのちに具足するなり。仏性かならず成仏と同参するなり。『正法眼蔵』、「仏性」の巻。

（3）滝沢克己『聖書のイエスと現代の思惟』新教出版社、一九六五。

第四章　場所論の展開

第一節　場所論的シンタックスの応用

はじめに

第一章の(1)—(3)式と、第二章の(10)式は同じものである。この式におけるM（人間）に、これをさらに一般化したI（個人、個物）を代入した式、すなわち次頁の(1′)式は、場所論の全体を表現することになる。基礎的なのは人間にかかわる式なので、(1′)式のIをまずは個人のことと考えていただきたい。するとこの式の第1行左辺（矢印）は自覚に現れる神と人との作用的一である。この際、(1′)式内のただし書きにあるように、M＝S→E→であることに留意すると、第1行左辺は「G→S→E→」となるから、これを右から左に辿れば、自覚というのは自我（E）が、自我に露わとなった自己（S）（これはCすなわちうちなるキリストと等しい）を通して神（G）の働きを知ることである。これは「愛するものは神を知る」ことにほかならない。右辺はこれを敷衍するのだが、第1行の第3項、第4項は「GとMの相互内在」を語る。右辺第2行は「我と汝」関係におけるコミュニケーションを示す。第3行は統合された人格共同体への方向を示す。統合された人格共同体とは、そこであらゆるレベルのコミュニケーションが阻害も断絶もなく順調に

$$G\rightarrow I\rightarrow = G\rightarrow / I\rightarrow / (G \text{ in } I)\rightarrow / (I \text{ in } G)\rightarrow$$
$$= (I_m \longleftrightarrow I_n)$$
$$= (I_m \text{ in } I_n)\cdot(I_n \text{ in } I_m)$$
$$\Rightarrow I_{intgr}$$
ただしIが人間(M)であるとき，M＝S→E→　(1′)

営まれる共同体のことである。

さて第五章第一節で示されるように、ここで問題としている我々の式は、（MにIを代入した場合はさらに一般化された形で）場所論における語と語、文と文の結合と分離の仕方を表している。GとMは語であるが（「人のなかで働く神」など）、括弧で括られた項、すなわち（G in M）などは――それ自身では句であるが――文としても読める（「神が人のなかで働いている」など）。それらの結合の仕方は「in」と「↓」で、結合と分離は「／」で示されるわけである。

実は我々の式から、変形によって多くの他の命題が導けるのだが、我々の式を基礎文とすると、ここには語と語、文と文との結合・分離の仕方が基本的な仕方で表現されていることになる。よってこれを場所論のシンタックス（統語法）と名づけることができるので、以下の叙述ではこの表現を用いることにする。

我々のシンタックスを場所論の研究に使うことができる。まずそれを上記（1′）式で示し、次章ではそこに共通して見られる論理性を検討することにしよう。以下でGは神、Iは個（まずは個人。場合によっては個物）である。

（1′）式は場所論のシンタックスだから、一般の論理学の場合とは違って、トポス（つまりは項のこと）が違えば語義も違ってくるのである。「in」だけではなく、「↓」、「G」、「I」などもトポスによって意味が違う。これは一般の論理学では許されない不整合だが、作用の場における関係性を叙述する場所論では当然のことである。なぜなら、極（個）は相手によって働き方が違う。換言すれば位置によって働き方が異なる。したがってそれを叙述する文における単語の語義も、その位置によって違うからである。単語の意味がコンテクスト（文脈）によって異なることは言語学の常識だが、それは一般にコンテクストが場所論的な枠組みだからである。場所論ではコンテクストが明示されるので、逆にそれを利用して、場所論的概念の語義を定めることができる。場所論においては「in」の意味が項によって異なることはすでに述べたが、それは「神」、「人」、「一」、「作用」、などについても同様である。同じコンテクスト内でなら、記号はいつも、どこでも同義であるべきだというのは伝統論理学の立場である。同一性の平面には還元されない場所論ではそうではないからこそ、我々のシンタックスは、諸トピックス（話題・主題）がその位置においてもつ意味を指示するのである。以下でそれを例示する。（1′）式を参照しつつ見られたい（M＝S↓E↓についてはすでに述べたからここでは繰り返さない）。

1　神（G）について

実際、Gは位置によって意味が違う。第1行左辺「G↓I↓」のGは人と作用的一をなして働く神である。右辺は神と人の相互内在関係を示すが、その場合、（G in I）↓ではGは内在的でありつつ、超越的主体で、（I in G）↓のGはIを包みつつこれを超える究極の根拠、西田の用語を使えば「超越的述語面」である。働く神とは、超越的主体が超越的述語面と逆説的に一だということで、西田には前者が、西欧的キリスト教には後者が、希薄である。しかし仏教にも超越的主体面がある。たとえば「釈迦弥勒は猶是れ他が奴。しばらく道え、他は是阿誰ぞ」の「他」がそうである（『無門関』四五則）。さらに右辺第1行第1項のGは神としての神、神秘の背後にある、それゆえみずからのもとにおける神、Deus a se のことで、しかも場所論では「働く神」としての神である（G↓）。すべてのなかで働いてすべてを成り立たせる神（Iコリント一二6）

であるばかりではなく、「一切における一切」としての神である（Ⅰコリント一五38）。神の絶対性や主権性は本来はここでいえることである。ただし決して忘れてはならないことがある。それは、各項目のそれぞれは、シンタックスの全体を踏まえて成り立っていることであり、ここではあらゆる項が「／」［a／b＝（a・b）・（a∨b）］と「＝」で結合されていて、かつ、「／」には「＝」と書き直せる面があるから、一項は他のすべての項を含意する。各項目では全体の一面が前面に出て、他面が隠れるだけのことである。すると、たとえば左辺のG↓I↓はいわば各項の共通分母である。各項とも、一面だけが排他的に孤立して存立するのではない。これはいちいち断らないが、それぞれの語についていえることである。なお神については個との連関で以下でも論述する。

2 個について

第1行左辺「G↓I↓」のI↓は神と作用的一をなす限りの人のことである。「ヨハネ福音書」のイエスは神との作用的一（一四10―11）であって、「私と父は一つである」という（一〇30）が、パウロの場合も同様であることはしばしば指摘した（ローマ一五18。キリストはパウロを「通して」働く）。

右辺第2項の「I↓」について。これはいかなる他者的権威にも依存しない、天上天下唯我独尊の「我」のことである（個性、個人性。創造的自由。「私は私である」独一性）。いうまでもないが、これはシンタックス全体が語ることとの一面を顕在化したものである。これは「他の誰でもない自分だけ」が天上天下唯我独尊だということではなく、もともとは誰でもそうだ、ということである。久松真一の無相の自己がこれである。ところで殺仏殺祖だけではなく殺仏殺神をいう久松の場合は、「無神論」といっても「人間も世界もあるが神は存在しない」という意味の無神論ではない[1]。これは大変誤解されやすい点で、上記のシンタックスから、他の面を一切無視して天上天下唯我独尊の面だけを取り出して、それを絶対化したら「悪魔的」言辞となる。久松の「無神論」とは、「単に」他者的な神として人間に対立君臨する神の否定のことである。換言すれば、否定されるのは人間が単なる対象として表象し、さらにこの表象を絶対化した神である。久松は、神が絶対他者であるなら同時に絶対「自者」であるという[2]。絶対「自者」とは、我々の言葉では（G in I）のGのこと（内在的・超越的自己）である。ただしこの場合、自己と自我を明確に区別して、超越的「内在」としての神は自己と作用的一である神（つまりうちなるキリスト）のことであるとしなければならない（したがって、神の内在的「超越」面を否定してはならない）。そうでないと「自我」の神化と誤解される危険がある。（G in I）の神は自己神化とは全く逆に自我（我執）を徹底的に否定する神である。

なお、科学の世界には（当然ながら）神がないという意味での無神論だけではなく、上記の意味での「無神論」（人間が一面的に、単に対象として表象しただけの一面的・権威的神の否定）も存在することを明確にしなければ、宗教は現代を理解しえず、現代を単に否定するばかりで、逆に現代から排除されることとなるであろう。なお「ヨハネ福音書」のイエスが「エゴー・エイミ」（I am, 一三19）というのは、本項の「I↓」の意味だと、私は解している。

（1'）式の右辺第2行、第3行のIについて。

（$I_m \leftrightarrow I_n$）は個同士のコミュニケーション（作用的なかかわり一般）を意味する。個は関係のなかにしか存立しえない。また、（I_m in I_n）・（I_n in I_m）は個同士のフロント構造を意味する（以上、対人性）。

I_{intgr} では、Iは統合体の一部（新約聖書では、キリストのからだとしての教会の一成員）である（共同体性)。

3 「一」について

一にも諸義がある。第1行の、G↓I↓は「作用的一」を意味する。G↓、I↓は「独一性の一」を示す。(G in I)↓/(I in G)↓はGとIとの「相互内在の一」である。(I_m↔I_n)は相互作用による「結合の一」である(主客関係に直していえば、主客の一のことになる)。また、(I_m in I_n)・(I_n in I_m)は「フロント構造(含み合い)の一」である。I_{intgr}は作用し合うI同士が作る「まとまりの一」をあらわす。inと↓についても同様なことがある。以上、要するに我々のシンタックスはトポス(項目)ごとに異なるトピック(話題、主題)を示すのである。

4 作用(↓)について

作用もトポスごとに語義が異なる。G↓の矢印(↓)は、それだけをとれば聖霊の意味になることはすでに述べた。また第1行の矢印は、G↓の矢印を除いて、神と人との作用的一を示す。第2行の矢印は、第1行の神・人関係に基づいて成り立つ人間同士の相互作用で人間同士の作用であるが、シンタックス内では同時に神と人との作用的一を含意する。ゆえにそれは第二章で述べたように聖霊の働きをも含意する。

5 悪について――シンタックスの否定形(3)

我々のシンタックスには単なる自我が単なる自我として働く「悪」が叙述されていないが、悪と、悪とまではいえなくても望ましくないものは、シンタックスの全体また各項目の否定の形を作ると現れる。ごく簡単に例示すると以下のようになる。その準備として、まずa／bを否定すると「aではないか」、「bではないか」、「aでもbもないか」のいずれかだということになるのを指摘しておく（「～」は否定記号である）。左上欄の「a／bの否定」を参照されたい。

a／bの否定

$$\sim(a/b)=\sim\{(a\cdot b)\cdot(a\vee b)\}$$
$$=\sim(a\cdot b)\vee\sim(a\vee b)$$
$$=\sim a\vee\sim b\vee(\sim a\cdot\sim b)$$

まずG↓M↓の否定だが、これはG↓｜M↓となる。つまり人間が神からの働きかけに気づいていないか、無視するか、いずれにせよ関係が断絶していることである（仏教では無明といわれる）。結局これが最大の「悪」であり諸悪の根元でもあるのだが、さらにそれがいかなる形をとるかは以下に示される。

G↓M↓の否定はすなわち右辺第1行以下全体の否定になるから、以下で右辺の否定を作るわけである。第1行はG↓／I↓と、（G in I）↓／（I in G）↓との二行に分けて考える。まずG↓／I↓の否定は、「G↓の否定」であるか、「I↓の否定」であるか、その両者であるか、いずれかだということになる。「G↓の否定」は働く神の否定で、これは（久松流の無神論ではなく）全くの無神論である。また「I↓の否定」はシンタックス全体の連関のなかで「私が私として成り立つ」ことの否定だが、特に人間の個性、独立性、主体性、創造的自由の否定の意味となる。人間性の否定だといってもよい。両者を併せると無神論的な人間性否定論になる。ニヒリズムの最悪の形である。

（G in I）↓／（I in G）↓の否定は、（G in I）の否定であるか、（I in G）の否定であるか、あるいはそれら両者であるか、いずれかだ、ということになる。（G in I）の否定と（I in G）の否定は神と人間の相互内在関係の否定である。前者「（G in I）」の否定は神の主体性の否定（たとえば無神論的ヒューマニズム）で、神を全くの内在とする思想にもなる。これは神の人間化であり、フォイエルバッハ流の神否定となる。後者

「(I in G)」の否定は人間の無根拠性(ニヒリズム)である。それだけではなく、「in」を否定すると神の超越性(対象的、専制君主的神)の面だけを一方的に肯定する思想にもなる。実際は、この思想は人間性の圧殺となってしまう。

第2行は人と人とのコミュニケーションを示す。その否定の形を作ってみると、それは($I_m \rightarrow I_n$)の否定であるか、($I_n \rightarrow I_m$)の否定であるか、その両者か、いずれかだということになる。要するに、一方から他方への作用がないか(相互性の否定、つまり関係は一方的)、断絶しているか、その両者か、いずれかだということになる。前者としては一方的支配または一方的依存が考えられる。その両者、つまり関係が一方的で、さらにもともと断絶しているというのは、コミュニケーション否定の具体相だろう。ところで現実を一方的に目的論や因果論や包摂関係で理解する仕方、また現実を一方的なピラミッド型構造で理解したり、実際にそのような形に系列化する支配構造(「統一」の絶対化)を作ろうとして現実の構造を歪め、ないし破壊する行動は一方的支配のうちである。自由な言論を圧迫ないし無視する仕方もある。あるというより、はなはだ多いのだ。また一方的依存には、過度の甘え、また伝統や権威や強者に依存して自由を喪失する保身がある。

第3行の否定も以上に準じて考えられる。フロント構造の否定とは、相手を無視して一切受容しない、排除して受け付けないということだ。

第4行の否定は統合の否定である。統合の具体相は記号化してないが、統合には個、統一、統合の三要素があることを考えると、その否定は、それぞれの否定か、否定の組み合わせか、全体の否定ということになる。個の否定は上に示した。統一の否定は共同体に合意がなく、共同体として成り立っていない、バラバラな状態(分裂、抗争、カオス状態)であることだ。統合性の否定とは、共同体内部に関係性(コミュニケーション）が存在しないことを示す。作用の面に即して見ると、個の否定とは個の排除のこと、統一の否定とは秩序の破壊のこと、統合の否定とはコミュニケーションの阻害ないし破壊のことである。

我々はコミュニケーションを広義に解してきた。それは、個人生活を営み、同時に家族の一員であり、また社会の一員である各人が、働いて価値（必要なもの、有用なもの）を作り、それを（もちろん貨幣を媒介とする）等価交換という仕方で、必要なものを必要なところへ提供し、こうして共同体を形成、維持することであり、さらにこれらすべてが、狭義のコミュニケーションつまり相互理解を通して、意思、情報、知識なとを交換し、合意を形成することによってなされるということである。統合体とはあらゆるレベルでのコミュニケーションが阻害されずに成り立つ共同体のことであった。

さて、第一章第三節2で述べたように、モーセの十戒と仏教の五戒に共通するという意味で古くもあり基本的でもある掟、すなわち「殺すなかれ」、「姦淫するなかれ」、「盗むなかれ」、「虚言することなかれ」という戒めは、個人（コミュニケーション・パートナー）を排除してはいけない、家族生活を破壊してはならない、等価交換（正義）の原則を破ってはならない、（狭義の）コミュニケーション・システムを阻害ないし破壊してはならない、ということで、上記のコミュニケーション・システムとしての共同体を（人間と自然の関係を含めて）守るという意味をもっている。すると、我々のシンタックスを否定することになるような行為は、コミュニカントとしての個人を傷つけ排除し、また家族と社会のコミュニケーション・システムを破壊することで、その意味で悪なのである。戦争や人間奴隷化や差別はいうまでもない。

最後にM＝S→E→の否定だが、それは我々がすでにS→—E→として示したところであって、Eが「単なる自我」（要するに自我主義的・自我中心的自我）であることを意味する。それには実にさまざまな現象形態があり、「悪」といえば普通それを指すのだが、詳論はここでは省略する。

要するに、我々のシンタックスの否定の形は、「悪」ないし望ましくないものの、基本的諸形態を示しているわけである。

第二節　先行する場所論との関係

以下で先行する場所論的思想との関連に簡単に触れておきたい。

1　本多説、小野寺説、上田説について——特に「即」の論理をめぐって

まず本多正昭氏が力説する「即」に言及しよう。[4] 以上述べてきた我々の命題式において「即」は「p／～p」として表現された。

さて本多氏がいう「可逆」即「不可逆」の「即」との関係はどうであろうか。かつて私はこれを自分流に解説して本多氏から抗議されたことあるが、考えてみるとそのとき私は「可逆」即「不可逆」を人格主義的言語の局面で解説していたのであった。それであらためて場所論的に解釈してみると、第一に我々のシンタックスの左辺が考えられる。すなわちG↓M↓のことだが、この関係は全体として不可逆的である。他方、M↓の矢印は作用的一だから、ここには「神の働きは人の働きであり、人の働きは神の働きである」という可逆性がある。同様に、Iを人間を含む個物ととるならば、「G↓I↓」という不可逆性のなかで、個物同士の間に（I_m↓I_n）・（I_n↓I_m）という可逆性が成り立っている（第2行）。この意味でも不可逆あって可逆あり、可逆あって不可逆あり、ということになる。一般に可逆即不可逆というとき、例として親子関係が挙げられることが多いが、「親あって子あり」というときの「あって」の意味と、「子あって親あり」というと

きの「あって」の意味は異なる。それを認めた上で、親子関係は可逆即不可逆だというなら、同様に「神の働きあって人の働きがあり、人の働きあって神の働きがある（現実化する）」は可逆即不可逆の可逆性である。場所論的思考においては、神は人の働きを媒介として歴史世界内で働くのである。この意味で「人の働きあって神の働きがある」といえる。預言者、イエス、使徒がそのよい例である。この意味で私には本多氏のいう可逆即不可逆が肯定できる。

小野寺功氏は、場の構造を三位一体論的に解釈する。[5] 小野寺氏は場所のことを「三位一体の於いてある場所」というが、こういうと、場所が三位一体を包むように聞こえかねないので、「そこで三位一体が成り立つ場所」、あるいは「三位一体は場所の構造である」、という方がよいと思うが、いかがだろうか。

さて第二章で、新約聖書の場所論においては三位一体が成り立つことが示されたが、簡単に繰り返すと、我々のシンタックス、すなわちG↓I↓＝G↓／I↓／（G in I）↓／（I in G）↓において、「G↓I↓＝（G in I）」を一つにまとめて、（G↓・in I）と書くことができる。G↓I↓＝（G in I）であるから、それぞれの項は、（G↓・in I）を含意することになるわけだ。ゆえに上記の式が成り立つ。

G→I→＝（G in I）＝（G→・in I）

G→＝G in ＝G→・in

左辺の（G↓I↓）は究極の作用者としての神を示し、右辺第1項の（G in I）は人間に「宿った」神、人間と作用的一である限りの神、すなわち「キリスト」を示し、第2項の（G↓・in I）は神の働きを人間に伝達する「聖霊」を示す。また三者はGとして同一である。すると上の式は三位一体を意味することになる。これを上記のようにG↓＝G in＝G↓・inと書けばもっとはっきりするであろう。この意味で我々には小野寺説が肯定できる。

上田閑照氏の二重存在論を取り上げる。[6] 二重存在論のキリスト教的表現は次頁上段の式の

$$G \to W \to M \to = G \text{ in } W \text{ in } M = M \text{ in } W \text{ in } G$$

$$\begin{aligned} G \to W \to M \to &= (G \to W) \to M \to \\ &= G \to (W \to M \to) \\ &= G \to M \to \\ &= W \to M \to \end{aligned}$$

(我々の場合，原命題の部分をとってこれを原命題と＝でつなぐことができるから)

ようになる。ただし絶対者を神と称することがあるから（西田の場合がそうである）、ここでのGを場所論的に西田の意味での「神」と解釈してもよい。するとこれは下段の式のように変形できる。

実は上記式のW項は場所論にとって必須のものなのである。それは、世界を視野に入れるためだけではない。Gは、「身体／人格」であり、ゆえに物質世界の一部であり、生命世界の一環でもある人間に、直接にではなく、常に世界を通して働くからである。我々はすでに、(G in W) は世界と作用的一をなす神、つまり「ロゴス」であり、それは世界全体に及んでいるから、世界内存在である人間にも及ぶこと、さらに人間におけるGの働きは（G in M）＝「うちなるキリスト」の働きであることを、指摘した。すなわちGは世界のなかにある社会の統合力として働くのであり、我々は社会の一成員である。Gには、社会の統合力として我々に働きかけるという面がある。それゆえ、本書では十分に展開されていないが、「G↓M↓」は、実は常に「G↓W↓M↓」なのである。

さらに若干の点についてコメントしておきたい。「W in G」はキリスト教での「被造物」に対応する。これは世界と作用的一をなす限りでの世界のことである。したがって上田の二重存在論にはキリスト教との新たな対応が生ずる可能性がある。私はキリスト教の側では新しく宇宙的ロゴス論を復活させる必要があると考えている。「M in W in G」は上田のいう通り、世界内存在としての人間（M in W）が究極の場所内存在「M in G」としてとらえられることを示している。さらに「W in M」は、世界が人間のなかにあり、自然は人間との作用的一として働いていること、人間は物質的・生命的存在であることを意味していて、人間が身体としてとらえられなければならない所以を語っている。さらに（M in W in G）は「M in W」が「in G」として見られねばならないことを意味する（世界の一部としての人間の自然性のこと。キリスト教的には、人間の被造物性）。また（M in W）・（W in M）は環境論の必然性をも示す。場所論は環境論を含まなくてはならない。コミュニケーションとは、人間と世界のコミュニケーションで、人間は世界から頂戴しただけのものを世界に返さなければならない。さもなければ近い将来に共倒れだ。さらに（M in W in G）にW項とM項が存在することは、二重存在論のなかに、世界が具体的に世界する場所が示されていること、同様に人間が人間として語られる場所があることを示す。すると場所論は一般の世界論、人間論への、少なくとも通路をもつことになる。これは場所論が自分のなかに自然科学、社会科学、人文科学への通路をもつことで、はなはだ重要な事実である。そのためにはWの場所性があらためて明らかにされねばならないということを、上田氏は明示したわけである。

M in Wは、ハイデッガーの世界内存在論では、みずからの存在可能をプロジェクトしてその実現に「配慮」する実存のことだが、我々はM in Wを身体として世界にあり、働いて必要なものを作り出し、互いに分かち合う人間のことと解する。従来宗教や哲学がとかく「こころの問題」に偏して実生活から浮き上がっていたのは、「労働」をトピックとしていないからである。本書である程度遂行したことだが、宗教的場所論には、性生活・家族生活や経済生活を問題とする場所があるということである。

2　西田幾多郎、西谷啓治、久松真一、山内得立について

見やすいように、我々のシンタックスを繰り返して書いておく。

$$
\begin{aligned}
G \to I \to &= (G \text{ in } I) \to / (I \text{ in } G) \\
&= (I_m \longleftrightarrow I_n) \\
&= (I_m \text{ in } I_n) \cdot (I_n \text{ in } I_m) \\
&\Rightarrow I_{intgr}
\end{aligned}
$$

上式は、左辺が自覚に現れる神・人関係を示し、右辺の第1行―第3行は、同様に神と個の関係、さらに個と個の関係を示している。すると西田幾多郎は、『善の研究』で立てた純粋経験（直接経験）の立場（初期）から、自覚の構造を問う中期を経て、場所の論理を展開した後期にかけて、すでに上の式が示す全体を思索の対象としていたことになる。「$(G \text{ in } I)/(I \text{ in } G)$」が理事無礙を示すことは後述するが、「$G\downarrow I\downarrow$」および上記の「理事無礙」は西田の意味での、絶対と相対の「矛盾的同一」を意味するといえる。さらに「$(I_m \downarrow I_n)\cdot(I_n \downarrow I_m)=(I_m \text{ in } I_n)\cdot(I_n \text{ in } I_m)$」は、この場のなかで個の相互限定がなされるダイナミズムのことになる。「我と汝」の問題を含むともいえる。さて、「場における個の全体」は弁証法的一般者のことと解されるであろう。すると上の式（特に$\Downarrow I_{intgr}$を視野に入れる）は、全体として、「場所の自己限定」（「弁証法的一般者の自己限定」）即「個と個の相互限定」の運動だと読める。あるいは右上の式は全体として「絶対無」のダイナミズムのことだともいえるが、この式はそれらを見やすく提示しているといえないだろうか。さらに「$\Downarrow I_{intgr}$」は、もし統合作用と統合への運動を明示すれば、歴史と共同体というキリスト教的な問題が場所論の主題でなければならないことを、それは仏教的場所論でも可能であることを、意味することになろう。つまり、繰り返すが西田は場所論の全体を思索していたわけである。ただ西田の場合、「自己」と「自我」の区別と関係が明確でないので、罪や責任の所在が不明確となる危険があるといえる。

西谷啓治の問題(7)は、我々の言葉でいえば、「$I \text{ in } G$」がニヒリズムを突破した立場であること、そして

そこは「(I_m↕I_n)=(I_m in I_n)・(I_n in I_m)」という、個と個との無限の相互滲透が成り立つ力の場であることを中心としていたと解される。

久松真一の場合はどうだろうか。[8] (1′)式の第1行は、「G↓I↓=G↓/I↓/(G in I)↓/(I in G)↓」である。さて「/」は、and/orのことだから、右辺のI↓だけを残して他を「覆う」ことができる。このI↓は全体を踏まえた上での、しかしI↓だけに集中した個の自覚のことである。すると久松の立場はこのI↓で示すことができることになる。

つまり、繰り返すが、久松の「無神論」は、「I↓」、すなわち(1′)式の全体の連関内で、しかし右辺第2項に集中したものである。これは「絶対無」つまり(1′)式の全体を踏まえた上での、天上天下唯我独尊にほかならない。I↓の矢印は「無相の自己」の働きである。また「I↓」が「I↓」である限りでは、「I↓」は「独脱無依・不立文字」、「殺仏殺神」のI↓であることはすでに述べた。

山内得立は『ロゴスとレンマ』[9]で大乗仏教的思考の特質は排中律の否定に、つまり「Aでもない、非Aでもない」という「論理」に見られるとした。この意味での排中律の否定は伝統的キリスト論（イエスは「まことに神である・まことに人である」）にも含意されているから、これは場所論的論理の特質だといえる。では我々の場合、「排中律の否定」はどこに表現されているだろうか。(1′)式の「(G in I)↓/(I in G)」および（I_m in I_n）・（I_n in I_m）には、個の自己同一性が神との関係、他者との関係のなかで、つまり単なる自我の自己否定において存立することを意味している。一般に「即」は、すでに見たように、p/~pという式で書けるが、これは「pであり、非pである」（pでもない、非pでもない）、さらに、「pであるか非pであるかどちらかである」ということで、前半は排中律の否定だが、全体としては排中律を立てて同時にこれを否定する形である。ただし前述のように、我々の場合、「即」（「p/~p」で表現される）は、A

が同時に非Aであるのは観点の違いによることを前提している。つまり、同一律、矛盾律、排中律を認めた上で、それが否定される観点の存在を語るのである。この意味で山内は正当な指摘をしたのであった。

第三節　場所論と仏教的思考　1

場所論的思考が仏教的思考に馴染むことに簡単に触れておきたい。そもそも場所論という言葉は先述のように西田哲学の用語からとられたものだが、仏教的思考自身が場所論的なのである。伝統的（西欧的）キリスト教においては神と人（神の民）の関係が問題の中心であるのに対して、仏教では法と世界の関係も語られる。世界が超越のなかにあり、超越の働きを「宿して」世界だというように語られるのである。実際、場所論としては、西田の場合のように個（相対）と超越（絶対）をいきなり矛盾的同一としてとらえるだけではなく、上田閑照のように、その間に「世界」を入れて考える方がより具体的で、仏教的言説を哲学的に表現するためにも適していると思われる。[10]キリスト教の場合にも、世界と作用的一をなす限りの神を「ロゴス」と呼ぶ例があるが、これは十分には発展しなかった。もし十分に展開されていたら、超越の働きが世界に「宿り」、したがって世界の一部である人間にも宿る、という形になったであろうが、[11]キリスト教は神とキリストと人間の関係に集中し、世界ではなく歴史が神学的思考の主題となった。それに対して仏教には「天地と我と同根、万物と我と一体」というような言葉があり、[12]仏教的場所論の特徴となっている。

さて場所論と仏教的思考の関係を見るために、我々の命題式を利用することができる。まず第一章で（1）式といったものを再録すると、次頁上段（1）式である。そこでこの式を変形して、G↓の代わりにD↓（Dharma, 法、真理）を、Mの代わりにW（世界）を代入すると（2）式が得られる。ただしD↓とは「働く

$$G\to M\to = G\to / M\to / (G \text{ in } M)\to / (M \text{ in } G)\to \qquad (1)$$

$$D\to W\to = D\to / W\to / (D \text{ in } W)\to / (W \text{ in } D)\to \qquad (2)$$

$$D\to I\to = D\to / I\to / (D \text{ in } I)\to / (I \text{ in } D)\to \qquad (3)$$

もの」ではなく、法と名づけられる「働き」のことだと解していただきたい。縁起的世界と人間を担い成り立たせる働きのことで、統合作用としてのロゴス（ギリシャ語のロゴスには理法の意味がある）に対応するわけである。

さらに、Wの位置にI（個物）を代入すると（3）式になる。この際、IはWの一部だから、（2）と（3）を一つの式にまとめることもできるが、複雑になるから、ここでは省く。

さて『碧巌録』六二則評唱に「乾坤之内　宇宙之間　中有一宝　秘在形山」という言葉があるが、「乾坤之内　宇宙之間　中有一宝」は（2）式の右辺第3項、「秘在形山」は――形山を個（個人／個物）のことと受け取れば――（3）式の右辺第3項に当たる。つまりこの言葉は上記の（2）、（3）式で表現できるわけである。

さらに、よく知られている道元の言葉[13]、「ただわが身をもこころをもはなち忘れて、仏のいえへに投げいれて、仏のかたよりおこなはれて、これにしたがひもてゆくとき、ちからをもいれず、こころをもついやさずして、生死をはなれ、仏となる」において、「仏のいえへに投げ入れて」は「われ」が「仏のなかに」あることである。これは――（3）式のDを仏と、Iを「われ」と解すると――（3）式の右辺（特に第4項）に当たり、「仏のかたよりおこなはれて」は同じく（3）式の左辺（D↓I↓）に当たる。また、ここでIについている矢印は、すでに述べたように、「人為によらぬ自然」を意味するから、これは「ちからをもいれず、こころをもついやさずして」に相当する。つまり（3）式は全体として上記の道元の言葉の記号化となっているわけである。

$$T\!\rightarrow I\!\rightarrow\ = T\!\rightarrow／I\!\rightarrow／(T\ \text{in}\ I)\!\rightarrow／(I\ \text{in}\ T)\!\rightarrow \qquad (4)$$

$$\begin{aligned} D\!\rightarrow I\!\rightarrow\ &= D\!\rightarrow／I\!\rightarrow／(D\ \text{in}\ I)\!\rightarrow／(I\ \text{in}\ D)\!\rightarrow \\ &= (I_m \longleftrightarrow I_n) \\ &= (I_m\ \text{in}\ I_n)\cdot(I_n\ \text{in}\ I_m) \\ &\Rightarrow I_{intgr} \end{aligned} \qquad (5)$$

また(3)式のDをT(Tathāgata, 如来)に代えると、上記の(4)式が得られる。Iを「人間」のこととすると、右辺第4項は人が如来の働きの場にあることを、第3項は人が如来の働きを宿す場所であることを、意味する。さらに左辺はこの場合では人間の働き(Iの矢印。仏性の働きと解される)は如来の働きと作用的一をなすことを意味する。すると(4)式は下記の親鸞の言葉[14]の表現になっているわけである。

　この如来微塵世界にみちみちたまへり(2式第3項、4項参照。TをDに代入する)。すなわち一切群生海の心なり。この心に誓願を信楽するがゆえに(右辺第3項)、この信心すなわち仏性なり(4式左辺、Iの矢印)。

　さらに、我々のシンタックス(何度も引用したが、第一章第一節、1―3式)を省略せずに書き直し、Gの位置にDを、Mの位置にIを、それぞれ代入すると上記の(5)式になる。

　これを華厳の四法界の説と比べてみると、第1行右辺のD↓は華厳の理法界(ロゴス＝理法に対応)、I↓は事法界、(D in I)・(I in D)は理事無礙法界、第2行右辺の($I_m \leftrightarrow I_n$)(働き合い)と第3行(I_m in I_n)・(I_n in I_m)(含み合い)は事と事が無限に働き合い含み合う事事無礙法界になっている。事事無礙法界には「理」は出てこない。場所論としてはそれでよいのである(むろん否定排除されているということではなく、かくれている、語られない、という意味である)。

　また、($I_m \leftrightarrow I_n$)＝(I_m in I_n)・(I_n in I_m)で「空」を定義することが可能である。つまり、一般にこの式が成り立つとき、Iは空である、と定義できる。そもそも「空とは何か」という問いが問題である。これに対して「空とは……である」と答えると、答えはしばしば意味をなさなくなる。欧米の人が往々にして「空」はまやかしだと言い出す所以である。なぜそうなるかといえば、答えは文であって、主語と述語から成る。この際主語は個物、あるいは少なくとも「これ」と指示・限定できるもの、他から区別される、際立った現実でなければならない。しかも主語は必ず名詞である。だから空を主語として「空とはなになにだ」と言い出すとき、「空」はそのような、名詞で指示できる、他から際立った、特定の現実だと前提されてしまうことになる。しかし「空」とはそのようなものではない。だから答えの文は矛盾を含んでわけのわからないものになってしまうのである。よって上述のように、（$I_m \leftrightarrow I_n$）＝（I_m in I_n）・（I_n in I_m）が成り立つとき、I（個物およびその集合）は空である、と定義する方がよいと思う。これは近代以降、作用の場における動態を扱う物理学が個物の記述ではなく、量と量の間に成り立つ関数関係を使って作業するのと似ていると思う。

さらにI_{intgr}において「一即多」が成り立っていることも明らかで、統合体はまとまりとしては一であり、部分から成るシステムとしては多なのである。キリストの身体としての教会においても一即多が成り立っている（Iコリント一二、ローマ一二5参照）。我々のシンタックスは、一項が全体のなかで成り立ち、全体を反映しているから、それ自身で「一即多」という天台的世界、「重重無尽の相即相入」という華厳的動態を暗示しているわけである。それはシンタックスの構造自身が作用の場と場所の反映だからである。

註

（1）久松・八木（対話）『覚の宗教〈増補版〉』春秋社、一九八六、xii―xv頁、法藏館版『増補久松真一著作集』第九巻、一九九六、四五二―四五四頁。

(2)「無神論」(『増補久松真一著作集』第二巻、法藏館、一九九四)、六六―六七頁。
(3)私が場所論を学会その他で発表したとき、しばしば悪はどのように表記されるかという問いを、特に佐藤研氏から受けた。以下はこの問いへの当座の答えである。
(4)本多正昭「根源的リアリティーの論理的構造――絶対可逆と『可逆即不可逆』をめぐって」、八木誠一・阿部正雄編著・秋月竜珉・本多正昭共著『仏教とキリスト教――滝沢克己との対話を求めて』三一書房、一九八一。
(5)小野寺功『大地の神学―聖霊論』行路社、一九九二、特にその第一部、第一章(場所的論理とキリスト教的世界観)、第二章(三位一体のおいてある場所)参照。
(6)第一章註1参照。
(7)ここで特に『宗教とは何か』一九六一、創文社版『西谷啓治著作集』第一〇巻、が考えられている。
(8)第一章註8、第二章註5、本書一二九―一三一頁参照。
(9)山内得立『ロゴスとレンマ』岩波書店、一九七四。
(10)本章第二節1参照。
(11)イエスの宗教にはこのとらえ方が含意されている。第二章第四節2参照。
(12)『碧巌録』第四〇則評唱に引用される肇法師の言葉。
(13)道元『正法眼蔵』、「生死」の巻。
(14)親鸞『唯信鈔文意』。

第五章　場所論の論理

第一節　作用的一あるいは即の場所論的表現

1　場所論の論理

場所論的思考の論理を明らかにしなければならない。場所論は作用の場の事実的な関係を映す言説だが、言説には特有の論理があるだろう。論理というとき、狭義では形式論理のことで、これは数学と同様、思考の法則、つまり情報処理のための万人共通の知性の法則のことである。数学は数と形と量により、論理的思考は概念と文によって、情報処理を行うのだが、ともにその仕方には普遍性がある。そうでなければコミュニケーションは不可能となるわけだ。語を用いて文を構成する仕方（分離と結合の規則）、つまり文法（この場合、シンタックス）にも同様な機能がある。文法は言語によって異なるが、チョムスキーがいうように、人類に共通する基本文法があるのであろう。他方、論理というとき、議論を組み立て、相手を説得する仕方、筋道を意味することがある。あの人の論理にはついていけない、などというときの論理のことである。この意味での論理は個人や文化によって異なりうるわけだ。さて場所論の論理とはいかなる意味かといえば、それは場所論特有の概念を使って文を構成し、議論を組み立てる仕方、筋道のことだ、といえる。だからそれは場所論言語のシンタックスといっても不当ではないだろう。するとまず「場所論特有な、文の構成法」とは何かという問題が生ずることになる。それ自身が一つの課題だが、私はここでスラッシュ（「／」＝and／or）を挙げておきたい。我々のシンタックスにおいて語と語、文と文を結合し分離する役割を果たしているのはスラッシュである。そして我々の場合、スラッシュは等号と互換的である。また重要概念についている矢印は（単独のG↓の場合を除いて）「作用的一」を意味するが、作用的一（ないし「即」）はスラッシュを使ってp／～pと書けるのである。だからスラッシュには場所論の論理が典型的に表現されているといえる。あるいは、場所論の文法（概念と文の分離・結合規則）は端的にスラッシュの用法に表現されるといってもよい。したがって以下、もっとも特徴的なスラッシュの使用法である「作用的一・即」について、あらためて検討を行い、それから場所論的論理（主張の筋道）の一典型である禅問答を問題としてみたい。

ここであらかじめ断わっておかなければならないことがある。場所論的論理は、伝統的形式論理学を基準として見ると「恒偽」になる。いわゆる真理表を作ってみると、（p・～p）は矛盾だから恒偽で、ゆえに我々が使う連言（p・～p）・（p∨～p）も恒偽である。これはどういうことかといえば、伝統的形式論理は、厳密で矛盾のない「一意性」が成り立つ領域、いわば平面上の論理学であり（だから同義反復だと評される）、それに対して場所論的論理は、現実の全体を叙述しようとするから、いわば球面の論理である。たとえば赤道上を地球の回転と同じ方向に動いている物体は、北極から見れば左回りで、南極から見れば右回りだ。どっちで見るかを決めれば左回りか右回りか、どちらかである。場所論は表と裏を同時に見るといってもよい。時計の針は右回りだが、裏から見れば左回りだ。この認識を矛盾しているから虚偽だという人はいるまい。例えてみればこのようなもので、伝統的論理学からして偽りだから、場所論的論理は偽りだとは、無論いえなし、伝統的論理を知っておくことは必要だが（場所論は伝統的論理を排除するものではなく、一

同一律　p⊃p　（pならばpである，pはpである）
矛盾律　～（p・～p）（pであり，かつ非pであることはない）
排中律　p∨～p　（pか，あるいは非pか，どちらかであり，中間の第三者はない）

面として含むものである。本書でも使えるところでは使っている）、私には伝統的論理学を基準として場所論を否定するつもりは全くない。科学は現実をいわば外側から見たものだが、場所論はいわば内側から見て、外を含む全体を述べるものである。場所論は客観の記述ではなく、自覚の表現である。それに特有の「論理」があるのは不思議ではない。

2　作用的一と即

作用的一（即）の分析は、古典論理を一面として含む場所論の論理性を示す。作用的一（即）は、言い換えれば「無分別の分別」である[1]。そのため以下では伝統的論理の論理性を「分別の論理性」、それを単に否定する論理性を「無分別の論理性」ということにしよう。さて、分別の論理性を伝統的論理学に従って三つの論理法則で示すと以下のようになる（蛇足ながら、「⊃」は「ならば」、「・」は「かつ」（and）、「∨」は「あるいは」（or）、「～」は否定で、以上は一般的な論理記号である）。また、伝統的論理学の三法則を記号化すると上記のようになる。

ただし、論理学でよく知られているように、同一律を書き直すと、矛盾律になり、矛盾律を書き直すと、排中律になる。つまり上記の三原則は要するに同一事の異なった表現で、相互に書き換え可能である。なお、この三法則に従うとき、概念また文は「一意的」となることはすでに述べた。

さて、二〇〇三年度の東西宗教交流学会の討議の席上で、同一律の否定の形が問題と

同一律の否定　(p⊃～p)・(～p⊃p)	(1)
(p⊃～p)・(～p⊃p)＝p・～p	(2)

なったとき、それは上記(1)式のようになると教えてくださったのは、田中裕氏（上智大学の哲学・論理学教授）であった。

ところで、p⊃～p＝～p、～p⊃p＝pだから、(p⊃～p)・(～p⊃p)＝～p・p。これはむろん矛盾律の否定である。さらにこれを書き直した「～p・～～p」は排中律の否定になる。このように、分別知の論理性を単に否定した論理性を「無分別の論理性」といおう。すると場所論の中心である作用的一の論理性はどうなるか。

「G→I→」におけるI→、すなわち作用的一の論理性が問題である。「人の愛は神から出る」といわれる愛が「作用的一」である。これは神と人との「働き」の一であって、決して神と人との実体的一ではないことに注意してほしい。さて「愛は神から出る」という場合の作用的一はどう書けるかといえば、これは、まずは神の働きは人の働きであり、人の働きは神の働きである、ということだから、神の働きをp、人の働きを～pと置くと、前の文は「p⊃～p」となり、後の文は「～p⊃p」となる。つまり、上記の(2)式の形、すなわち無分別の論理性の形になる。

しかるに、場所論は、神の働きは神の働きであって人の働きではなく、逆もまた真であるという面があることを認める。これは分別性である。我々の論理は分別性を含む。そうでないと神の働きは全く無差別に人の働きである（恒等）ことになり、神と人の働きは無差別の同義となる。ゆえに、働きは神の働きであるか、それとも人の働きであるか、どちらかだ、という面がなければならない。これは分別の論理性である（上記のように同一律は排中律の形に書き直せる）。この面を見落とさずに表現することが重要である。

$$(p \supset p) = p \vee \sim p \qquad (3)$$

$$p / \sim p = (p \cdot \sim p) \cdot (p \vee \sim p) \qquad (4)$$

すると作用的一には(2)式と(3)式の両面があることになるから、両者を一緒に表記する。すると（p・～p）・（p∨～p）となる。これはandとorの両方がいわれることだから、そのために「／」記号（and／or）を導入して、この二重性を示す。この二重性は作用、場所とともに、場所論の基礎語に属する。さて二重性とは、「愛は神から出る」について、「愛は神の働きであり、また人の働きである」（つまり、and）と、「愛は神の愛か、人の愛か、どちらかである」（つまり、or）の両方がいえるということである。あとの場合だけをとれば、これは分別の論理である。以上を書き表すと(4)式になる。

(4)式は我々がすでに使ってきた形で、ここでそれが確認されたわけである。さてここで注意すべきことがある。（p・～p）・（p∨～p）は（～p・～～p）・（p∪p）などと書き直すことができる。一般に、(4)式右辺の第1項には分別論理三法則を否定する無分別性のどの形がきてもいいし、第2項には分別論理三法則のどの形がきてもよい。

すると即を「p／～p」と書くことができる。「p／～p」は「即」を意味することになる。たとえば「色即是空」だが、「色は空と異ならない」（色かつ空）と、「色は色であって空ではない」（色か空かのどちらかである）との二重性は、「／」を使えば「色／空」と書けるわけだ。だから(4)の左辺は「p即非p」と読む。上記の例では「神の働き『即』人の働き」ということである。実体的な「神即人」ではない。またこれは（G in I）／（I in G）と言い直せるが、両者は全くの同義ではない。（G in I）／（I in G）は神が人の主体であり根拠であることだ。それに対して「神の働き『即』人の働き」の意味は、まずは「G↓I↓」の右端にある「↓」について、これが神の働きであり、人の働きである、というのである。結局、p／～pが場所論の論理性を示すことになる。以上のように合意して即を（4）式で書き表すと、一般に命題式の変形が簡単かつ整合的になる。要するに端的に場所論の論理性を示す（4）式は、分別を認めた上での無分別性だから、「無分別の分別」、あるいは「無分別」即「分別」といえる（後述）わけだ。

3 即と四句否定

これを使って、二〇〇三年度の東西宗教交流学会席上でのカール・ベッカー氏の質問に答える。その質問とは、4項から成る竜樹の四句否定と2項の「即」の関係如何というものであった。さて、四句否定において、有をp、無を～pと置くことにしよう。すると四句否定は「有ではない・無ではない・『有かつ無』ではない・『非有かつ非無』ではない」だから、記号化すると上記のようになる。

$$\sim p \cdot \sim\sim p \cdot \sim(p \cdot \sim p) \cdot \sim(\sim p \cdot \sim\sim p)$$

さて四句否定の第1項と第2項をまとめて書き直すと、～p・～～p＝～～p・～p＝p・～pとなる。また第3項は伝統論理の矛盾律で、第4項は排中律である。矛盾律は排中律に還元できるから、これをp＜～pと書くと、竜樹の四句否定は（p・～p）・（p＜～p）となる。これは「即」（4）式と等しい。

結論として、四句否定は2項の「即」（p／～p）に還元できる。あるいは、2項の即を4項に展開することも可能である。この場合、即とは「（無分別・分別）・（無分別∨分別）」のことだ、というなら、これは「無分別／分別」と書ける。これが4項的だというのは、無分別も分別も、記号化すればそれぞれ2項ずつになりうるからである。さて、ここで分別と無分別について、「／」ではなく「・」を使って「無分別・分別」と書けば、これは「無分別の分別」（鈴木大拙）といえるだろう。まとめると次頁上段の式のようになる。

無分別「の」分別は　$(p\cdot\sim p)\cdot(p\vee\sim p)$
無分別「即」分別は　$(p\cdot\sim p)/(p\vee\sim p)$

$$(p\cdot\sim p)/(p\vee\sim p)=(p\cdot\sim p)\cdot(p\vee\sim p)\cdot(p\cdot\sim p)\vee(p\vee\sim p)$$
$$=(p\cdot\sim p)\cdot(p\cdot\sim p)\cdot(p\vee\sim p)\vee(p\vee\sim p)$$
$$=(p\cdot\sim p)\cdot(p\vee\sim p)$$

ただし、上段の式は下段のように書き直せるから、「分別『の』分別」と「無分別『即』分別」は内容上同一である。逆にいうと「無分別の分別」はp／非pの形で書けるわけである。

第二節　展開と応用——禅問答の論理

即（p／～p）と我々のシンタックスを禅問答の分析に使うことができる。結論を先取すれば、禅問答は場所論の論理の意味で実に論理的かつ整合的だといえる。さて禅問答の形式には即の論理性（p／～p）から導かれるものがある。また、我々のシンタックスが答えの所在を示す場合がある。まず「即」（p／～p＝（p・～p）・（p∨～p）の右辺第2項を（p∪p）の形に直し、「即」としてp／～p＝（p・～p）・（p∪p）の形を作る。右辺はすなわち「pはpではない」・「pはpである」である。そしてこれを問答の形に直してみる。これは基準的な形式だといえよう。

1　基準的な形式

問1　pとは何か。
答1a　非pである（無分別、あるいは「無分別の分別」の無分別、の答え）。

　　b　pである（分別の答）。
問2　　非pとは何か。
答2a　pである（無分別、あるいは「無分別の分別」の無分別、の答え）。
　　b　非pである（分別の答）。
問3　　畢竟如何。
答3　　p即非p（「無分別の分別」の答え。単なる分別には答えられない）。
基準形式を以下のように単純化することができる。
問1　pとは何か。
答1　非pである。
問2　非pとは何か。
答2　pである。
問3　畢竟如何。
答3　p「即」非p。
ここまでの形に従って『般若心経』の一節を問答の形に直すと以下のようになる。
色とは何か。
空である。　　　（色は空に異ならず）
空とは何か。
色である。　　　（空は色に異ならず）
畢竟如何

郵便はがき

料金受取人払

京都中央局
承認

3086

差出有効期間
平成20年6月
1日まで

(切手をはらずに
お出し下さい)

600-8790

110

京都市下京区
正面通烏丸東入

法藏館
営業部 行

ご購読有難うございました。このカードで、小社への直接のご注文、図書目録の請求等、必要事項をご記入のうえ、 ご投函下さい。

ご購入の書籍名

お買上げ書店名　　区
市
郡　　町　　書店

ご購入の動機
□店頭で見て　□書評・紹介記事　□新聞・雑誌広告
□その他（具体的に　　　　　　　　　　　　　）

●本書へのご意見・ご感想または小社出版物へのご希望（出版してほしいテーマ、ジャンル、著者名など）をお書き下さい。

購入申込書

ご注文は書店、または直接小社（送料実費）へお申し込み下さい。

書名	定価	部数	書店印（取次番線印）
	円	部	この欄は書店で記入します
	円	部	
	円	部	
	円	部	

◆ご案内等をお送りいたしますので、ご記入下さい。

□□□-□□□□ 都道府県

ご住所

(フリガナ)
お名前

TEL （　　　）

図書目録 要・不要	●お読みになりたい本のジャンル □哲学・思想　□心理　□宗教 □仏教（内容　　　） □仏教学　□真宗　□歴史　□民俗 □その他（　　　）
年齢　　歳	
男・女	●E-mail
ご職業・在校名（所属学会名）	
定期購読の新聞・雑誌名（出版PR誌を含む）	

（個人情報は『個人情報保護法』に基づいてお取扱い致します。）

色即是空

つまり我々の方法は場所論的言語の分析の役に立つのである（ただし、後述のように上の形の一部分だけで構成される問答もある）。

ところで、実は禅問答は答3（「p即非p」）では終わらないのである。次の問4こそが禅問答の中心で、これに特定の答えはない。答えを出す規則も、むろん、ない。この答えは、いわば答える人がその生の全体を答えとするようなものだ。だから、この答えに答える人の力量があらわれるわけである。

問4　それ（p即非p）をここに出してみよ。

答4　「それ」を現前させる。

【例】『碧巌録』第一則で梁の武帝は達磨大師に、有でもなく無でもない聖諦第一義を問う。これは問3であり、武帝はおそらく有即無という答3を期待したのであろう。しかし達磨大師は答3を飛び越していきなり廓然無聖と答える。これは答4である。敷衍してみると問答の形は次のようになろう。有とは何か。無である。無とは何か。有である。畢竟如何。有即無。その聖諦第一義をここに出してみよ。廓然無聖。

2　一問一答の形式

上記の問答の形は「即」（p／非p）から導かれたものだが、「仏法とは何か」という問に対していきなり答4が出され、その答えが我々のシンタックスのなかに見られる場合がある。たとえばシンタックス第2項の「I↓」はしばしば問4への答え（つまり答4）となる。「仏法とは何か」というような問いに「I↓」の具体性で答えが提出されるのである。無論この場合、「I↓」は普通の意味（分別知）での個物のことではない。シンタックス全体を踏まえた「個物」である。「個物」とは、シンタックス全体の「仏教的意味」

（第四章第三節、場所論と仏教的思考 1）で略述したように、色即是空の色、理事無碍の事、事事無碍の事、などである。この場合、事（個物）は個「人」と重なり映し合う点が重要である。むろんここで単なる「理屈」を持ち出したのでは、禅の意味での答4には決してならないが、宗教哲学はここで「理屈」を問題としているわけである。

【例】僧、大竜に問う、色身敗壊、如何なるか是堅固法身。竜いわく、山花開いて錦に似、澗水湛えて藍のごとし（『碧巌録』八二）。これはまずは上記の問1と答1だが、この答1は同時に答4になっている。他の例。問「永遠とは何か」。答「蛙飛びこむ水の音」。

答えには体（「I」↓、具体的存在）中心に答えるものと、用（I「↓」、働き）中心に答えるものとがある。いずれにしても——我々の用語でいえば——シンタックスの全体を踏まえた上での「I↓」が答4である。この答えには、通念的な「仏」観念を破壊する意味があろう。

体　麻三斤（『碧巌録』一二）、花薬欄（同三九）、大根（同三〇）、山路きてなにやらゆかし菫草、など。

用　倶胝一指を立てる（同一九）、百丈大雄峰（同二六）、雲門両手を広げる（同五四）、金牛飯桶（同七四）、など。

3　相互作用で分析される形式

シンタックス第3行、第4行の関係性（働き合い、含み合い）すなわち $(I_m \leftrightarrow I_n) = (I_m \text{ in } I_n)\cdot(I_n \text{ in } I_m)$ で答4が出される場合もある。仰山問三聖（『碧巌録』六八）がそうである。

問1　慧寂が慧然に問う。君の名は何だ。

答1　慧然が答える。私の名は慧寂だ。

問２　慧寂が反問する。それは私の名だが。
答２　慧然が答える。それでは私は慧然だ。
（問３、答３、問４を飛び越えて、慧寂がみずから答４を提示する）
答４　慧寂、呵々大笑。
つまり「慧寂／慧然」である。答４ではそれが動的に現実化され、事態の自覚全体が動的に現前している。

4　選言記号を用いて分析される形式

選言記号（∨）を使って、即（p／非p）を、「pか非pである」即「pでもなく非pでもない」、あるいは「選択する」即「選択しない」と書き直すことができる。この形を用いた問答がある。この問答の形を上記の基準形式をモデルにしてあらかじめ構成しておくと以下のようになろう。p＝生、非p＝死と置いて例示する。

問１　生か死か。
答１　生でもない、死でもない。
問２　「生でもない、死でもない」とは如何なることか。
答２　生であるか、死であるか、どちらかということだ。
問３　畢竟如何。
答３　「生でもない、死でもない」即「生か死かどちらかである」。
（あるいは、生即死）
問４　それをここに出してみよ。

問1　$p \vee \sim p$とは何か

答1　$\sim (p \vee \sim p) = \sim p \cdot \sim\sim p$である

問2　「$\sim p \cdot \sim\sim p$」とは如何なることか

答2　～「$\sim p \cdot \sim\sim p$」（＝「$p \vee \sim p$」）ということだ

問3　畢竟如何

答3　$(p \vee \sim p)$／「$\sim p \cdot \sim\sim p$」ということだ。これは，「pか非pかのどちらかである」即「pでもない，非pでもない」ということになる。すると，これは結局p即非pに等しい。なぜなら，

$$(p \vee \sim p) / (\sim p \cdot \sim\sim p)$$
$$= (p \vee \sim p) \cdot (\sim p \cdot \sim\sim p) \cdot (p \vee \sim p) \vee (\sim p \cdot \sim\sim p)$$
$$= (p \vee \sim p) \cdot (\sim p \cdot \sim\sim p)$$
$$= (p \cdot \sim p) \cdot (p \vee \sim p)$$
$$= p / \sim p \ (p即\sim p)$$

問4　それをここに出してみよ

答4　答えが出される

答4　答えが出される。

説明　上の枠内の演算をみられたい。

実例1　『碧巌録』五五　道吾漸源弔慰

問1　生か死か。

答1　生でもない。死でもない。

問答の形はここまでだが、本則の終わりに出てくる「先師の霊骨猶お在り」は問4への答4（生即死の提示、表出）とみなすことができよう。「死んだ達磨大師はいまここにいるぞ」という第一則頌の言葉と同じである。「生でもない、死でもない」働きは、同時にその都度の生か死として現れるわけだ。生即死で、上記の「寂滅即動」と同じだが、それが言語化不可能な超越即内在者（仏性といわれることがある）の働きの表現になっている。ちなみに「いきながら死人となりてなりはてて　おもひのままにするわざぞよき」という至道無難禅師の言葉はよく知られている。

実例2　『碧巌録』二は『碧巌録』一と並んで大変重要な則だと思う。しかし論理的には整理して読む必要があろう。

趙州衆に示していわく、至道無難　唯嫌揀択（これは三祖信心銘の言葉で、揀択とはえり好みのこと）。わずかに語言あれば是揀択、是明白（明白は揀択の否定）。老僧は明白裏に在らず。是汝還って護惜すやまた無しや。時に僧有り、問う、既に明白裏にあらずば箇のなにをか護惜せん。州いわく、我もまた知らず。僧いわく、和尚すでに知らずんば、なんとしてかかえって明白裏にあらずという。州いわく、事を問うことはすなわち得たり、礼拝し了って退け。

至道はえり好みをしない。しかし「しない」というと、それは「する」の否定だから、「しない」はかえって、「するか」、「しないか」の間で「しない」方に「えり好み」することになってしまう。ゆえに「明白」をさらに否定して、「単なる『しない』ではない」といわなければならない。それは「『するでもない』、『しないでもない』」ということだ。これが一応趙州の「老僧は明白裏に在らず」だが、問答はまだそれでは終わらなかった。『碧巌録』二の問答の論理的全体を上記のモデルに従ってあえて再構成すると以下のようになるだろう。

問1　「至道無難　唯嫌揀択」といっても、「揀択しない」といえばやはり揀択の一種となる。揀択「する」のか、「しない」のか、どちらなのだ。
答1　「する」でもなく「しない」でもない。
問2　「する」でもなく「しない」でもない、とはどういうことか。
答2　「する」か「しない」かどちらかということだ。
問3　畢竟如何。
答3　「するでもなくしないでもない」即「するかしないかどちらかだ」。これは結局「する」即「しない」ということである（前頁の演算参照）。これが「明白裏にあらず」ということになる。

つまりこれは再び、寂滅即動ということである。文字の上では、「揀択」即「明白」といってもよい。いずれにせよ、無心の揀択は我欲的揀択の否定だということだ。無心に「揀択する」ことは、実は「えり好みしない」ことで、逆に無心に「揀択しない」ことは、かえってしかるべき行為の選択となる。

「する」か「しない」か、と問われて「するでもなくしないでもない」と答え、それは結局のところ「する」即「しない」ことだ、という形は久松真一のいわゆる基本公案を想起させる。それは「するも不可、せざるも不可。そのとき如何」というものである。上記の形からすれば、「する」即「しない」だから、まずは「作即無作」、「してもしない、しなくてもする」ことになる。[2] 上述のようにイエスは「施しをするときは、右手のしていることを左手に知らせるな」（マタイ六3）という。無心の作は無作で、無心の無作は作である、だから無心はその都度「自然に」、「何をするかしないか選ぶ」ものだ、ということになる。「無相の自己」はこのように働く。これは有と無、価値と無価値の二律背反のなかで絶命した人間が「無相の自己」によみがえった無心（浄土教の言葉では自然法爾）のあり方で成り立つことである。これも当人が一生をもって提示すべき答えであろう。こうして久松の立場は趙州の立場と一致する。なお『碧巌録』二の問答の後半に出てくる僧の言葉だが、趙州の「何を護惜するか知らない」（無心）ことが、結局趙州は「明白裏にいない」ということなのに、僧はそれに気づいていないようにみえる。とすれば（場所論の意味で）非論理的なのは僧の方である。趙州はそれを指摘しないが、「礼拝し了って退け」は人生の現場で僧が「選びとる」ことを暗示しているようだ（答4）。以上のように、場所論の記号化は禅思想の分析に役立つと思う。

5　場所論の言語についてのコメント

我々のシンタックスの左辺は「G↓I↓」である。これはすでに場所論の言語が全体として動詞文であることを示している。右辺も全体として力の場における動的関係を語っている。ということは、文が動詞文であるだけではなく、主語である名詞も実は動名詞あるいは分詞であることを暗示している。実際、この研究の出発点となった「Iヨハネ」四7の「愛する者は神を知る」において主語「愛する者」は動詞「愛する」の現在分詞である（ホ・アガポーン）。8節に「神は愛である」といわれるが、場所論の神は存在ではなく、働きである（ピリピ二13、ヨハネ五17参照）。換言すれば場所論の文は「実体詞」を主語とし「……である」を述語とする名詞文（この場合述語も名詞になる）ではない。これは場所論は存在論ではない、ということである。

『碧巌録』から一例を挙げる（九〇則）。僧が智門に「般若の体は何か」（これは般若を名詞でいうと何になるか、という問いになる）。智門は「蚌が名月を含む」と答える。これは言い伝えで、月の夜に蚌が海上に浮かんで月光を含み、真珠を生むのだという。さらに僧が「般若の用（働き）は何か」と問うと、智門は「兎子懐胎す」と答える。これも言い伝えで、兎には雄がいないから、雌兎は中秋名月の光を呑んで孕むのだという。我々に興味があるのは「体は何か」という問に対して、答えが名詞では与えられず、蚌が名月を含むという動詞文が答えになっている点である。含まれた「名月」は実体ではなく働きとして現れるわけだ。「用は何か」の問いに対しても同様である。頌に「蚌が兎を含む」といわれているのが意味深い。つまり体は用を排除せず、用をもって体とする（ヨハネ四34参照。ここでイエスの存在はイエスが神のみこころを行うことで成り立つといわれる）。なお、場所論は自覚の表現だから全体として自覚表現の言語であって、客観的対象を記述する言語ではない。記述言語とは違い、表現言語の名詞に指示対象が欠けることは普通だが（表現言語である小説や詩の場合、登場する事物は客観的対象として実在しなくてもよい）、さらに抽象名詞には（記述言語で用いられる場合でも）客観的に指示可能な対象はない。動名詞についても同様である。場所論の言語は自覚表現の言語であって、しかも動詞文である。ここで名詞は本質的に動名詞か、分詞である。だから場所論の言語はいかなる実体的事物を立てることもない。我々のシンタックスはそれを示している。この観点からの場所論言語の分析が可能だが、本章では省略する（次章で略述）。

ところで、イエスと律法学者などとの問答は新約聖書に多く伝えられているが、禅問答のような形式はない。しかし試みに、イエスの言葉を以上のような形に直してみることもできるのではあるまいか。あるいはイエスないし禅問答理解の役に立つでもあろうか。

人あってイエスに問う。神（神の支配）とは何か。イエス答えていわく、野の花は無心に咲き、空の鳥は思い煩うことがない（ルカ一二22―28参照）、麦は自然に育ち（マルコ四26―29）、雀は落ちて死ぬ（マタイ一〇29）。イエスはここに神の働きの現実性を見ているのである。問い。人格同士のかかわり方はどうか。答え。善きサマリア人（ルカ一〇30―37）。問い。親しい人間の共同体とは何か。答え。神のみこころを行う者は私の家族である（マルコ三35）、宴会（マタイ八11。12節はマタイ的教団に由来するものか。マタイ九10をも参照のこと）。

これに関連して、パウロは「キリストとは何か」という問いに、「私が生きていることだ」答えたであろう（ピリピ一21）。

さて「統合」（神の支配）は「非統合」（悪、罪）に対する「揀択」（えり好み）だといえるところがある。実はイエスには「揀択」を超えたところがあるのである。「神は悪人にも善人にも太陽を昇らせ、義人にも不義なる者にも雨を降らせる」（マタイ五45）。この点は本書では論じなかったが[3]、イエスの「神の支配」はこの無差別を踏まえた上でいわれることが注意されなくてはならない（上記「老僧は明白裏に在らず」参照）。

註

（1）鈴木大拙が使った言葉である。たとえば『無心ということ』春秋社版『鈴木大拙選集』第一〇巻、一九六二、二〇一―二〇六頁参照。ここでは無心が分別の無分別、無分別の分別だといわれる。無心は働きで、働きが無心だ、という。寂滅涅槃がそのままこの分別の世界に出て（衆生救済のために）働くのだという。

（2）親鸞は「念仏は行者のために非行・非善なり」という（『歎異抄』八）。「わがはからひにて行ずるにあらざれば非行といふ。わがはからひにてつくる善にもあらざれば、非善といふ。ひとへに他力にして、自力をはなれたるゆへに、行者のためには非行・非善なりと」とある。ここでいわれる他力とは、蛇足ながら我々の用語でいえば、他力即自力の他力のことである。自我の関与を排除した単なる他律のことではない。

（3）八木・秋月対談『無心と神の国』青土社、一九九六、はこの問題を主題とする対話である。

第六章　言語論の視点から見た場所論

＊本章は、二〇〇三年に曹洞宗総合研究センター宗学研究部門で行われた「宗教言語の現代化のために」と題する三回の基調講演と、講演後の質疑応答をまとめたものである。

第一節　宗教の言語

1　言語とは何か

二十世紀には人文系の学問で言語が一つの中心問題となりまして、言語とは何かということ、特に二十世紀後半になってからは宗教言語とは一体どういうことかについて、かなり広範な議論がなされたわけです。その問題は宗教を理解する上で必要だと思いますので、第一回目は言語とは何かというごく基礎的な問題から、宗教言語の性質ということにまで及ばせていただきたいと考えております。

まず第一に言語とは何かということですが、これは一般にコミュニケーションの道具だといわれています。それに違いないのですが、まずはその道具の性質が問題で、学界では言語は記号の体系だと理解されております。コミュニケーションという視点も逸することはできないと思いますが、これは第二回、第三回のテーマになると思います。とにかく言語は記号の体系である。すると記号とは何かということになるのですが、通説として記号とは記号表現と記号内容が結びついたもので、たとえば「イヌ」という字、これはかたかなでもひらがなでも漢字でもいいのですが、それと「イヌ」という発音をあわせて記号表現といいます。さらに記号表現と結びついた社会的な通念、つまり「イヌ」という言葉を聞くと誰もが思い浮かべるような内容を記号内容といっております。そして記号表現と記号内容が結びついたものが記号であるということで、意味内容というものは直接目に見えませんから、それを感覚可能な記号表現と結びつけ、感覚可能な記号表現を提示することでそれと結合した意味を伝えようとするものが記号でありまして、言語はその中心的なものということであります。

つまり言語だけが記号ではありません。記号というものは非常に広いもので、一般的にいうと「AならばBだ」ということがいえる場合、AはBの記号であり、BはAの意味だと解釈することができますが、その点についてはこれから詳しくお話しいたします。

言語学の本を見ますと、記号には指示対象があると書いてあります。たとえばイヌの場合であれば指示対象というのは「イヌ」の実物のこと、つまりワンワン鳴いてしっぽを振るあの動物を指示対象といいますが、しかし「対象」といっていいのかどうかというと、実は非常に問題があるわけです。以上のような分析は実はストア哲学の時代からあるのですが、二十世紀になってから記号の諸要素をはっきりと分けたのはフェルディナン・ド・ソシュール（Ferdinand de Saussure, 1857-1913, スイスの言語学者。主著『一般言語学概論』一九一六年出版）でありまして、記号はシーニュ（signe）、記号表現はシニフィアン（signifiant）、記号内容はシニフィエ（signifié）といわれます。さて、指示対象は一般にレフェラン（référent）と呼ばれます。これはつまり「言及されるもの」という意味で、それを日本語で「指示対象」と訳していますが、実はこの「対象」という言葉はかなり問題ですから、「記号によって指示され際立たされる現実」と理解していていただきたいと思います。

そうすると記号にはこの三つの要素があるということで、それがいろいろな問題を引き起こすきっかけになるのですが、記号の性質として、第一に記号表現は感覚可能でないといけない。「見える」、「聞こえる」、「触《さわ》れる」など、感覚可能性がないといけない。それから弁別可能性ということがありまして、記号同士はお互いに区別できないといけないのです。記号である以上、違う記号が同じ形をもってはいけないわけです。他の記号と混同されてはいけない。これはまた、「イヌ」といった場合、それはコヨーテでもないしヤマイヌでもないしオオカミでもないということで、ですからイヌなら「イヌ」、コヨーテなら「コヨーテ」ということが記号としてほかのものから区別できないといけないという制約があります。これは体系性とかかわるわけで、ネコという場合、それはヤマネコでもない、あるいはヒョウでもライオンでもない、ましてイヌではないということを含むわけです。

これはヘーゲルが深く洞察したこととかかわるのですが、言葉あるいは概念の場合は、AならAという概念を立てると、それは「非Aではない」という意味をもちます。そして普通（日常生活）だとAは非Aを排除するのですが、思考の場では、つまり言語世界では、我々が記号や概念「A」を定立すると「非A」も定立されます。Aは「Aでないもの」を定立した上でそれを否定する。AはAでないものを排除するのではなく呼び起こして、否定の対象として定立するわけです。すると非AはAとともにあってなくなりません。それが概念あるいは記号というものの非常に大きな特徴であり、したがってAはそれでないものを呼び起こし、Aはそれではないということになる。結局記号には体系性があるということになります。その一番いい例は交通信号です。交通信号は一つだけでは信号にならず、赤、青、黄の三つが揃って、しかも一つは他でないということで、信号の役割を果たすわけです。さらに点滅の順序が一定であることが大切ですが。

これを突き詰めると、言語は一つのシステムであるということになります。言語の場合、同時的なシステムだということを強調したのはソシュールですが、体系性ということも浮かび上がってきまして、これらが前世紀の記号論の大きなテーマになったわけです。

それから恣意性ということがありまして、これは、記号表現と指示対象の結びつきは約束ごとであって合意さえすればどのように結びつけてもよろしいということです。たとえばイヌを「イヌ」といってもいいし「ドッグ」といってもいい、「フント」でも「シェン」でも「カニス」でも、あるいは「ガウ」といっても構わない。要するにその言葉を使う言語集団のなかで合意ができていればそれでいいので、記号表現と記号対象の結びつきは約束ごとによる恣意的なものだという、もう一つの特徴があります。ただし象徴といわれるものの場合は、形が意味を暗示します（たとえば矢印）から、結びつきは恣意的ではありません。

では言語というものは一体どういう現実性なのかということになりますが、我々を取り巻いている現実には、我々がそれについて知っていようといまいと関係なく我々に作用している力、たとえば重力のようなものがあります。それから気がつくとなくなってしまうようなものがあって、それはフロイトやユングが論じた無意識の働きなのですが、無意識の現実性というものは自覚にもたらされるとなくなってしまう。そういうのもあるわけで、実はなくなりはしないのですが建前として力が弱まるということになっております。また逆に気がついてはじめて成り立ってくる現実性というものがあり、これは人間性一般がそうで、理性やあるいは自由や人権などというものは自覚されないと現実的になってこないのですが、特に宗教の場合はたとえば「悟り」といわれるようなもの、これは自覚されることによってはじめて働いてくる現実性であり、以上の諸領域は一応区別しておいた方がいいわけです。

ところが他方では社会的に多くの人が同意することによって成り立ってくる現実性があります。みんなが同意し、裁可することで成り立ってくる現実性があるわけです。たとえば通貨はみんながお金として認めているからお金として通用するわけですし、法律とか秩序、地位とか身分もそうです。みんなが認めているから身分が通用するわけで、王様なら王様は個人の実力で王様になるわけではなく、みんなが王様として認めなくなると、たとえばルイ十六世のように廃位されてギロチンの露と消えるということもあるわけです。

言語もそれらと同様であり、言葉というものは同意と裁可、つまりみんなが言葉だと認めていることによってはじめて言葉として通用するものです。社会的現実性というものはそういうものでして、みんなが認めることによって成り立ってくる現実性なのですが、言語もそうだというわけです。そうすると言語の社会性と、個人性との間にも大きな問題が出てくるということになります。

そういうわけで記号ということ自体がいろいろな問題を含んでいるわけですが、そこで一つ指摘しておきたいことがあります。たとえば「あれは何だ」、「あれはイヌだ」という認知は記号論的にいうと一体どういうことなのか。心理学にも認知論というものがありますが、認知は記号論的にいうとどういうことなのかというと、それはこういうことです。「あれはイヌだ」というのは「あれは我々が使っているイヌという記号の指示対象だ」ということで、「はじめは何かわからなかったけれど、よく見たらあれはイヌだよ」というとき、「あれはイヌという記号の指示対象だよ」ということなのです。つまり認知ということは、イヌならイヌという一つの現実性と我々とが直接に出会い、そこから生まれてくるものではないというわけです。まず記号があって認知が可能となる。

これは言語学の一つの通説ですが、我々があることがらを現実として切り取るときには必ず言語が媒介になっていて、つまりそれが何であるかということは絶えず記号を媒介にしてはじめていわれることであり、むしろ社会的な現実性が記号内容なのです。記号内容は社会的な現実性として通用しているわけで、対象の方の現実性ではないのです。ここに非常に大きな問題があります。つまり我々は記号化されている現実性を記号の方から理解する、つまり「あれはイヌだよ」といった場合、記号対象は「イヌ」という記号内容から理解されるわけですから、我々は決してイヌならイヌに関する直接経験をもっているわけではない。最初から与えられているのは間接経験であり、われわれに与えられているのは言語世界だということなのです。

この点が宗教の問題と大きくかかわってくるのは、説明するまでもなくおわかりいただけることだと思います。つまり通念が現実であり、社会的に通用している現実性とは通念のことだということです。よく人間は本能を失った動物であり、人間の自我は本能を失った代わりにできたものだといわれます。自我とは何かというといろいろありますが、特に言葉を語るもので、その自我が言語世界を作るわけです。その自我たちの間で通用する現実性というのは実は社会的に通用している現実性であるという、ここのところをはっきりさせないと、いまの我々の情報世界がそうだと思いますが、直接経験が失われて間接的な経験だけが現実となってしまいます。いまは通念どころかメディアを媒介した知識だけが現実性として横行するようになりましたが、そこで我々は言語世界の現実性と、直接経験で見えてくる現実性を混同しているわけで、それが記号というものを使うときの一つの宿命として出てくるわけです。

本能の代わりになったのは何かというと社会的通念です。人間の場合、本能がなくなって学習によって生活しているわけですが、その場合、本能の代わりに自我が成り立ったけれど、実際に自我の価値観とか行動とかを導いているのは何かというと、まずは社会的通念だといえるわけで、通念が本能の代わりになってしまったということです。つまり我々は通念的に言語化された現実のなかにいて、それを現実として扱っています。それは記号を使うということに伴って起こってきた一つの大きな事実です。こういうことについてはあとでディスカッションの時間がありますので、そのときにご意見などをうかがいたいと思います。

2　言語の機能と種類

次に言語の種類ですが、まず機能の方から申しますと、第一に言語機能（ファンクション）には普通、記述と表現と動能の三つがあるとされます。これはいわば言語学の常識ですが、「記述」というのは客観的な記述で、その代表が自然科学です。つまりある言語集団があって、ある現実性を第三者として、三人称で客観的に立てる。それについて観察をして、あるいは実験などをして、情報を形作り、その情報を言語集団に流すのが記述です。そういうファンクションを主とした言語のことを記述言語といいます。その代表は科学ですが、それだけではなくいくらでもあります。新聞においても記述言語として扱われなければならない情報がかなりの部分を占めております。報道は本来記述であるはずです。

次の「表現」というのは、要するに外から見たのではわからないことを語り出した言葉です。記述の場合、外から見えるものについて記述するわけですが、表現というのは外から見たのではわからない、簡単にいってしまえば当人の心のなかの出来事ですが、それを言葉にして出すのが表現で、ですから感情、感覚、感動、所感などの「感」を言い表したものが代表になります。しかしそれだけではなく、自分のもっているイメージも本人がいわなければ外からは見えませんからその外化は表現ですし、あるいは広くいうと思考内容を言い表したものもやはり表現です。表現言語の代表は文学です。いずれにせよ人の考えていることは客観的に記述することはできませんから、その人が言い表したものを手がかりに了解するほかはないので、イメージの世界やあるいは思考の世界を言い表したものも表現言語に入ります。

表現と違って記述の場合にはそれが本当（真）かどうかという問題があり、それを確かめるためには記述されているものに自分で接して、記述の言語と比べて実際に正しいかどうか明らかにするということがあり、これを検証あるいは反証といいますが、そういうことができるし、しなければならないわけです。検証されている記述言語が真で反証されているものが偽ですが、言語哲学では一般に検証可能あるいは反証可能なものは有意味だといわれます。問題にできるということです。他方、本当かどうか確かめようがないものは無意味で、これはつまり問題にしないでいいということですが、表現の方では検証はできません。小説やドラマが客観的に真な記述かどうかは問題になりません。

では表現の場合、真や偽に当たるものは何かというと、表現はとりあえず了解されるわけで、これはここであらためて申し上げるまでもないと思いますが、了解とは、結局他人の言葉を手がかりにして、自分の経験を検索して思い当たる。その場合にはじめて了解できるわけです。ですから自分にそういう経験がない場合は、そういう経験をしなければなりません。これは追体験といわれますが、追って経験をすることによって理解できるようになるわけです。それだけではなく追思考あるいは追表象ということもありまして、人のいっていることがそのままわかればそれでいいのですが、わからない場合には追思考あるいは追表象あるいは追経験、追体験といったものを媒介にして理解ということが成り立ってくるわけで、こうして表現は経験を伝達するわけです。言葉を媒介にして人のことを自分のこととして経験する、これが了解ないし同感ですが、そういう同感あるいは共感が深いほど、その表現は虚ではなく、真「実」だ、表現には現「実」性がある、ということで、記述の場合の真に対応します。誰にも全く共感できないものは無意味だということになりますが、これが宗教言語が表現言語だという場合の一つのポイントになります。

記述と表現の違いはどういうことかといいますと、経験の対象がある場合、その対象を客観的に記述すると記述言語になります。他方、ある経験の内容、つまりそれをどのように経験したかを言い表すと、それは表現言語になるわけです。表現言語と記述言語を混同してはいけないのです。表現言語の場合は詩とか文学が主で、イメージ世界の表現という意味では民話や神話もそうですが、これらは記述言語ではないわけで、これを間違えると大変なことになります。けれども宗教を理解する場合には往々にしてこのような間違いが起こります。宗教の場合、宗教者がかかわっている宗教的現実を客観的に提示したり、それについて客観的に述べたりすることはできませんから、結局人間や世界をどのように経験し、それを自覚しているかということの表現が宗教言語の特徴になります。たとえばある事態を神秘として、尊いもの、ありがたいもの、不思議なものとして経験し、それを自覚し、表現するということです。すると、まるで当の事態の背後に人間や世界を超えたものがあって、それがその事態のなかで、それを通して、それとして、働いているようだ、というように語られます。その場合、この言葉を理解するためにはまずその経験を共有しなくてはならない。ですから宗教言語というのは了解されるべきものであり、客観的検証の対象ではない、あるいは反証の対象ではないということになります。ただそういう経験がいかにして成り立つかという、経験の地平を構築する場合、やはり客観世界との関係が出てきます。この場合、客観世界について語るということはありますが、やはり中心は経験と表現であるという点ははっきりと押さえておかないといけないのです。

伝統的キリスト教の一番大きな間違いはここにあります。キリスト教の言語はどう考えても最初は表現言語だったのです。しかし特にローマを中心にしたキリスト教からそうなっていくのですが、表現言語が客観化されてゆくのです。そして、表現言語が記述言語として理解された。このことがキリスト教の大きな問題性としてあると思います。それに対して仏教は最初から言語は自覚の表現だということがはっきりしており、経験内容を分析して言い表す、つまり「表現と理解」ということを中心にして学が組み立てられているので、表現を記述と誤解するということはキリスト教に比べて少ないと思います。

それから動能という言葉は変な言葉ですが、これはコーナティブ（conative）といって人を動かす言葉、つまり自分の思う方向に人を動かす言葉です。命令とか依頼とか懇願とか、あるいは場合によっては脅迫や誘惑などを含めて、動能言語といっております。これについてもやはりいろいろな問題性があって、記述や表現で用いられる動詞とも深くかかわっているのですが、動能言語というときはあくまでも人を動かすためのものですから、動詞の意味は記述や表現の場合とは違ってまいります。とにかくこれは直接・間接に人を動かすための言葉であり、それ以上をいまここで申し上げる必要はないと思います。

ただ、言葉が無意味になる条件があります。記述の場合は何について語っているかわからない場合、無意味になります。それからこれは言語哲学の常識ですが、検証も反証も不可能な記述言語も無意味だとされます。ところで前世紀の言語哲学で主として問題にされたのは記述言語で、表現言語はほとんど問題となっていませんでした。いずれにせよ検証も反証もできないような記述言語は無意味であるというわけです。

そうすると宗教言語は無意味ではないかという問題が出てきていろいろ議論されたわけですが、言語哲学では宗教言語は表現言語だというはっきりした認識は私の知る限り出てきておらず、現実に対する態度の表明だとされていて、「態度」ですから、表現というよりむしろ動能言語としてとらえられているように思います。記述言語の場合には何について語っているかということがはっきりしなければなりません。したがって記述言語のなかに出てくる名詞の場合、それにははっきりとした指示対象が、つまりイヌなら「イヌ」という対象が、なければいけません。ところが表現言語の場合はそうではなくてもいいのです。たとえば小説や民話、神話の場合がそうで、いろいろなことについて語られていて、場合によっては記述的な形で語られるのですが（小説）、語られているものが客観的な事実でなくてもかまわないわけで、この場合はフィクションであっても無意味にはなりません。これは表現言語の一つの非常に大きな特徴で、つまり指示対象がなくても表現言語は無意味ではないわけです。表現言語は了解可能ならいいのです、これもはっきり押さえておかなければならないことです。言い換えると、表現言語には必ずしも指示「対象」はありませんから、表現言語によって言及される現実は客観的な事実ではなくてもよいということになります。ですから表現言語のなかに出てくる名詞は必ずしも指示対象をもちません。「神」という名詞が一番いい例で、諸宗教は神について語り、キリスト教もそうなのですが、「神」という名詞が指し示す客観的で検証可能な対象はありません。ないから宗教はインチキだということにもなるのですが、そうではなくて、宗教言語は表現言語なのであり、だから言葉の性質が違うのです。「神の働き」はまずは自覚（自己経験）のなかに現れてくる現「実」性なのです。

また情報ということが最近いろいろ問題になっていますが、情報とは何かというと、情報とは事態がどうなっているのかという問いへの答えと、どうしたらいいのかという問いへの答えが中心です。だから記述言語とは何かというと、それは「何がどうなっているかという問いへの答えとしての情報だ」ということができるので、言語のなかでは客観的な情報の言語としての記述言語が一番わかりやすいと思います。記述言語については真と偽の区別があり、客観的に検証されると真で、反証されると偽だということになる。そして検証と反証の仕方がはっきりと与えられている場合が有意味で、本当か嘘か確かめようもないという場合は無意味です。

3　有意味な言語と無意味な言語・伝達

たとえば、宗教の範疇に入るかどうかは別問題としても（私は入らないと思うのですが）、ソクラテスの霊と交信したという人がいて、それを本にして出しています。そういう本の言語は一体どういうことになるのかというと、これは一つの報告だから事実の記述として語っているわけです。ところがソクラテスの霊なるものは一体何だかわからないわけで、「これはソクラテスの霊だ」といっても、客観的に提示してみんなで「ああ、そうか」と納得できるものではありません。つまり指示されている対象が不確定ですから、そういうものについて語っている言語は記述言語としては無意味になります。また、ソクラテスと交信したという主張も、検証のしようもないし反証のしようもありません。反証できないから本当だとよくいいますが、それは間違いです。検証も反証もできないのは無意味で、記述言語としては問題にする必要はないということになります。換言すれば記述言語による情報伝達は検証によって完成するわけです。

そういう意味で記述言語は、「客観的で検証可能でなくてはならない」、「検証、反証不可能な記述言語は無意味である」、「主題について特定不可能な言語は無意味である」、「一意性を欠いた記述言語（情報）は無意味である」といえます。情報というものは一意的でないといけないわけで、曖昧な情報は情報として機能しません。いい情報があると迷わないで済みますね。知らない街で行きたいところにどう行っていいかわからないようなときは、選択肢がたくさんあって迷うわけですが、こう行けばいいという正確な情報があれば選択肢が一つに限定されます。それは逆にいえば情報というものは一意的でないといけない、曖昧ではいけないということになります。曖昧な情報は無意味なのです。さらにつけ加えると、「正しい記述言語の普通名詞には特定可能な指示対象がなければならない」のです。

表現言語については「表現と理解」ということがあり、表現言語としては感覚、感動、感激、所感などの感、文学の言語、イメージ、思考などの表現・外化があります。また感覚は自覚を媒介として外化される。自覚の表出は表現言語です。言語化するときは、感覚だけではだめなわけで、感覚が自覚にならないと言葉にならないわけです。言い換えると、自覚を語る言語は表現言語になります。この言語は了解されなければならないもので、だから了解不可能な表現言語は無意味だということになります。この場合、相手がいっていることを自分が理解したということをどうやって確認するかというと、これは相手の言語を自分の言語に翻訳できる場合です。「あなたがいっているのはこういうことか」と自分の言葉で言い直し、それに相手が納得してくれれば一番いいわけで、相手の言語世界を全体として自分の言語世界に翻訳できた場合に、理解できたといえます。話者の経験と自覚を自分のなかで反復して理解しえたとき、話者の表現言語の自分への伝達が完成するわけです。

ここで「表現言語と記述言語との違い」をまとめると、経験の対象を叙述すると記述になり、経験の様態（自覚の内容）を述べると表現になる。表現言語は了解不可能なときは無意味である。表現言語の名詞には指示「対象」は必ずしも存在しない。小説、民話、神話など表現言語はこの場合でも無意味ではない、ということになります。

それから動能言語ですが、これは簡単に説明しておきます。動能言語とは、命令、要求、懇願、脅迫、勧誘など、人を自分の欲する方向へ動かすための言語であり、また、どうしたらよいかという問いへの答えも動能言語です。つまり「どうしたらいいんだ」という問いに対する、「こうすればいいんだよ」という答えは情報ですが、動能言語だということです。それから合意や約束、これから遂行されることを述べる言葉は、自分（たち）に対する動能言語（要求、約束言語）であるといえます。この場合、動能言語を要求・約束言語と言い換えることができるわけです。それらは自分（たち）に対する動能言語であるといえます。なお、法律、判決、宣言、契約、倫理も動能言語です。オースチンという人によって言語行為というカテゴリーが作られたりしましたが、判決、宣言、マニフェスト、契約といったものは自分たちに対する動能であり、それを公にしているのだと考えることができますから、これはやはり動能言語の範疇に入れることができます。婚約や結婚の宣言も「これから結婚して結婚生活を続けます」という自分たちに対する動能言語で、かつそれを公にしたものになるわけです。

動能言語の場合、「内容について確定不可能なもの」、つまり「こうしなさい」といっても何をやればいいかわからない場合、それは無意味になります。また「これをやれ」といっても、社会的に許されないから不可能だということもありますし、物理的に不可能だということもありますが、遂行不可能な場合、命令や要求、約束は無意味になります。また、遂行されたかどうか検証不可能な命令も無意味ですが、それはどういうことかというと、「はい、やります」といっても実際やったかどうか調べようがない、テストのしようがないということで、その場合に「やります」という約束は無意味だといわれても仕方がありません。換言すれば動能言語による、たとえば命令の伝達は、その遂行が確認されることで完成します。

では論理学は一体何なのかというと、これは我々に固有な情報処理の仕方の自覚です。つまり理性の働き方の自覚という意味で、私は理性の自覚表現言語だと考えています。数学もそうで、実際に数学は物理学ではありません。数学と物理学の違いはどこにあるかというと、物理学は記述言語ですが、数学や論理学は知能が情報を処理する基本的なやり方の自覚のことです。概念や論理（文法）は我々に固有な情報処理装置だといえると思います。だから自覚・表現言語は主観的であると一概にいうことはできません。

4　宗教の言語

宗教の言語ということですが、「宗教言語は表現言語である」というのはもっとも基本的なこととして確定しておかなければならないことだと思います。前世紀の言語論のなかで、宗教言語は一体いかなる言語であるかという議論がかなりなされましたが、記述言語だとすると検証のしようがないわけです。宗教言語が語っていること、たとえば神が存在するということは客観的に検証のしようがないし、反証もできない。だから無意味だとされ、実際、論理実証主義者は、宗教言語は無意味だといいました。検証のしようも反証のしようもないからだということですが、その前に、そういうものについては沈黙を守るのがいいといったのはヴィトゲンシュタイン（Wittgenstein, 1887-1951, オーストリア生まれの言語哲学者）です。ヴィトゲンシュタインは論理実証主義者では全くないのですが、論理実証主義に展開される一面はあったわけです。しかし論理実証主義はあまりにも無茶だというのでほかの議論が起こりました。

　宗教言語というのは自分の確信を言い表す言語体系だという見解が学界では一つの常識になっていますが、確信を言い表すというだけでは非常に曖昧です。「世界はこういうふうになっている」という確信であれば、それは記述言語で語られるようになるはずです。あるいは「人間とは現実とこのようにかかわり、このように生きるべきものだ」という確信であれば、それは動能言語であるはずです。いずれにしても自覚と表現という観点が重視されていないことが、私は非常に大きな問題だと思うのです。しかし全く幸いなことに、特に仏教の言語は自覚を表現する言語だという共通の了解があると思いますので、その点では私は非常に助かるわけです。仏教では経験と自覚ということが中心にあって、特に自己経験とその自覚というふうにいってもいいかと思いますが、仏教がその自覚を言い表したものだということになれば、それは当然表現言語です。一般に宗教言語は宗教的体験・自覚の言語化です。つまりいかなる客観的対象を経験したのかということではなく、一般的にいえば人（自分を含む）や事物や出来事を、尊い、ありがたい、畏るべきものとして経験する、その「こころ」を自覚、表現するのが出発点だと思うのです。そしてそこに働いているものを言い表す。だからそれは当然表現言語になるのです。表現によって自覚を伝達するわけです。

　次に変わった式を見ていただきましょう。

　こういう式は嫌いだという方がいらっしゃるのはよくわかっていますし、私自身もあまり好きではないのですが、ただこのように書くと実にすっきりとわかりやすいので、あえてここに用いさせていただきました。

G→H→＝G→／H→／(G in H)→／(H in G)→　(1)

Gは神です（厳密にはまずは神という「言葉」のことですが）。神様が働きかけているHというのはホーリーなるものです。つまり「聖なるもの」ということで、聖なるものとはどういうものかというと、一般的にいうと神秘です。神秘というともう神という言葉が入ってしまっていますが、神秘とは日常的なことを超えたもの、あるいは人智を超えたもの、不可思議で偉大なもの、尊いもの、ありがたいもの、人間の世界を成り立たせたり祝福したり罰したりすると思われる、場合によっては何ともいいようのないものということです。神秘というのは世界内のもので、その何かが神秘として経験されるという場合、その経験は世界内経験ですが、神秘であるというとき、世界を超えたものがそこに働いているという言い方が出てきますので、ここではその「世界を超えたもの」なるものを代表してGとしています。そのとき、神秘は神秘ではなく「聖なるもの」になります。聖なるものといった場合、背後にそれ自身を超えた働きがあるということが含意されている、つまりそういう含意が左辺です（G↓H↓）。矢印は働きを意味します。G↓は「働く神」のことです。神が聖なるものに対して働きかけていて、たとえば人間に対して働きかけていて、また、言い換えれば神が聖なるもののなかで、またそれを通して働いている、と。「＝」というのは言い換えればということで、左辺が含意されていることを明示化するという意味にとっていただきたいと思います。

言い換えるとどうなるかというと、これは変な例ですが、「私の母」と「父の妻」は意味内容は違いますが言い換えることはできます。「＝」はそういう意味の言い換えだと考えてください。「父の妻」というのは「私の母」、「息子の祖母」など、いろいろと言い換えられるわけで、そうすると「父の妻」と「私の母」、「息子の祖母」を＝でつなぐことができます。ここではそのように考えてください。左辺を言い換えるとどうなるかというと、それが右辺で、人間を超えたものがあって働いているという言表が出てきます。／（スラッシュ）はandかつorの意で、たとえばa／bは「（a and b）かつ（a or b）」ということです。「父の妻」／「私の母」でしたら、ある人は「父の妻であり、また私の母である。観点を決めればどちらかだから、その一方だけいってもかまわない」ということです。だからG↓／H↓は、G↓とH↓の両方をとってもいいし、片方だけでもかまわない、ということです。しかしそれだけではなく、世界を超えたものが聖なるもののなかに宿っているという言い方（G in H）↓、それから聖なるものは、人間を超えたものの「働き」の作用圏のなかにあるという言い方（H in G）↓もあるわけです。これは非常に一般的な定式化ですから、多くのことが上の言表に当てはまってしまうのですが、神道の場合でも同様なことがいえます。その場合、Hというのは憑（依）り代ということになり、神がそこに降り、宿るわけです。憑り代というのは神の作用圏のなかにあって神を宿して働くということで、これは広く通用する言表の形式です。宗教言語の言表の仕方のかなりの部分にこういうところがあり、こういう形に従って言表されています。

これも極めて一般的なことですが、左辺のG↓において、Gが人格的に考えられる場合、人格神とされる場合があります。そうすると人格神が聖なるものに対して、また聖なるものを通して働くわけで、この場合Hは聖者でもいいし、場合によってはシャーマンであったり巫女であったり、あるいは預言者であったり使徒であったりするのですが、神がそういう人間を通して語るということです。神が使徒や預言者に語りかけてくる（G↓H）というのは、言い換えると神が預言者や使徒を通して人々に語っている（G↓H↓M、Mは人々）という言い方になりますから、やはり神があり（左辺のG↓）、預言者があるわけです（右辺のH↓）。

それからもう一つ、場所としての言い方があります。神は人がそこに置かれている場であり、人は神が宿り、そこで働く場所だ、という言い方です。宿るとは、正確には、作用的一が成り立つということで、実体同士の相互内在ではありません。これは新約聖書のなかに非常にたくさんあるのですが、詳しくは第二節と第三節のテーマにしたいと思います。特に第二節は新約聖書における場所論、第三節はそれが仏教と触れ合ってくるということをお話ししたいと思います。場所としての言い表し方は非常にたくさんあるにもかかわらず、キリスト教の場合は人格神、これを私は人格主義的神観といわせていただきますが、人格神が人間に働きかけるという人格主義的な言語と、それから場所論的な言語との両方があります。ところが場所論は新約聖書にあるし、それから東方教会にもあったのですが、先ほど申しましたように、ローマを中心とする西方のキリスト教では後退していきます。すでにカトリックにおいてそうだし、プロテスタントにおいてはよけいそうで、日本に伝わってきたキリスト教というのは欧米経由だからやはり同様なのです。どういうことかというと、人格神の面が前面に出て、場所論的な面がほとんど忘却されてしまっています。これはここで副次的に申し上げたい一つのポイントです。

しかし場所論的神観は新約聖書だけではなく一般にある。つまり（G in H）／（H in G）という言い方を私は場所論的といいたいのです。なぜかというと、このHはいろいろなふうに言い換えることができるのですが、H in Gといった場合、神はHがそこに於いてある場、Hが置かれている場で、ではHとは何かというと、神の働きが宿る場所（G in H）で、区別するために前の方は「場」というといいでしょう。そうするとGは「個」がそこに於いてある働きの場（個 in 神）で、個にはGの働きが宿る。働きは自覚されて現実化しますが、個はGの働きが宿る場所（神 in 個）だということになり、場と場所を区別すると以上の言い方になるわけです。だから神は場で人間は場所で、神というのは人間がそこに置かれている場であり、人間というのは神の働きが宿り現実化する場所だといえます。先ほどいいました憑り代という考え方（G in H）がそうだし、神域という考え方（H in G）もそうですが、場所論は非常に広くある観方です。

新約聖書の場合にもこれがはっきりあります。神だけではなくキリストや聖霊も出てきます。神はキリストと聖霊を含意していることが多いのですが、人間はその働きの場のなかに置かれている。人がそれに開かれた場合、その働きを映すようになる。そうして映したとき、個人は神の働きがそこにおいて現実化する場所になるということです。どういうことになるかというと、そこで人と人とのコミュニケーションが成り立ってきます。これは広い意味でのコミュニケーションです。かかわり、交わりといってもいいですし、人同士の場合は言葉のやり取りと相互理解も入りますが、とにかくそこで広い意味のコミュニケーションが成り立ってきて、一つの宗教的な共同体が出来上がってきます。これは第二節と第三節で申し上げたいと思います。これは私がいいたいことの中心的なことになるはずです。

この場合のコミュニケーションということは広い意味にとりますと、交わり、かかわりということで、たとえば働いて作ったものを与えるとか分かち合うということを含んだコミュニケーション、あるいはかかわりですが、それは先走って申しますと、私はこれは仏教的な縁起の一つの形だと思うのです。こういう形で、つまり社会的なコミュニケーションという形で縁起が仏教においてどれだけ語られているかは別にいたしまして、あるいは反対に、社会におけるコミュニケーション、社会的なかかわりということがどれほど縁起として語られているかは別といたしましまして、コミュニケーションはやはり縁起なのだと思います。そういうコミュニケーションあるいは人格と人格のかかわりは、明らかに縁起の少なくとも展開として把握されうる。その要素は仏教の場所論のなかに十分にあると私は考えております。

さて、いまいったことをもう少し詳しく申し上げます。まず㈠として「人格主義的言語化」が挙げられます。聖なるものの背後に神が立てられる。ただしこの場合は人格神とします。すると神の働きかけが語りかけとして理解されるわけです。こうして聖なるものの背後に人格神が立てられ、語られるわけです。しかしその場合の人格神は経験の「対象」ではありません。神様を観察して客観的に記述するなんてことはできないわけです。そうではなく、何かを神秘とし経験するという場合、その経験が成り立つ地平を構築するときに、神が聖なるものを通して我々に語りかけるという言い方が成り立ってきます。だからその場合の神というのは聖なるものの経験に基づいた信仰の対象になります。信仰内容も広い意味での経験の表現であり、中心にあるこういう神把握はある特別なものを聖なるものとして経験する経験であり、神を「私に語りかける神」とする人格主義的な言語というのは、「神に語りかけられている私」という自覚（この場合、内的経験の解釈）が成り立ってくる地平を構築すると出てくるのだということになります。

私は新約聖書の研究から、新約聖書でもそうなんだと考えざるを得なくなりました。それを書いたのがあとで出てくる『新約思想の構造』という、二〇〇二年に岩波書店から出た本です。その本で述べておりますのは、やはり宗教の一番基本にあるのは「自己」を経験することだということです。他方、人格主義的な言語とか歴史観というものは、聖なるものの働きが、私（たち）に語りかける出来事として経験（解釈―言語化）されるときに出てくるものであるといえると思います。ユダヤ教とキリスト教の場合には、神を人に語りかける「人格」として語るというのが建前です。特にローマを中心としたキリスト教ではそうですから、場所論的なものがあるといっただけでかなりの違和感があるというのが実状です。今年の夏にドイツに行って、新約聖書における場所論ということを話してきました。話せばなるほどそうかとはいうのですが、場所論の座（ホームグラウンド）はやはり自覚ということです。人格主義的神関係の場合、中心は祈りだけれど、場所論的な自覚の中心にはやはりメディテーションがあり、プロテスタントがメディテーションを捨ててしまったのはその点で間違っている。だからメディテーションを復活させなければいけないということを話してきたのですが、これにはかなり同感してくれる人がありました。

ところでその場所論的な言語化というのは、結局は自己の経験（自己にかかわる経験と自覚）を言語化して、それが成り立つ地平（つまり「場所」）を構築するという過程で出てくることなので、そうするとまず自分のなかに自分を超えたものが働いていて、自分を成り立たせている、と語られる。あるいは私が私であるのは自分を超えたものの働きによるといってもいいわけです。いろいろな言い方があると思います。この場合、注意すべきことは、「働き」は経験と自覚の内容ですが、その主体（いわば出どころ）を働く「もの」（神）として立てると、働く「もの」は経験の外にあります。経験とは切り離せないが区別される「もの」です。それは直接に経験される「もの」でも、いわんや観察される「もの」でもなく、宗教的用語では「信」の対象になります。すると以下のように語られます。一般に神は「聖なるもののなかで働く」ともいえますが、また他方では、聖なるものを離れて神の働きは見えませんから、「神は聖なるものとしてそこで働いている」というふうにいうこともできるわけです。先に掲げた(1)式の右辺第2項のH↓がそれを含意しています。世界を超えたものが世界内のものとしてそこで働いているという言い方です。また世界内のものを通して世界を超えたものが働いているという言い方もあり、(1)式のG↓H↓がそれです。世界内のものが世界を超えたもののなかにあるという言い方も可能です。(1)式の（H in G）がそれです。どれが表面に出てくるかは時と場合、あるいは伝統によって違います。

とにかく場所論というのはそういう自覚の言語化で、そういう意味で表現言語だということです。自覚の表現だというのは自己経験の表現で、「超越」という言葉を使うのも、そういう自覚を語り得るような地平を切り開くことであるわけです。それは超越が自分のなかで、自分を通して、自分として、働いているという自覚で、ですから超越とは、自分を超えているものの自分のなかでの働きとして自覚される現実性のことなのです。どうしても自覚というものについて語らなければならない、そういうものを語り得るために、超越について言及しなければならない。そういう理解可能な現実性を立てなければならない。それが働く「場」と「場所」を立てなくてはならない。場合によっては「神」を立てなければならない。それは客観的事実ではないが自覚を語るについて必要なもの、むしろ自覚を成り立たせるような地平です。そういうものが切り開かれ、それについて語るということがなされていく。それが場所論です。そういう場合の語り方ですが、これは表現言語だということが中心になり、形容詞的だということがまずあります。これは表現だからそうなので、表現というのはまずは「なになにのような」という比喩、つまり形容になるわけです。表現言語は理解されなくては無意味です。比喩は理解してもらうための言語上の工夫、手段です。

5　表現言語の特性

もう一歩突っ込んでいうと、我々は比喩を使って、それは「こういうようなものだ」、「たとえていえばこういうようなもの」というように、目に見えないもの（ないし眼前にないもの）を目に見えるものを使って言い表すわけです。一例を挙げれば、「花のような女性」という比喩があります。「花のような」は形容句ですが、比喩と形容というのは重なってきます。人に説明するために「花のような」といいますが、花にもバラや梅やひまわりなどいろいろあり、たとえば「白梅のような女性」は最近はあまりいなくなってしまいました。これは余計な話ですが、そのように、「花のような」という比喩が女性の形容として使われるわけです。実は「場」も「場所」も「人格」も、神について用いられるときは、比喩なのです。神は日常言語の意味での場でも人格でもありません。ただし、だからといって決して現実性を欠いたものではありません。自覚にあらわれる現実性の内容を、こういう日常生活から借用した用語で言い表すのです。

さらに表現言語では、名詞にも形容詞を名詞化した抽象名詞が多いということがあります。ラテン語の場合は語尾にtaがつきますが、英語に直すと語尾がtyになります。確かサンスクリットでも語尾がtāになると思います。形容詞を名詞化した名詞は非常に多いと思いますが、そういう形容詞を名詞化した言葉を扱う場合、注意すべきことがあります。たとえば大きさや美しさ、かわいらしさなどがそうですが、美しさについては「美しい絵」、「美しい景色」あるいは「美しい女性」はあります。では「美しさ」自身はどうかというと、それがイデアとして客観的に実在するといったのはプラトンですね。これがプラトン主義で、弟子のアリストテレスには、実体なしに性質が独立して存在しているわけがないと批判されるわけですが、それははなはだもっともな批判で、アリストテレスの言い分が当たっていると思います。「美しさ」自身は客観的実在ではありません。ただしプラトン主義は生き延び、形容詞的なものが実体化されるということも起こってくるのですが、しかし元に戻って考えてみれば、名詞化された形容詞に指示対象はありません。ないのが当然です。美しさとか、大きさとか、かわいらしさとか、甘さとか辛さは客観的な実体ではありませんから、指示現実はあっても指示対象はありません。あると誤解したのは、キリスト教というよりはプラトニズムがそうで、抽象名詞もイデア化されると実体だということになってしまいます。これは非常に大きな問題で、アリストテレスの批判にもかかわらず、抽象名詞が実体化されて観念論的・実体論的な哲学ができてきます。それについて多くを語る必要はないと思いますが、ヘーゲル以降の哲学を見ていきますと、それが解体され、特に前世紀の言語哲学においてそういうことが起こったと思いますが、一つの解釈上の原則として、名詞化された形容詞を対象化・実体化してはいけないという明らかな心得があります。これらは感覚される現実性で、感覚は自覚されると表現されますが、その表現は理解されます。表現され理解される現実性があります。それは「客観的なもの」に比べてより低い現実性だとはいえません。それが非現実なら痛みという感覚も、生きている実感も、心も、芸術や宗教も、非現実です。表現、理解される現実性があり、それを語る言葉は「虚」ではなく、現「実」的です。

哲学者という人間は反省に長けているはずですが、ときどき名詞化された形容詞を直接に実体化してそれが実体的な存在であるかのように語るわけです。「真理」なんていうものもそうで、真である言説とか真である意見、真である思考というようなものはありますが、真理そのものというのは実体化してはいけないのです。ギリシャ語でアレーテイア（真理）という言葉がありますが、これはプラトンの場合は、中心的なイデアになっています。イデア世界が真理そのもので真理の世界なのですが、そういう世界を客観的実在として立てるということ自体、言語批判からいってもそうですが、人間の思考の正しさからいっても、非常に大きな問題があり、このような考え方は西洋哲学の主流にはなりましたが、現代でも維持されるようなものではないと私は思っております。

それから宗教言語というものは実体ではなく働きを語るもので、（1）式の矢印がそれを示しています。つまり、それは本質的に動詞文だということがあります。つまりそれは動能とかかわっているわけで宗教言語は、人間ってどういうものかといっているだけではなく、人間はいかに生かされ、また生きるものなのかという自覚にかかわってきますので、文は本質上動詞的です。つまり宗教言語は表現言語内の動詞文であるわけで、その場合の動詞というのは記述言語の動詞ではありません。たとえば「一頭の馬が走っている」とか「自動車が走っている」といった場合の「走る」は記述言語で使われた動詞ですが、宗教言語の場合はそうではなく、小説のなかで「馬が走っている」と記述されていても、それは表現言語の枠内で用いられる動詞文だということで、客観的検証の対象にはなりません。これも注意しておく必要があります。

特に自覚は働きの自覚で、これは仏教の場合もそうですが、キリスト教の場合も同様です。キリストとか聖霊というのは、場所論的な言語のなかでは非常にはっきりしていますが「働き」なんです。キリスト教は人格主義的だということになっていますが、それは一面の真実です。たとえばパウロには「キリストは私にとっては生きることだ」という言葉があります。これは新約聖書の「ピリピの信徒への手紙」の一章21節ですが、直訳すると「私にとっては生きることがキリストだ」となります。「キリスト」が述語で主語が「生きること」なのです。だから「キリストって何だ」という問いに対する答えが文字通り、「それは私が生きていることだ」ということなのです。まるで禅問答です。ですからキリストとは生かす働きであって、実体でもなければ人格でもないのです。キリストに対する祈りというものがあります。パウロ書簡にも一箇所あって（Ⅱコリント一二7―9）、その場合は人格主義的に考えられていますが、場所論的キリスト把握ではキリストが働きとしてとらえられているということが中心的なことであります。

先ほど申しましたように、場というものは働きの場で、つまり場のなかに置かれた個が場所の働きを映して働き、その働きが自覚されるわけです。個が場の働きに対して閉ざされていると自覚されませんが、個が場に対して開かれると場の働きを映して個が働き出し、さらにその働きが自覚されて言葉になると宗教言語になるのですが、宗教言語というのはその働きを語っているから基本的に動詞文になります。キリスト教でもそうです。

旧約聖書の神は確かに人格神として語られていますが、必ずしもそうばかりではないのです。「出エジプト記」（三13―14）のモーセの召命のところで、モーセが神に「私は同胞に神を何といって紹介したらいいでしょうか」というと、神が答えて「私の名前はエヒエ・アシェル・エヒエだ」と、神の名前が出てきます。これは I shall be that I shall be と訳されていますが、つまり I shall be というのが述語で、「私は I shall be だ」というのですが、実は be と訳された語は be ではなく become なんです。ドイツ語に訳して、「私はエヒエだ（Ich bin der Werdende, 英語に直訳すればI am the Becoming）」というのが一番いいだろうと私は思います。これはもちろん「成るもの」の意で、「成るもの」というのは「私だけが〈なる〉」というのではなく、「世界と歴史全体を含んで〈なる〉」ということで、その辺に注意していただきたいと思います。自分だけが何かになるのではなく、世界と歴史とを含んで成っていくのです。でもドイツ語では男性形じゃないかといわれればそれはそうですが、しかしこれは動詞的だということは明らかです。新約聖書でも人間が普通名詞ではなく、分詞に冠詞をつけた形で示される例が「ヨハネによる第一の手紙」の四章7節以下にありますが（たとえばthe loving）、こういう形が特にヨハネ文書にたくさんあります。人間のことを分詞で表すのです。それは名詞化された動詞です。実体ではなくて「働いているもの」です。働く内容はいろいろになりますが、「働いているもの」は動詞的です。

　したがって使われる名詞も非常に動詞的です。動名詞という動詞を名詞化したものがありますね。生、死、歩行、走行、労働、運動、思考、表象、想像、希望、絶望等々みんなそうですが、特に生とか死がそうで、生は「生まれること」、「生きること」です。これを記述言語の普通名詞ととると、生という普通名詞が指示する実体的な対象があるというふうに考えてしまいます。そうすると生命という実体があるかのような仮象を生じ、そういうものはないのに生命という実体があるかのように考える。これはやはり我々が記述言語を使っている習慣によるものと思います。記述言語の普通名詞には必ず指示対象がありますから、生という単語を記述言語の普通名詞だと誤解すると、それには実体的な指示対象があるはずだからそれを「生命」というわけで、すると生命という客体的な「もの」が何かあるような気がしてきます。表現言語である心とか魂も同じで、心とか魂というような実体を考えて、それが人間の体に入ってくると人間が生き、出ていくと死ぬというような表象が広くありますが、それもたとえば心なら心、命なら命、あるいは命と心を一つにしたものを記述言語の普通名詞だと考えると実体的な対象があるということになりますから、魂というような実体的なものが考えられてきます。しかし「こころ」とは表現と了解の働きを名詞化したものだから、これは自覚表現言語の動名詞だということがわかってみれば、実際には実体的対象はないということがはっきりします。「魂」も「いのちのいとなみ」を実体化して言い表したもので、同様です。つまり「心」とか「生」（生きている実感、経験）が自覚・表現言語の動名詞なんだということがはっきりすると、そういう仮象が消えていきます。宗教言語は誤解されてそういう仮象を生み出しやすいのです。

とにかく宗教言語の動詞というものは表現言語における動詞で、したがって宗教言語が動詞的であるということは名詞も本質上動名詞であることが非常に多く、動名詞として理解しなければならないということがあると思います。一般に名詞が文に用いられるときも同様なのです。特に注意されるべきなのが主語で、これは他のものから区別され際立たされうるものでなければなりませんが、個物が主語となった場合でも、これは他から区別されうるまとまりをもった「動態」なのです。働く神を神というように、働く人（動態における人）が人なのです。実は記述言語の場合でも、名詞は元来は動態であることが多いのです。自己同一的な「個そのもの」ではありません。「馬が走る」というときの「馬」とは、「馬」として際立たせうるまとまりの動態です。あらゆる動きを通して「不変」の「実体」ではありません。すると述語は可能な動きや作用のなかから一つを特定する、ということになります。

「神は愛である」という文が動詞文の一つの典型です。つまり名詞化された形容詞か動名詞が宗教言語の名詞の基本で、私は新約聖書を分析していて実際にそう思います。私は仏教のことはよくわかりませんが、聞いたところでは、たとえばタターガタ（如来）という語は分詞だということですが、「タタ・ター」も名詞化された形容詞ですね。あるいはダルマという言葉も「支える」とか「担う」という動詞が名詞化されたものとってよければ、これもやはりある場合は動名詞的であり、ある場合は分詞的だということになるでしょうし、動名詞的だというふうに考えられるのではないでしょうか。

そうすると、キリスト教の場合が特にそうですが、仏教の場合でも、基本的な文献を読み、あるいは了解する、あるいはそれを思想的に再構築する場合、そこに出てくる名詞、つまり名詞化された形容詞や動詞に実体的な対象があると考えるのは、基本的に間違いなのではないかと私は思います。そう読んでしまう方が悪いので、実際に客観化・実体化しているテキストもあるのでしょうが、基本的にはテキストが悪いのではないと思います。あくまでも言語化の中心は自覚にあるのですが、ただこの自覚を語るということについて、自覚が成り立ってくる地平を構築すると、どうしてもそういう個を超えた現実性について語らざるを得ないということになってきます。

ですから「キリスト」といった場合も新約聖書ではいろいろな使い方があるわけで、人格として表象される場合も確かにありますが、それだけではなく、「私はキリストのなかにある」という文では「私」はキリストの作用圏のなかにあるわけですし、あるいはパウロの「もはや私が生きているのではない、キリストが私のなかで生きているのだ」（ガラテア二20）という言葉にしても同様で、パウロの身体はキリストの働きが宿る場所になります。キリストはパウロの自我を超えて生かす主体となります。こういうとキリストがパウロに憑いているみたいな感じがしますが、そうではありません。これは神の働きと身体の働きの「作用的一」性のことです。もう一つ、パウロは自分の伝道について、「これはキリストが私を通してやったことだ」といっています（ローマ一五18）。これもとりようによるとパウロがホースでキリストが水であるような感じがしますが、それと先ほどの言葉を一緒にしてみるとそうではなく、パウロはこの場合キリストを働きとして理解していることがわかります。つまり神は働きの場で、そこに人間が置かれると、人間の身体が神の働きの場所となる。換言すると、生が神と身体の作用的一として自覚されてくるのです。キリストというのは人間の全人格がそれに生かされて生きる働きなのであり、だから「私はキリストのなかにある」とか「キリストが私のなかにある」とか「キリストが私を通して働く」とか、あるいは「キリストとは何か、私が生きていることだ」ということがいわれるわけです。これらの例が一番典型的ですが、人格主義ではこういう言葉は理解できませんから、これらは人格主義的キリスト教ではほとんど理解されないままに放り出されていま す。しかしこれは元に戻って考え直さなければいけない問題です。

他方では、そういう働きを人格主義的に言い直すこともできるわけで、それが二つの言い表し方があるということです。しかしそれらは元来は表現言語における語りであって、決して記述言語ではありません。キリスト教の全体を記述言語として受け取り、名詞には実体的な指示対象があるものとして考えるのは間違いなのですが、わかりやすくするためにはそういわざるを得なかったのでしょう。こういう間違いのためにキリスト教は現代になって信用をなくし、ひとことでいえば、神様なんて宇宙のどこを探してもいないじゃないの、というお話になっているわけです。だからそうではないということをはっきりさせなければならないわけです。「神」という語（表現言語の動名詞）には客観的な指示「対象」はないのです。

私がそういうことを強く思うにいたったについては、仏教との対話が非常に大きな役割を果たしています。仏教の方と話したり、仏教の文献を了解したりするなかでそういうことに対する理解が明らかになってきたという面があると思います。

質疑応答

一応これで話を終わらせていただきまして、あとは質疑応答を受けさせていただきます。

司会　今日お集まりの皆さんは、宗学についてはそれぞれ何年もかけて勉強してきたという方ばかりであろうと拝察しますが、駒澤大学のなかにいるだけでは八木先生のこのようなご発表をおうかがいする機会はそれほど多いわけではありません。ご発表を十全に理解できたかといわれれば、何を隠そう、私もとても全部を理解できたなどとおこがましいことをいうつもりは全くございません。私は禅が専門ではありますが、禅では教外別伝・不立文字ということをいいつつも、一方で道元禅師は真理は言い尽くせると『正法眼蔵』の「道得」の巻にお書きになっています。にもかかわらず『正法眼蔵』全体がなかなか難解でわかりづらいわけですが、それはいみじくも先生にお作りいただいたレジュメにあるように、「経験の対象の客観的記述ではない」という世界に照らし、道元禅師もこうなのかなと思いながら以下のお話を拝聴したような次第でございます。そんな恥をさらしながらでございますが、仲間内の会ですので忌憚のないご意見、あるいはご感想も含めていただければと思います。それではタターガタやダルマの話が最後の方で示されましたから、金子さんから口火を切っていただきましょうか。

金子　宗学研究部門の研究員の金子と申します。本日は大変学識に富むお話を興味深く拝聴させていただきました。おそらく本日はほかの方々から禅なり宗学とのかかわりにおいてのご質問が出るかと思いますが、私は宗学を勉強する以前よりインド仏教と申しますか仏教論理学を勉強させていただいた経緯から、本日の先生のお話を大変興味深く聞かせていただきましたので、そうしたところから二、三おうかがいいたしたいと思います。

お話の二番目の言語の種類というところで、先生は記述、表現、動能と分類してお話をされており、そのなかで仏教というのは表現言語で説かれているということや、あるいは後ろの方で論理学ということに触れられ、論理学は思考の自覚としての理性の表現言語だというお話をされましたが、インド仏教哲学では、さまざまな哲学諸派との論争のなかで、ディグナーガやダルマキールティといった学匠たちによって、所謂、仏教論理学というものが確立され、発展していった経緯があるわけです。

言語とは何かというお話のなかで、記号に関し、記号の性質云々ということで大変詳しくお話をいただきましたが、そうしたことに関して、たとえば仏教論理学ではアンヤーポーハなどといい、「ウシ」という言葉が指し示す個物としてのウシというのは実際に存在するしないという話なのではなく、ウシ以外のものを排除するという観点において「ウシ」と表現するという学説があります。また直接経験と間接経験云々というお話がありましたが、そうしたことに関しても仏教認識論では直接知覚と推量ということをいいます。そのようにして釈尊が残されたさまざまな仏教の教説の正当性を証明するためにさまざまに論理学的な展開を見せていったわけですが、そうした経緯を眺めれば、どちらかといえば表現言語としてよりは記述言語として、仏教経典の所説の正当性の証明に非常に多くの論争が費やされたと私は認識していたものですから、そのような意味で、今日の先生のお話を興味深い思いでお聞きしました。もしよろしければそうした点について先生のご見解をお聞かせいただけないでしょうか。

八木　ありがとうございます。私は仏教のことについて詳しく知らないものですから、いろいろなことを申してはおりますが、問題点がありましたらどうぞご遠慮なくご指摘・ご教示いただきたいと思います。私はよく知りませんが、初期仏教の発展のなかで、たとえば説一切有部というような学派が育ってまいりますが、説一切有部の学派で語られている言語はどうも記述的ですね。

金子　そのように思います。

八木　そういうような考え方に対して、たとえばナーガールジュナが反論するわけですが、そのナーガールジュナの言語論は私は非常に表現的だと思います。つまり仏教言語は記述言語ではないと一所懸命いっているということで、特にそういう流れのなかで禅が成立しますが、禅というのは不立文字で、ある意味では表現言語への方向を突き詰めたものだと思います。禅の場合、禅の言葉というのは繰り返し繰り返し――これは私の言葉ですが――、自覚の表現言語であって記述言語ではないということが語られているように私は思います。ですから働きが自覚されてくるという、あるいは自覚されてくる働きを述べるということのなかで言語化の営みがなされているので、そのように見ないと、たとえば『碧巌録』に出てくるような言葉は実に奇妙で受け入れられないということになるのではないでしょうか。原始仏教のことについては私はそれ以上詳しくは申せませんが、それでよろしいでしょうか。

金子　いま先生がおっしゃられたなかで、ナーガールジュナの著作が記述言語を否定した意味での表現言語だとおっしゃられたところに関して、私も賛同させていただきたいと思います。ありがとうございました。

質問者A　私はこの大学を卒業してときどき聴講に来ているというだけであまり勉強をしたことはないのですが、レジュメの二頁目にGとかHなどの式がありますね。余談ですが、駒澤大学ではこのG in HとかH in Gというのはヒンドゥー的な考えだと否定されることが多いのですが、それはそれとしまして、ここに書いてあるのはある面で時間的というか平面的な流れであり、G in HとかH in Gというのが到達点ととるのでしょうか、それとも循環するものでしょうか。

八木　そうではないんです。もっと詳しくお話ししなければいけないのですが、Godの頭文字をとって仮にGとしましたけれど、これは宗教哲学的にいえば超越あるいは絶対といってもかまわないので、それを仮にGと言い表しただけです。ただ「超越」と書くと人格的存在ではなくなってしまうものですから、Gと書いて、実はこれは場所論的だが、また人格主義的な含みをもっているというふうにいえば両方入るものですから、仮にそのように書いているわけです。神については人格主義的な用語と場所論的な用語の両方を使って語ることができるということで、ですから神が人格神で「ある」といっているわけではないという点をご了解いただきたいと思います。ここでいわれていることは作用的一のことで、実体同士の相互内在（たとえばアートマンとブラーフマンの実体的一）ではありません。それから右辺は左辺が含んでいることを取り出しただけです。つまりこの世界内の聖なるものに世界を超えたものが働いているという言い方は、もっと分析的にそこで語られている内容を一つ一つ取り出してみるとこういう形になっているということです。

質問者A　そうすると「自分が生きている」というようなパウロの言葉がありましたね。そういうようなことはG　in　HでありH　in　Gそのものだということにもなるのでしょうか。

八木　キリストをC、パウロをPと書きますと、パウロが「私の伝道は、実はキリストが私を通してやったこと（C→P→）だ」というのはこうなります「C→P→＝C→／P→／（C　in　P）→／（P　in　C）→」。右辺が一体何を含んでいるかというと、まずCがあって働いているということです（C→）。パウロはパウロとして伝道している（P→）、それからキリストがパウロのなかにあって働いている（C　in　P）→と。それからパウロがキリストの作用圏のなかにあって働いている（P　in　C）→という形になって、これは全部が新約聖書のなかにあるわけです。ですからパウロがいっている一番基本的なところはC→P→で、これをもっと個々のものに分析して言い表すと右辺のようになるし、実際パウロはこのように語っているという意味です。ですから時間的なプロセスとか、こっちが目的だとかあるいは結果だとかいうことではなくて、本当はここに働きの対象（M）が入るわけです（C→P→M）。たとえば伝道の相手としての人間（M）などが入るのですが、ここではそれは省略しております。実はこれはもっと展開しないといけないので、これの展開は第二回と第三回の講演の内容になっております。

質問者B　私は大学院の研究生で、あまり長いこと勉強しているわけではありませんがおうかがいします。

ちょっと焦点がずれるかもしれませんが、先生は言語というのは情報を伝える記号体系であり、その言語の機能として記述と表現と動能というお話があったのですが、何かを伝える方法として宗教音楽がありますね。讃美歌でも「カンタータ」でもそうでしょうが、それなどは私が見ますと表現のなかに入るわけで、ということは言語と音楽みたいなもので宗教的なものを伝えるということの関係はどのように考えたらよいでしょうか。

八木　最初に申しましたように、記号というものは非常に広いんです。一般的な定義としては、（以下板書して説明）「ｐならばｑ」というふうにいえる場合、ｐはｑの記号でｑはｐの意味です。これは一番広い記号の定義です。たとえば夏の夕方に黒い雲がもこもこと上がってきて天を覆うと、雷鳴がして雨が降るわけですが、その場合、雲がわいてきたというのは雷雨の記号になります。あるいは、咳はある場合には風邪の記号であり、あるいは気管支炎の記号であり、あるいは肺がんの記号であり、またエヘンと咳払いをしたりすることもあるのですが、そのなかから一つの意味を特定する作業を解釈というわけです。ですから咳も病気の記号でありうるし、あるいは運転するときにハンドルを右に回すと車が右に行きますが、右へ回す操作もやっぱり記号です。ですから記号というものは非常に広いわけで、たとえば花もおいしい蜜がありますよと鳥や昆虫に知らせる記号であるといえますが、ただこれは社会的な約束ではなく自然にそうなっているというだけですから恣意性はありません。ですが動物もそういう意味では本能的に記号を使っていると思います。ですから音楽も記号だといっていえないことはないわけで、いっていえないというよりは、心の表現のもっとも大事なものの一つだと私は思っています。ただしそれが普通は記号といわれないのはなぜかというと、記号表現と意味内容の結合が不明確なんです。たとえばこのようなメロディ、このようなリズム、このような和音がどういう心的内容と結びついているかということが不明確だから、記号として機能させるのは無理なわけです。ただ全体として見ると、テキストを伴っている場合はもちろんそうですが、伴っていなくても、先ほどお挙げになりましたバッハの「カンタータ」や「マタイ受難曲」や「ヨハネ受難曲」のような場合、やはり非常に深い共感を呼び起こしますので、そういう広い意味での表現言語だということは十分いえると思います。ただし言語といっても内容が不確定なので、普通は記号とはいいません。

質問者B すると最後の動能についても、勇ましい音楽を演奏した場合、動能的なものが音楽で伝わったと考えていいですか。

八木 動能作用は大きいと思います。

質問者B すると言語と音楽との違いというのは曖昧さだけの違いですか。

八木 まず音楽とは何かということが問題で、音楽はただの音ではありませんから、音楽といえるためのある条件が少なくともあると思います。太鼓などはリズムしかありませんが、普通はメロディとハーモニーがあるというような、あるいは一定の形式があるというような制約がありますが……。

質問者B たとえば極端なことをいえば、軍歌みたいな元気を出して行けよというような感じのものは？

八木 あれには動能作用があるわけです。ですから音楽とは何かということは一応別にして、ごく普通に考えた場合、音楽には表現機能と動能機能があります。一番乏しいのが記述機能です。標題音楽といわれるものがありまして、ベートーヴェンの「田園交響曲」のなかにカッコウの声が出てきますね。あれが記述だというのですが、記述といってもせいぜいあのぐらいしかないですね。あるいは第四楽章で嵐が出てきて、あれも嵐の記述だというけれどやっぱり正確な記述にはなっていませんから、記述機能が一番低いのですが、表現機能と動能機能は強くもっていると思います。日常言語より深いとさえいえると思います。

質問者B 最後にいまいわれたような音楽や言語を含めて、最近脳生理学が急速な進歩をしていますが、将来そういうものに関して脳生理学が我々に示唆を与える時代が来るでしょうか。

八木　来るといいと思いますが、わかりません（笑）。

質問者B　どうもありがとうございました。

質問者C　前にも先生のお話を聞かせていただいた機会があったので本日も非常に楽しみにしてまいりました。どうもありがとうございました。私は中国仏教というか天台宗の研究をしておりまして、そのことと関連して本日先生からお話しいただいたことについて二点ほど質問させていただきたいと思います。

まず第一点ですが、私が研究しているのは天台大師智顗で、『大智度論』という本に四悉檀という、説法を四つの種類に分けてそれを理解するというようなことが説かれていますが、それを智顗は非常に重要視して自分の説を展開している部分があります。その第一が世界悉檀というもので、これはたぶん先生が今日ご説明になったものでは記述言語というか、わりと一般的な言葉についてのものだと思います。次に為人悉檀という相手に対して説くものと、対治悉檀というのは、私が理解した範囲では今日お話しいただいた動能言語のようなものかなと思いました。それから最後に真理として第一義悉檀という四つを立て、経文をそれぞれ、この部分は第一義悉檀であるとかこの部分は世界悉檀であるというように分けていますが、たとえばキリスト教の研究において聖書のなかの言葉をそれぞれ分けていくようなことがなされているのでしょうかというのが第一点です。

二つ目ですが、とても興味深く思ったことがあります。今日のレジュメの三頁の場所論的言語化の説明のなかで「場におかれた個が、場に開かれると、その場の働きを映して働くようになると語られる」とありますが、この「場に開かれる」ということの具体的意味がどういうものなのか、何となくわかるような気もしますが、先生のお言葉でもう一度ご説明いただければと思います。『法華経』のなかで仏智見の開示悟入ということが説かれています。仏智見が開かれ示され、それを悟って法華の会座のなかでそれに帰入させるというような大事な部分で、そこにおける開というのは普通に開くということで理解するのですが、その具体的意味というのはどういうことなのかなということをいつも考えていたところ、先生の本日のレジュメのなかに開かれるということがあったので興味深く思いました。この二点についてお教えいただければと思います。よろしくお願いします。

八木　大変大きな問題ですから簡単にはお答えできませんが、第二の点から申しますと、簡単に「場に開かれる」と書いてしまいましたが、では「場に対して閉ざされている」とは何かという問題があるわけです。閉ざされているという状態は一体どういうことなのか。それは結局自我の問題なので、これは仏のいのちというか働きというか、それと自我を区別して考えるとよくわかりますが、つまり悟っていない単なる自我はどういうものかというと、まずは悟りの世界がみえないままで通念的な言語世界が現実自身と混同されている状態のなかでエゴイズムが育ってくる場合というふうに、極めて簡単にいえばそのように考えていただきたいのです。そのような自我というものは結局開かれていないわけで、どこに開かれていないかというと、第一に身体性について開かれていないのです。人間は身体だというのが私自身の考えで、これは新約聖書あるいは仏教に共通する考えだと思いますが、自我が身体性について閉ざされているので自我がそれだけで自己閉鎖的な系（情報処理システム）になっています。身体に対して開かれていないということは、出会いに対しても開かれていないわけです。

それはつまり自分の外にあるもの、自然的なものといった方がいいかもしれませんが、あるいは人間に対する出会い、これも先ほど申しましたようなことで、直接的な出会いというのは失われており、現実一般を通念で了解して通念の通りに扱い、しかもそれを自己中心的に操作するというようになっていますので、その場合には閉ざされているということになります。身体に対しても閉ざされており、他者との交わりに対しても閉ざされている、それから直接経験一般に対して閉ざされているということがあって、自己中心的な我執が育ってくる。それが清算されないと開かれるということにはならないんです。そこにはそういう自我の死と再生ということがあるのですが、そこを詳しくお話しし出すと全体を話さなければなりませんので、いまここでは場に閉ざされるというのはどういうことか、閉ざしているのは結局通念的自我が自己中心的になっている場合だと、それだけ指摘させていただきます。要するに「無明」のことです。それからいまのことと関連すると思いますが、いまの問題は、どういう相手に対してはどのように語るかという、語り方の問題だったのでしょうか。

質問者C　語り方というか、私が申し上げた四悉檀というのは解釈の仕方ということになると思いますが、その教え自体を（以下音量不足のため聴取不能）。

八木　いまうかがった範囲では記述言語、表現言語というカテゴリーとは違うように思うのですが、その点はもっと詳しくお話をうかがってみないと私はここで即答できません。表現か記述かというのは言語の性質で、もちろん対象ともかかわることですけれども、相手次第で語り方を変えるというようなことについてもいろいろなカテゴリーがありますから（キリスト宣教、教義、説教、弁証、倫理など）、その点はもう少しお話をうかがってみないと申しわけありませんがここではお答えできません。

質問者C　私の方も少し考えてみます。ありがとうございました。

横井　曹洞宗総合研究センター宗学研究部門の横井と申します。本日は大変有意義なお話をうかがわせていただきありがとうございました。先ほどの金子さんの質問にも少しかかわることで、宗教言語は表現言語であると書かれていますが、仏教言語という言葉をもし使うとすれば、仏教言語は一体どうなのかということなのですが、その場合、記述言語の部分もあるし表現言語といえるような部分もあるし、動能言語と先生がおっしゃられているようなところにも重なってくるような部分があるのではないかと私は思ったりしていますが、その辺のところを先生におうかがいできたらと思います。

と申しますのも、たとえば道元禅師の書かれている書物のなかに、山が説法しているなどというような内容が書かれていることがあるのですが、そういった場合、やはり表現言語というふうに山を理解した方がいいのかなと私なりにいま先生のお話をうかがっていて思いました。けれども山といった場合、実際に記述言語としての山というふうな意味あいで使う場合も仏教のコンテクストによってはあるわけで、それは一つの例ですが、宗教言語は表現言語であるというような命題がここにありますが、仏教の場合はコンテクストによってはこの分類のどこにも重なってくる部分があるのではないかなとちょっと思ったもので、先生にその辺をおうかがいできたらと思います。

八木　時間がありませんから簡単にお答えさせていただきますが、宗教言語は表現言語であるというのは本質上の問題です。本質的にそうだといっているわけで、仏教言語はどうか、あるいはキリスト教言語はどうかというのは、実際に存在する宗教言語はどうかというような問題ですね。それは少し区別しないといけないのですが、区別をすれば当然仏教には記述言語もあり表現言語も動能言語もあって、特に歴史の部門では、過去に関する実証可能な事実を記述しているという意味で記述言語が多いわけです。あるいは歴史学的文献学的な実証研究が使う言語にも記述言語が主になってきますが、これはキリスト教言語の場合でも同じことです。宗教倫理は動能言語で語られます。ですからそのようにいえば記述言語もあり表現言語もあり動能言語もあるので、表現言語だけというつもりはありません。

しかし第二の例で、たとえば山が説法するといった場合、これは記述言語ではありません。「記述言語としてとれば」というのは「科学的にいえば」ということと同じで、物理学的にあるいは地理学的にいえば山が説法するということはありませんから、それは記述言語ではないというのは確かであり、記述言語としては偽ということになります。では山が説法するとどうしていえるかというと、これはやはり自覚に基づいていっているのだと思うのです。自分が自分として成り立っている、そこを考え、そういう経験に基づいていうと、やはり山が説法するといえると思います。山は人間と自然を貫いて働く真理の表現だし、自然には人のこころに働きかけて真理に目覚めさせる自覚喚起的な機能があるからです。しかしそれは文字通り客観的な事実として山が説法しているということではありませんから、元に戻って考えると、やはり自覚がもとで、その自覚に基づいてみると山が真理を表現しているという言い方が出てくると。先ほどは詳しく申しませんでしたが、表現言語のなかにも表現言語の記述性と表現性と動能性があって、たとえば「あそこの桜はきれいだ」というのは、形は記述ですが中心は表現だし、小説なんていうのも形は記述ですが本質は表現です。詩にもそういう場合がよくあると思います。

〈司会〉永井政之（曹洞宗総合研究センター宗学研究部門主任研究員）
奈良康明（曹洞宗総合研究センター所長）
金子宗元（曹洞宗総合研究センター宗学研究部門研究員）
横井教章（曹洞宗総合研究センター宗学研究部門研究員）

第二節　新約聖書の場所論をめぐって

1　自覚表現言語としての場所論とその記号化

前回申し上げたように、言語をその機能別に記述言語・表現言語・動能言語というふうに分けた場合、まず記述言語と表現言語をひとことでいうと、我々が何か経験をする場合、日常的な経験から出発してその経験の対象を客観的に叙述すると記述言語になります。その代表が物理学や化学や生理学、天文学などであり、あるいは叙述である限りの歴史学とか、さらに日常の報道というものもございます。それに対して我々が何かをいかに経験するかという、経験の様態を語ると、花が美しいというような表現言語になる。一般に表現言語というものは外から見えない心のなかの出来事を語り出す言語で、それは自覚されないと言語化されないので、自覚表現言語といった方が正しいと思いますが、ここに位置するのは文学の言語、小説や詩を含め、また民話や神話、イメージを語る言語、特に宗教言語がそうであると考えております。

宗教言語の受け取り方を考えた場合、特にキリスト教の問題ですが、その言語は本来表現言語であるにもかかわらず、それが記述言語であるかのように受け取られる、あるいは主張されることがあると、その主張全体が甚だおかしげなことになってきます。ですからその点ははっきりさせたいわけですが、特に名詞について見ると、名詞は普通名詞・固有名詞・集合名詞・抽象名詞・動名詞というふうに一応分けられます。

普通名詞とは日常的な経験世界の対象で、「山」とか「川」とか、あるいは「建物」とか「机」とか「椅子」とか、「犬」とか「猫」というような名詞です。固有名詞はいうまでもなく「安倍晋三」のように、個人に特有の名前です。集合名詞は「日本」とか「中国」とか「アメリカ」とか、あるいは「東京」や「横浜」

というような名詞で、個の集合を一つのまとまりとして名づけたものです。抽象名詞とはもちろんご承知のように長さや短さなど、ものの性質を名詞化した語、あるいは「正義」や「公正」、「真」や「美」などです。実は「正義」には動能性もあるのでちょっと違うのですが、とにかく形容詞を名詞化した名詞で、これは哲学や宗教の用語としてよく用いられるものです。動名詞は「生」とか「死」などで、「生まれる」、あるいは「生きる」、「死ぬ」という動詞を名詞化して、「生」とか「死」になります。あるいは知覚、感覚、思考など、一般に運動や働きを述べる動詞を名詞化したものです。「……すること」という意味になります。

そのように分けた場合、記述言語は何か客観的な対象について語るわけですから、その対象が存在しないと全然問題にならず、無意味になってしまいます。ですから記述言語で用いられる普通名詞や固有名詞や集合名詞には指示対象が存在しなくてはいけません。それに対して抽象名詞の場合には、たとえば真なる言説や真なる意見、真なる学説というものはありますが、「真そのもの」というようなものは客観的には存在しません。それが存在するといったのはプラトンですが、すぐにアリストテレスに批判されます。つまり性質がそれを担う基体を離れてそれだけで存在するなんていうことはあり得ないということで、プラトニストは抽象名詞の実在を考えましたが、これは客観的な対象としては存在しないと考える方が当然です。動名詞も、たとえば「歩く人間」とか「歩いている馬」とか、あるいは「歩いている犬や猫」はありますが、「歩行」そのものが客観的対象として存在するということはあり得ないので、そのように考えれば動名詞が指示するものは客観的対象としては存在しないということが明らかになります。つまり現実性はあるのですが個別的対象としては存在しないということで、「現実性」と「ある」とはそれぞれどういう意味かということがあらためて問題になりますが、とにかく対象としては存在しないということです。ここで現実性とは、我々にかかわり、働きかけて我々を動かし変えることのできるもののこと、また何かが「ある」とは、その「何か」

について有意味に語りうるということだ、と理解しておきます。

それに対して表現言語である小説とか詩とかドラマとかを考えた場合、形は叙述であっても、そこに出てくる普通名詞や固有名詞や集合名詞は、客観的に指示対象が実在する場合もあれば実在しない場合もあるので、あってもなくてもかまわないということになります。小説やドラマのような場合、「これは架空の話であり、実在の人や団体とは関係ありません」とわざわざ断ることがありますが、対象が実在しなくても、我々がその言語を了解し、何かの意味でその言語に動かされるならば、表現言語には現実性があり、無意味にはなりません。また抽象名詞、動名詞はいずれにしても客観的対象を指示しないわけですから、特に表現言語で語られた場合、表現言語で語っている名詞はいかなる現実性を指示するかということが問題で、その現実というのは客観的な対象ではないということになります。

たとえばキリスト教で「神は実在する」といった場合、よく「神」は記述言語の普通名詞というふうに誤解して考えられます。「神は実在する」というのは、「神」という記号があり、その記号の指示対象があるという意味で「神が存在する」という場合があり、逆にそういう指示対象は存在しないという意味で「神が存在しない」といっている場合がよくあります。記述言語ではそうなります。しかしこのように記述言語で語られる「神」はもともと存在しないのです。

そういう意味で、もし神について語る言語が記述言語だとすると、「神」という名詞の指示対象は本当は存在しなければいけないのに、「神」は検証可能な仕方では存在しないので、だから神について語る言葉は無意味だとか偽りだとかいうことになるのですが、実は神について語る言語は表現言語です。というのは神を観察しながら記述している人は誰もいないからです。そうではなく、ある世界内のことを神秘として経験する、すなわちありがたい尊いもの、畏るべきものとして経験して、その背後にそれを超えたものの働きを認めた場合、「働き」には現実性がありますが、そこで「働くもの」は普通にいう対象ではないわけで、客観的現実性とは違うわけです。それは表現言語で語られます。それで特にキリスト教の場合、もちろん仏教でもそうですが、「超越」とは自分が自分であるというそこに自分を超えた尊い働きがあるという自覚を表現しているわけで、その自覚に現れる現実性を語っているわけです。ですからそれは抽象名詞でいおうと動名詞でいおうと、客観的な対象としては存在しないけれど、ただ働きの現実としては存在するわけです。

前回、たとえば「山が説法する」というような言い方が出てくるが、あれはどういうことかというご質問がありました。記述言語の言語領域と表現言語の言語領域には交叉する領域があるわけで、表現言語の方からは、非常に単純な言い方で申しわけないのですが、自分が自分として成り立っているその底に自分を超えた働きがあると自覚して、それを自覚・表現するところからして、自分あるいは人間あるいは世界を見るという場合、言葉はあまりよくないのですが、いわば自分とか人間とか世界を内側から見るという形になります。それに対して記述言語は世界や人間あるいは自分自身をいわば外側から見ていますが、表現言語で山とか川やあるいは人間について語る場合にも、その語られるものは記述言語の世界のなかにあるわけだから、ここに両言語の交叉点が出てくるわけです。そうすると、宗教言語は外側から見られた世界や事物について内側から語り直すという形になります。たとえば「山」というものは記述言語の世界では外から見たものですが、表現言語の世界でそれを内側から見る、つまり人間の自覚を媒介として見ると、人間は世界を超えた現実性から成り立っているという感覚がありますから、山もそうである、山もその現実性の表現である、ということになる。あるいは、山というか自然には自覚喚起機能がある。すると両言語が重なる部分で「山が説法する」ということがいわれてくるわけです。山は法に担われており、また人の心のなかに法の自覚を喚起するからです。「山の説法」は客観的事実ではないが、表現言語として現実性があります。

この前は音楽の話が出ましたが、たとえば絵を言語として見た場合を考えてみると、絵というものは記述機能が非常に強くて、つまり写実ということが可能なわけです。それに対して人を動かすために訴えかけるところは割に少ないとしても、しかし絵には表現性があります。ですから絵というのも写実の場合は記述言語の領域で描かれたものということになります。しかしどんな絵でも単なる写実ではなく、そこには表現性もあるわけです。つまり自分のイメージを重ねて描いている部分がありますから、絵というのは記述言語の世界を表現言語の世界から見直してそれを外化する（日常的イメージを解体して組み直す）という意味をもっているわけです。音楽の場合にも聴覚の世界でしか現れてこない現実性、あるいは成り立たない現実性があるわけですが、それは絵にしても同様で、視覚という感覚の世界のなかでしか働らかない現実性というものがあるわけです。

それと同様に、自覚の世界でしか現れてこない、あるいは働らかない現実性とがあって、それを我々は表現言語で語るわけです。するとその働きの現実性の地平が「宗教的」現実性として立てられます。実際にそれを語る場合、それが記述言語の世界にかかわってくると、語られる部分が客観的対象にかかわるものとなる。つまり、重なるわけです。そこでその交点を考えると、自覚に現れる現実性から記述言語の世界を見た場合に、山は宗教的現実の表現になりますから、「山が説法する」という言い方が成り立ってくるし、「渓声広長舌」という言い方も成り立ってくるわけです。表現言語が記述言語と重なってくる場合、外から見られた世界を内から言い表すという言い方が成り立ってくる。たとえば「イエスは神の子だ」という。しかしそれは決して客観的な事実の記述ではない、というのはいってみれば当たり前なのですが、第一回目のお話ではそれを申し上げたかったわけです。

こういう領域のことがらでどういうことが語られるかということをこれから申し上げるのですが、今日はとりあえず新約聖書に例をとらせていただきます。

2　新約聖書の場所論

さて、新約聖書の言語には人格主義的なものと場所論的なものがあるということで、キリスト教は人格主義的な宗教だといわれますが、そればかりではなくて場所論的なものもあります。それを示すために少し長いのですが、「ヨハネによる第一の手紙」の四章7節以下を読んでみます。これはイエスの弟子だった使徒ヨハネが書いた手紙ということになっていますが、実は著者はわかりません。ヨハネ的グループと呼ばれる人たちがいたらしく、その人たちが書いたと考えられます。「ヨハネによる福音書」とは非常に近い関係にありますが、著者は同一人とは断定できず、たぶん違うだろうと思われます。書かれた年代はおそらく紀元八〇年から一世紀の終わりの間というふうに考えられています。ですからこれはキリスト教がかなり発展した段階での文章です。

7（わが）愛する者たちよ、互いに愛し合おうではないか。愛は神から出る。そして愛する（愛を行う）者はすべて神から生まれた者で、神を知る。

8愛さない者は神を知らない。神は愛だからである。

9神の愛は私たちのなかで以下のことのうちに顕わされた。すなわち神はその独り子（イエス・キリスト）を世に派遣された。それは彼によって私たちが生きるためであった。

10私たちが神を愛したことではなく、神が私たちを愛してその子を私たちの罪の贖いとして派遣したこと、このことのなかに愛がある。

11（わが）愛する者たちよ、もし神がこのように私たちを愛したのならば、私たちにも互いに愛し合う責務がある。[12]いまだかつて神を見た者はいない。もし私たちが愛し合うなら、神は私たちのなかにとどまり、神の愛は私たちのなかでまっとうされているのである。

[13]神が私たちに聖霊を与えたことによって私たちは、私たちが神のなかにとどまり、神が私たちのなかにとどまることを知る。

[14]また私たちは、父（なる神）が子（イエス・キリスト）を世の救い主として派遣したことを見て証しする。

[15]誰にせよイエスは神の子であると告白する者（があれば）、神はその人のなかにとどまり、その人は神のなかにとどまる。[16]そして私たちは神が私たちのなかに持っている（働かせている）愛を知り、かつ信じたのである。神は愛である。愛のなかにとどまる者は神のなかにとどまり、神はその人のなかにとどまる。

これは神と人との関係を直接に語っています。実は新約聖書にはこういう部分はあまり多くはなく、神と人との間にキリストが入るのが普通です。あとでそのことにも言及しますが、ここは非常にわかりやすく神と人との直接の関係が書かれているということで、まず取り上げてみました。

9節の「神の愛は私たちのなかで以下のことのうちに顕わされた。すなわち神はその独り子を世に派遣された。それは彼によって私たちが生きるためであった」というのは「ヨハネ福音書」の主要なモチーフですが、「父なる神」が「独り子」を世に派遣したというのは人格主義的な言語だといえます。「神」、「独り子」はともに人格（ペルソナ）で、「神」が「独り子」をこの世界に派遣したということを信じた人間は救われるということになるのですが、なぜそうなのかということはもちろん「ヨハネ福音書」などに書いてあります。長くなりますので触れませんが、「独り子」として世に派遣された子が神を啓示するわけで、その子を信じた者は救われる、つまりこの世の支配から脱却して神の支配の下に入るということで、これが人格主義的な言葉でいわれています。

そのあと10節に「神が私たちを愛してその子を私たちの罪の贖いとして派遣したこと、このことのなかに愛がある」とありますが、実はこの「罪の贖い」という言葉は9節の考え方とはかなり違います。「ヨハネ福音書」には「神がみ子を派遣してこの世に神を啓示した」ということが書かれていますが、「罪の贖い」という思想はヨハネにはありません。しかしこれはエルサレムの原始キリスト教教団には最初からあったのです（Ⅰコリント一五3―5など）が、このモチーフを展開したのはパウロでした。ただしパウロはこればかりをいっているのではありません。贖罪論は実は新約聖書の全体ではなく、その重要な一部なのです。

キリスト教の歴史を見るとこの考え方が中心になっていきます。キリスト教はローマに伝えられ、ローマを中心に発展していきます。十六世紀にカトリックとプロテスタントが分かれていくわけですが、それ以前、二世紀以降のローマで発展したキリスト教の中心的なものになっていくのがこの「罪の贖い」ということで、これがキリスト教だと多くの方がお考えだろうと思います。それによると神が人間に戒めを与え、人間は神を信じてその戒めを守れば祝福され、それを破れば罰を与えられるという「契約」が神とイスラエルの民の間に結ばれたわけです。この契約は全人類にまで拡張されていきますが、人間はみんな罪を犯した、だから神の罰を受けて滅びなければならない、しかし罪のない神の子イエス・キリストが人間の罪を背負って十字架の上で死んだ。これが人間の罪の贖いとなり、こうして人間は罪があるままで神の前に罪のない存在として通用するようになった。つまりイエス・キリストを救い主と信じる者は神の前に罪のない人間として通用するようになるから、神の民に加えられる、したがって終末が来たときには神の国に入る。ほぼこういう教えです。この思想が普通キリスト教の中心というふうに考えられているのですが、これは新約聖書では重要ではあっても、あくまでもその一部にすぎません。しかもこれは人格主義的な言語で語られております。だからもちろん新約聖書には人格主義的な言語があるわけです。

それに対し、ここで挙げたように、人間が神のなかに、神が人間のなかにということを語る神学もあります。私はこれを「場所論的」と呼ぶことにしています。「場所」というのはもちろん西田哲学の「場所」という言葉を借りたわけで、ではどうして場所論というのかというと、「人間は神のなかにある」という場合、人間とは何かというと、神の働きが宿る「場所」です。区別をすれば「神」というのは「人間」がそこに置かれている働きの「場」で、「人間」というのは「神」の働きを宿す「場所」だということで、こういう考え方があるわけです。

ただしこの前もちょっと申しましたように、人間が神という場のなかに置かれているからといって神の働きをすぐ映すわけではありません。なぜならそこには断絶があるからです。それは人間が自我を絶対化させることによって生じた断絶です。そこで人間が信仰によって古い自我に死んで新しく甦るという場合に人間は神の働きを宿す場所になるわけで、それは聖霊が与えられたというふうにもいわれるわけです。

こういう言い方で神と人間との関係を直接に語っている箇所はそうたくさんはないのですが、神と人との間にキリストを入れる言い方はたくさんあります。人間と神の直接の関係をいっている場所としては「ピリピの信徒への手紙」の二章の13節などがあり、神が人間のなかで働いて人間に（救いへの）願いと（生きる）意欲とを成り立たせるのだといわれますが、これも一つの典型的な場所論的な言辞です。

場所論的な考えは記号化するととてもわかりやすくて便利です。私は、はじめメモをするために記号を使っていたのですが、記号化すると場所論的な神学がとてもよく表現されるということに気づきました。記号化をすると命題を変形させていくことが可能になり、変形すると別の形の思想がちゃんと出てくるので、私

$$G\rightarrow M\rightarrow = G\rightarrow / M\rightarrow / (G\ \mathrm{in}\ M)\rightarrow / (M\ \mathrm{in}\ G)\rightarrow \qquad (1)$$

は記号で書くことにしているわけです。ところでこれは場所「論」の記号化ですから、まずは単語と文が記号化されるわけです。神をG→とする、というのは、まずは場所論における神という言葉をG→で示すことだと了解してください。すると結局は記号は作用の場における神と人との関係を述べることになります。さてここではとりあえず神をG→、人間をM→と書いておりますが、このGをダルマのDとか、あるいは如来のTとか、もしくは阿弥陀仏のAと入れ替えると仏教思想の表現になるということに気づきました。それは第三節に申し上げます。第一節項4の(1)式を、HをMに代えて再録します。

G→は神という実体があってそれが働く（作用する）ということではありません。G→とは、まずは「働く神」のことで、「働く神」が神である。「場」の働きとして経験される働きの「主体」（経験の外にある）が設定されているわけです。太陽と、太陽の作用の場を区別しつつ、両者をあわせて「働く太陽」というようなものです。これが場所論の神です。M→についても、Mという「存在」は「働き」を含んで存在なのだ、という意味に解してください。Mは実体ではなく、まとまりをもつ動態のことです。動態とは、相互作用のなかにある、ということです。

(1)式には先の引用文でいわれていることが記号化されています。人間が神という場のなかにある（G in M）ということは、人が神からの働きを受けているということですが、ここではその働きが成就したという仮定のもとで書いてあります。そうでないと全体がものすごく複雑になってしまうからです。人間が神の働きに開かれ、神の働きを宿して、それが成り立っているということを前提として書きます。G→M→とはここでは人の愛が神から出ている、ということです。自分が自分であるのは自分を超えたところで成り立っているのだというように、自分の身体性ということを一つの神秘としてとらえると、自分を超えたものがそこで働いているという言い方が出てきます。それによって人の愛が成り立つというのです。右辺を＝でつなぐのはあまりうまくないかもしれませんが、左辺に含まれているものを取り出して右辺で分析的に言い表していく、つまり言い換えていくことになるという意味です。

たとえば「月」は「地球の衛星」と言い換えることができます。「月」という語の意味と「地球の衛星」という語の意味は違いますが、しかし言い換えとしては可能です。そういう言い換えの意味で＝を使うと、左辺で語られていることを記号化できます。すると右辺の第1項はやっぱり「神様がいて働いている」（働く神）ということになるのです（G↓）。ここでは人間が人間として働いていること（M↓）を愛と考えてください。神が神として働いて、人間が愛として働いているとき、ではGとMの関係はどうなっているかというと、神の働きが人間のなかに宿り、そこで神が働いている（G in M）↓ということになります。逆にいうと、人間が神という働きの場のなかにあってその働きを映して働いているという言い方も出てくるわけです（M in G）↓。これはいま読んだ聖書の箇所のなかではいちいちはっきりとは書いてありませんが、含意はされています。つまり、人間は愛だけれど、この愛は神から出ているのであり、それを自覚したときに、人は自分のなかで「神が働いている」と語るわけです。それはつまり神の働きが人間のなかで現実化していることで、それは別の面から見れば人間が神という働きの場のなかに置かれていることだ、と語られているわけです。

さらに若干コメントをすると、G↓M↓の右端の矢印は作用的一で、私はこれは非常に重要なことだと思います。人間と神とが実体的一になるということはあり得ないわけです。そうではなく人間の働きが神の働きで、愛は神から出るというふうにいわれたときに、人間の愛は神の働きを映しているので、そうすると人

$$G\to M\to = G\to / M\to / (G \text{ in } M)\to / (M \text{ in } G)\to$$
$$= (M_m\to M_n)\cdot(M_n\to M_m) = (M_m \text{ in } M_n)\cdot(M_n \text{ in } M_m) \qquad (2)$$

間の愛は人間の愛でありながら神の愛であるという意味で作用的一が成り立っています。これは作用的一であって実体的一ではないというのは根本的な大事なところで、だから「愛は神から出る」といっていても「愛が神だ」とはいっていないし、「人間が神だ」とももちろんいっていないし、「愛において神と人間が協力する」ともいっていない。神と人の一は実体的一でもなく協力の一でもなく作用的一なのです。

さらに言い換えれば人間同士が「愛し合う」ということになります、(1)式に第2行目をつけ加えます。これを(2)式とします。これは任意の人間M_mとM_nが愛し合っているという意味です。「・」はここではandを意味します（愛し合うことが成就しているから）。（$M_m \leftrightarrow M_n$）と書くこともできます。

多少説明を要すると思いますが、これはコミュニケーションということで、コミュニケーションとは何かというと、相手が自分に何かを提供してくれる場合、私はそれをただもらうわけではありません。それは自分の一部に転換されるわけで、そうでないと異物ということになります。言葉であれ、物であれ情報であれ、あるいはその他のものであれ、もらったものが自分の一部に転換され、こうして大なり小なり変化した自分が、また相手に働きかけるとき、相手とのコミュニケーションが成り立っているといえるわけで、それは自分のなかに相手を宿すということになります。自分のなかに相手の表現があるという意味です。逆にいうと、私なら私のなかにあるものを考えると、「なか」というのは比喩的な表現ですが、私のなかには純粋に私だけのものというものはなく、外から来たもの、外から与えられたものが自分の一部に転換されている。これは相互滲透ともいえるわけです。コミュニケーションというのはそういうこと

$$G\to M\to = G\to / M\to / (G \text{ in } M)\to / (M \text{ in } G)\to$$
$$= (M_m\to M_n)\cdot(M_n\to M_m) = (M_m \text{ in } M_n)\cdot(M_n \text{ in } M_m)$$
$$\Rightarrow M_{intgr} \qquad (3)$$

で、それを(2)のような式で書きます。私はこのような関係をフロント構造と呼んでいます。

次に、「私たちのなかで神の愛がまっとうされる」という言い方がありますが、これは単に任意の個人と個人の関係だけでなく、ここで一つの共同体ができるわけで、これがキリスト教の特色であるともいえます。単なる個人でもないし、我と汝という関係でもない、神の働きの場のなかで一つの愛の共同体が成り立ってくるわけで、それぞれ違う個性をもった人たちがお互いに作用し合うことにより、そこに一つのまとまりが成り立ってきます。これを私は統合体というふうにいっていますが、あとでもう少し詳しく申し上げる機会があると思います。それぞれ違う個性の者がお互いにかかわり合うことによって一つのまとまりが出来上がってくるから、一人一人はそういう意味で自由で個性的なのですが、単にバラバラな個性ではなく、お互いがかかわりのあるまとまりになってきます。

たとえばクラシック音楽にはいろいろな音がありますが、メロディーの場合でも、それぞれの音がお互いを前提し合っていて、音全体が一つのまとまりになりますね。絵の場合も同じですし、あるいは人間の体のなかには肺とか心臓とか腸とか神経、あるいは皮膚や筋肉や骨格など、いろいろな器官がありますが、それらが自分自身の働きをしながらお互いに与え合い受け合って「人体」という一つのまとまったものができていくわけで、これも統合体の一つの比喩ですが、そういう人格のまとまりをキリスト教では「教会」といっています。これは理念的な教会ですが、内容を分析的に書くと非常に難しいからインテグラルな統合体という意味でいきなり M_{intgr} と書いておきます。

これを(2)式に書き加えますと、(3)式ができるわけです。⇩は統合体形成へと向かうという意味にとってください。

そうすると、ここで場所論的な言語のいわばコンテクストが見えてきます。つまりこれは自覚の世界で、中心は「私」ですが、「私」が私であることは私を超えたところから成り立ってくるということになります。これを別の言い方で表すと、そういう人間同士がお互いについてコミュニケーションを営む。これが「愛」ですね。別の言い方をすると神の働きが私（人間）のなかに宿っていて、人間がそういう働きの場のなかに置かれているときに、お互いが作用し合ってお互いをなかに宿し合い、それを自分のものに転換して、また相手に働きかけるという、コミュニケーションができるわけです。

その全体のまとまりを統合された社会、統合体というふうにいうと、（3）式において新約聖書の場所論の全体の形が、最小限の形で出てきています。あと、部分を精密に語っていくという作業がありますが、とりあえず場所論的な思考がどういう構造をもっているか、あるいは場所論という言語はどういうコンテクストで語られているか、それが全体としてここで表現できるわけです。

この式の一つの部分だけ取るにしても、その一箇所だけではすまなくて、部分は全部が and／or でつながっている、または＝でつながっているわけですから、一つが他をお互いに説明し合うという関係になります。だからここで人間とは何かをいおうとしたら、この全体を語らなければならないわけです。あるいはMだけを取れば、M（自分）というものは少なくともこういう相互作用のなかの一環なんだということになります。あるいは、私は神という自分を超えた場のなかに置かれたものだということにもなるし、それからG→M→では自分のなかでの神の働きの自覚ということが成り立ってくる。ということはどの部分を語るにしても、そのほかの全体を語ることなしにその部分は語れないという関係になってきます。

そういう意味で新約聖書の場所論について、神と人間の直接の関係をとると、一応このように書くことができるわけで、要するに場所論という言語体系があり、このように記号化ができるということと、それからキリスト教と仏教の共通語の可能性については、最初に申しましたようにGをダルマのDで置き換えれば仏教思想の表現ということになるのではないか。さらにそこで一つの共通語が浮かび上がってくる可能性があるのではないかということで、全体としてはそういうことを申し上げたいわけです。

次の段階では先の式の「キリスト」が入ってくるわけですが、その前に何かご質問あるいはご意見など、どうしてもここで確かめておきたいということがありましたらお願いします。

3　キリストの位置

質問者　たとえば(2)、(3)式第1行の右二つ、特に右の方ですが、先生はかねがね可逆か不可逆かということについては比較的不可逆的な立場のように思っていたのですが、簡単に（G in M）、（M in G）というようなことをいってもいいのだろうかということで、仏教徒についていう場合、悟った者としてはある意味で仏陀と可逆的だと思うのですが、我々凡夫は仏陀と可逆的だとは思いかねますので……。

八木　わかりました。そこは言い落としましたので説明させていただきます。まず不可逆性は左辺に出ていて、Gが一番左側になります（G↓M↓）。これは不可逆性の一つの表現です。ただしGが一番右側にも来るので（M in G）↓、それも重要です。つまり不可逆性は（G in M）と（M in G）に表現されるのです。すなわち（G in M）、（M in G）ではinの意味が違うのです。これは次に申し上げようと思っていたのですが、神が人のなかで働いているという場合、神が人間のいわば究極というか、真の主体ですが、こちらの（M in G）の場合は神は場なんです。だから（M in G）といった場合には神は場で、（G in M）といった場合は主体なので、意味が違います。そこをはっきり申し上げなければいけなかったわけで、ここで神が主体だという場合は一番左に書かれ、場所だという場合は一番右に書かれている、というのは神が究極の場で究極の主体だという意味です。神が究極の主体、また究極の場で、そのなかに人が置かれている。究極というところに不可逆性が表現されます。いずれにしても神は「超越的」なのですが、人間に内在する面があり、特に「作用的一」の面をとりますと、神の働きが人の働きで、逆も真だという意味で可逆性がいえます。適切なご質問をありがとうございました。

さてinの意味が違うのは、ある意味で極めて首尾一貫しないように思えるのですが、新約聖書で調べてみても「キリストが私のなかに」といっている場合と、「私がキリストのなかに」といわれている場合とでは、意味が違います。「キリストが私のなかに」（ガラテア二20）といっている場合、キリストが真の主体で、「私がキリストのなかに」（Ｉコリント一4。原語からの直訳）という場合はキリストの働きが私が私である根拠です。ですからinの意味が違うので、この場合可逆的ではないわけです。

いままでは「神」と「人間」の関係でしたが、「キリスト」ということが間に入るとどういうことになるか。ここで「ヨハネ福音書」の場合を問題にするのは、「ヨハネ福音書」の言語が非常に場所論的だからです。もちろん人格主義もあるのですが、非常に場所論的であるという理由からです。「ヨハネ福音書」は「キリスト」とはいわず、一貫して「イエス」といっています。ですから記号化する場合に、Ｊにしなければいけないのですが、ここでは事柄上キリストのＣを使います。「ヨハネ福音書」ではＧとＣの二つが中心になっていて、その関係はどういうことになっているかというと、それは比喩的に申し上げるのが一番わかりやすいと思います。表現言語の表現手段として比喩ということはとても大切なので、表現言語の場合は元来みんな比喩だといってもいいぐらいです。ただ比喩的にいっても関係自体は比喩ではない場合があります。

S→M→＝S→／M→／(S in M)→／(M in S)→ (1′)

とりあえず比喩で説明しましょう。夜空にお月様が光るというのはどういうことかというと、夜空には太陽の光が満ち満ちているわけです。宇宙空間つまり太陽系の空間はいわば光の場で、そのなかには太陽の光が満ち満ちているのですが、その光は地球からは見えません。光は前から来ないと見えませんので、宇宙空間に満ちている光は地球上から見えないし、この場合は太陽も見えていないわけです。これが神が見えていないという状態の比喩です。ところがそこにお月様があるとお月様が光り、直接には見えない太陽の存在を示すわけです。これがイエスが啓示者だということの一つの比喩だと考えていただきたいと思います。つまり真っ暗な夜空にお月様があると光るわけで、そのお月様が太陽の存在と働きを啓示するわけです。それで月と太陽の関係を考えてみると、月というのは太陽の光の場のなかに置かれているわけです。月は太陽の光を宿しています。作用的一というのは太陽と月という物質あるいは物体の関係で成り立っているのではなく、両者の光が作用的一になっているわけで、月の光は月の光であるけれど、そのもとは太陽の光であるわけです。ですから月と太陽の関係を考えてみたとき、見えない太陽の媒介になっているものが月だということを示しているのが上の式であると考えていただいていいと思います。Sは太陽、Mはここでは月です。これは先ほどの(1)式と同じ形で、つまり太陽が存在し、お月様があって光っている、太陽は見えないけれど月を照らしているわけで、それは太陽光が月に宿っているということで、また月が太陽光の場のなかに置かれている。これが上の式になります。

もう一つファクターを入れて考えてみると、地上に池があってそれがお月様を映しているというのは、仏教によく出てくる比喩だと思いますが、池は月光が照っている場のなかにあって、月影を映すのは地面ではなく静かな池です。大地一般ではなく静かな池が月を宿すわけです。その場合も

S→M→P＝（S in M in P）／（P in M in S）　（1″）

G→C→M＝（G in C in M）／（M in C in G）　（4）

月と月影の間にいま書いたものと同じ関係が成り立ってまいります。つまり池は月光の場のなかにあり、月影は池に宿る。さらに月光は月影のなかにあり、それは月があるからだということですから、月と池との関係を書くといまと全く同じ式になりますが、この両方を合わせてみると、（1″）のような式になります。Sが太陽、Mが月、Pが池ですが、これは先ほどと同じようにいろいろな形で書けます。しかしあまり詳しく書くと複雑な式になりますので、いまはそれは書きません。「太陽の光」が「月の光」のなかにあって「月の光」が池の「月影の光」のなかにあるというのは、逆にいうと月影は月光の場のなかに置かれ、お月様は太陽光の場のなかに置かれているということです。そこから（1″）のような関係が出てきます。

これを記号を入れ替えて書き直してみると、（4）式になります。神がキリストのなかにあり、キリストが人間のなかにある、人間はキリストの働きの場に置かれていて、キリストは神という働きの場のなかに置かれているということになります。Gは神、Cはキリスト、Mは人間です。

先ほど申しましたように、式の左側のGは主体です。神がキリストの主体、キリストは人間（M）の主体で、右端の（M in C in G）ではキリストが人間の場で、神がキリストの場ということになります。この場合のキリストとは何かといえば、必要があればあとで申し上げますが、「ヨハネ福音書」をよく見ると、実は神と人間の作用的一そのもののことです。ただ、それを一人の人間として語っているのが「ヨハネ福音書」の書き方での特徴、ロゴスが肉になったといわれる（一14）（つまり受肉）。ロゴスが肉になってその

「肉」がいきなりイエスとして語っているというのが「ヨハネ福音書」です。ただしロゴスは世界と神との作用的一という意味をもっています。世界と作用的一をなす限り神のことです。新約聖書は人間と神の作用的一を「キリスト」といっていると考えると一般によくわかりますが、それは一応別の問題ですから、いきなりこれだけをいったのではあまりにも簡単すぎるかと思いますがお許しください。

とにかく以上のように言い直してみると、（4）式はちょうど「ヨハネ福音書」における神とキリストと人間の関係になっています。ところで（G in C in M）＝（G in C）＝（C in M）＝（G in M）となります。「＝」は、何度も申しますが、「言い換え」のことです。すると（M in C in G）＝（M in C）＝（C in G）＝（M in G）ですが、これらの言い換えは、実際「ヨハネ福音書」に出てきます（一四10―11、一七20―21）。（3）式に出てくる（G in M）、（M in G）は（4）からCを隠したものと考えられます。

パウロの場合も、人間が徹底的に身体としてとらえられており、「人間の身体は神が宿る神殿だ」（Iコリント三16）という言い方と、「信徒にはキリストが宿っている」という言い方（ローマ八10参照）が両方出てきます。どうして「神が宿る」ということと「キリストが宿る」ということの両方が出てくるかというと、以下のように書き直してみるとよくわかります。つまり（G in C in M）がもともとですから、G in M（神が人間のなかにある）とは、キリストが人間のなかにあるということを含意しているわけです。中間項を省くと、（G in C in M）＝（G in M）だからです。「人間が神のなかにある」というのも同様で、それは人間がキリストのなかにあり、キリストは神のなかにあるということを含意しているわけで、Cが隠れているだけのことです。

簡単にいってしまうとそういうことで、あとは新約聖書のテキストのなかにこういう言い方が実際に存在するということを示せばいいわけですが、いまはそれを省略します。これが全部存在するということを示すことができる、ということを言い換えると、先ほど書いた（3）式といまここに書いた（4）式の両方で新約聖書の場所論の全体の思想構造というか、コンテクストというか、それが表現されるといっても差し支えなかろうと思います。なぜなら個々の言表がみんなここに入ってくるからです。

上記のような式を作ってみますと、神が人間に働きかけているということ（G→M）は、人の身体のなかで神の働きが現実化しているということになり（G in M）、両方一緒にすると（G→in M）になるわけで、これは一体何かというと、まずGは神で、（G in M）は、人間と作用的一である限りの神と読むと、キリストのことです。キリストをこのように言い換えることができるので、実際「人間のなかにある神」をキリストというふうに言い換えているのだと理解すると、新約聖書全体が非常によくわかるし、こう言い換えても矛盾は出てきません。人のなかで働く神（ピリピ二13）と「ガラテアの信徒への手紙」二章20節の「キリスト」は事柄上同じもので、「ガラテアの信徒への手紙」一章16節の「神の子」はキリストのことですが、これは「人のなかで働く神」ととることができます。すると上記の（G→in M）（Gの矢印に注意）は神から出て人間にとどく聖霊です。神とキリストと聖霊は、あり方としては三つだけれども、神としては本質的に一つだという、三位一体論というものがありますが、この三位一体論を人格主義的に理解するとおかしなことになります。神もキリストも聖霊もそれぞれが一つの人格だということになってしまうので、そうすると三位一体ではなくて三神論で神様が三つあるのだという話になりやすいわけで、実際に中世の絵では、三位一体は神的ファミリーとして描かれることが多いのです。しかし元来はそうではなく、三位一体論というものはG（→M→）＝G in M＝G→（in M）という式が示すようなことで、この考え方は新約聖書に含意されているし、東方教会で明示化されたのですが、その場合、三位一体は場所論として語られていますので何の矛盾もありません。これを人格主義的な言語で言い表そうとすると、先ほどいったような変な話になってしまい、よくわからないということになります。あるいは「キリストが私のなかで生きている」というような言い方も、人格主義的に考えると「キリストという人格が私のなかに入っている」という変な話になりますが、そうではなく、キリストというのは神と人との作用的一のことだと考えると、何の矛盾もなくなってまいります。ただその場合、作用的一ということを次に申すように書き直さなければいけないので、少し繁雑になります。

仏教の場合、鈴木大拙先生や秋月竜珉さんがよくいっていた「超個」という言い方がありますが、超個（S。Self の頭文字）が自我（E。Ego の頭文字）に対して、また自我のなかで働いて、自我がそれを映しているのが人間だ、というふうに書き直すと、M＝S→E→となり、このSがちょうど超個（神と人との作用的一）に当たることになります。つまり人間の身体というのは、神との作用的一の働き（私はこれを「自己」といって「自我」から区別し、Sで示すことにしています）を自我が受けてそれを表すという形になっていて、SとEの間には普通は断絶があるわけですが、ここでは断絶がなくなった形で書いてあります。そのようにSとEとを分けてSがEのなかに、またEに対して、現れると、そこではじめて神の働きが現実化してくるのだと考えないと、宗教思想全体がおかしくなってしまうわけで、実はここまでいわないと可逆と不可逆の問題ははっきりしません。ここではじめてSとEの関係が不可逆だということがはっきりと出てくるわけです。

実は正確にいうと、（G in M）＝（G in M in M）なのです。G in Mは人との作用的一をなす限りの神のことですが、人間の全人格が神と作用的一をなすわけではありません。つまり自我（E）の働きは神との作用一では必ずしもないのです。「私が私であるのはキリストが私のなかで生きていることで、しかもキリストは私の自我ではない」、という意味の「ガラテアの信徒への手紙」二章19―20節において、「私のうちなるキリスト」とは神と人との作用的一のことで、自我はそれから区別されます。だから（G in M）＝C＝Sと書くとこれは「超個」のことで、個としての人間Mは、M＝S→E→となるわけです。しかし普通はS→E→は断絶していて、これはS→一E→と書けます。結局、Mを自我を含む人間全体のこと、前述のように自己（G in M）をSとすると、（S in M）ですから、S＝（G in M）とすると、（G in M）は正確には（G in M in M）となるわけです。最後のMは自我を含んだ全人格としてのMで、（G in M）のMはGと作用的一をなす限りでのM（＝S）のことです。

以上のような言い方がキリスト教にもあるわけです。仏性というようなものは人間のなかに働く現実として存在するのではなく、それは修行をして証しなければ現実化しないものだ、だから仏性の現実性と悟りは同参なのだと『正法眼蔵』（「仏性」の巻）にありますが、全く同じことがキリスト教にもあるわけです。「私は母の胎内にいるときから使徒たるべく定められていた」というパウロも、キリストが「私」のなかに啓示されたという体験以前は、キリスト教徒を迫害していたのです。神の働きのもとにあったにもかかわらず、それはパウロのなかで活性化されていなかったのです（ガラテア一13―16）。これはすでにあって働いていたものに単に気づいたということではありません。

Sはあるのだけれど、隠れているときは括弧のなかに入っていて、いわば非現実です。EからいえばSに目覚めるのですが、SがEに対して、Eのなかに、自分を現すという場合、Sが人の感覚、思考、行動の上に現実化して、はじめてGの働きもここに表現されてくるわけです。ここにはいわゆる回心あるいは自覚の出来事があるのですが、こういうことがないと神の働きは世界のなかに現実化してこないということが新約聖書のなかにもあるわけで、キリスト教の場合はここではじめて不可逆がはっきり出てくるということがあります。

私自身は何度も書いていることだから一人合点していますが、はじめてお聞きになる方は抵抗をお感じになるところもあると思います。ここで何かご質問なりご意見なりがあればまたお受けしておきたいと思います。ここのところがよくわからんからもっと説明しろとか、ここはおかしいじゃないかとか、何かご意見はおありでしょうか。

質問者　コミュニケーション（communication）というお話が出ましたが、その意味するところは社会性を指すものか、それともわかっている者同士が相通ずるということなのか、要するにGをDとすれば仏教にも応用がきくとおっしゃったのですが、それは社会性なのか、あるいは師資証契というか、お互いにわかり合うということなのか、どちらの意味なのでしょうか。

4　コミュニケーションと仏教

八木　この次の講演で詳しく申し上げようと思ったのですが、ここで簡単に説明させていただきます。communication の原語はラテン語のコムニカチオ（communicatio）です。このコムニカチオというのはコン（一緒に）とムーヌス（munus）とカチオ（catio, 語尾）とに分かれているわけで、これが一緒になった言葉です。英語に common という言葉がありますが、それと関係の深い言葉です。communico というのは分かち合う、share する、参与するという動詞で、communicatio はその名詞形です。この語に含まれているムーヌスという語にはいろいろな意味があるのですが、一つはモエニア（城壁）とかかわりが深いのです。都市は城壁で囲まれていたわけで、「城壁をともにする仲間」という意味から、コンムニオというのは共同生活をする共同体のことです。そもそもムーヌスとは何かというと、いろいろな説がありますが、一つは「交換」を意味するメイ（mei）を語根とするといわれておりますが、語源はム（mu, 結合）だという説もあります。交換が結合の原理だということが含意されています。そしてムーヌスに「義務」の意味も「贈り物」の意味もあるという非常に不思議な言葉で、たとえば支配者が自分の義務を尽くし、それに対して支配される民衆は感謝を捧げるという交換であったり、あるいは民衆が支配者を支配者として認めてくれる代わりに支配者の方が民衆にいろいろなサービスを提供するという交換でもあったようですが、自分の義務を果たすことが人に対する贈り物だという意味にもなり得るわけで、結局 communico とは何かというと、共同体のメンバーがお互いに必要なものを交換し合って（義務＝贈り物）、その結果、それを皆が分かち持つにいたるということですが、それが共同体形成行為であるわけです。その名詞形のコムニカチオから英語の communication という言葉が出てきているわけです。だからこれは、もともとは、必要なものを必要なところへ分かち持たせることによる共同体形成行為のことです。

communication というのは、いまは必要な言葉を必要なところに伝達して理解、合意を形成するという狭い意味で、意思の伝達、相互了解、合意の形成ということになっていますが、元来の意味はもっと広いわけで、そのような言葉を手がかりにすると、共同体というものは交換で成り立っていると考えられます。それはどういうことかというと、基本的にはメンバーが働いて何かを作る、あるいは何か持っている、それをお互いに分かち合うということで、コムニカチオは、シェア（share）する、つまりみんなで分かち持つということです。意思の疎通というのも自分の考えを人に伝え、一つの考えをみんなでシェアすることです。一般に自分がほかの人と何かを与え合うということは、それをみんなでシェアするということになるわけです。狭義では意思を共有することによる合意形成のことです。

そこでコムニカチオの原事態として考えられるのは、共同体のメンバーがそれぞれ働いて作ったものや、持っているものを、お互いに分かち合い、与え合う、それが共同体形成行為で、これが元来のコムニカチオの原意です。ただ、その分かち合いが売買になるとすっかり様子が変わってしまって別の意味になってしまいます。ですから原像として考える限り、お互いに贈り物として与え合う（それが義務でもある）という意味があり、それでコムニカチオが成り立っているということになります。

この場合、交換されるものは物や財でもあるし、あるいはみずからが提供する労力でもあるし、あるいは情報や知識や意見でもあり得るわけで、そういうものを働いて作り出した人がそれを必要としている人に分かち与えるという意味の、共同体形成的な交換がコミュニケーションだとすると、たとえば心臓と肺の関係がそうなっているし、一般にからだの部分同士の関係はそうなっているわけです。

それが人間の交わりというかかかわり方の原態で、ギリシャ語ではコイノニアという、共有する、シェアするという意味の言葉がありますが、広義のコミュニケーションは仏教的にいえば縁起（pratītyasamutpā-da）だろうと思うのです。コムニカチオといわれているような人間関係は縁起の一つの形態といっていいのではないかと私は思います。

ですからコミュニケーションという概念はそういう意味で重要な概念なわけで、キリスト教で愛という場合、愛し合って何をするのだというと、そこで起こるのはコミュニケーションで、愛がないとコミュニケーションが成り立たずに断絶してしまうわけです。そのようにキリスト教でコムニカチオ、あるいはコイノニアといっているのは、仏教的にいえば pratītyasamutpāda の一つの形態だろうと思います。ご質問はそういう趣旨でしょうか。

質問者　仏教にも応用できるということは、仏教が社会的か非社会的かという大きな問題とかかわってくるのかなと思ったので質問をさせていただきました。

八木　私は仏教が非社会的だとは必ずしも思わないし、キリスト教が社会的だとも必ずしも思わないのですが、比較の問題でいうとそうかもしれません。コムニカチオは社会的なので、ですからその意味では確かにキリスト教には社会性はあるのですが、しかしこれは縁起の一つの形だと考えれば十分に仏教的なことだともいえるのではないでしょうか。ただ、働いてものを作る「労働」ということをキリスト教の立場から、つまり愛という立場から、あるいは仏教の場合の人間同士のかかわりという立場からどのように理解するか、「労働」ということを宗教思想のなかにどう組み込むかということは、将来にかかわる大きな問題なのではないかと私は思っておりますが、それはこの次に申し上げます。

質問者　一つだけ質問いたします。今回がはじめてだと思いますが、先生がモデルを図示された際に「言表」という言葉が出ました。その際に、個々の言表がすべて当てはまる、あるいはそのなかに入ってくるというようなお話があったのですが、この場合の言表というのは、意味・無意味も全部含めた意味での言表ということではないわけですね。

八木　そうです。これはとにかく言葉として言い表すという意味で、いまは場所論を言語化することを中心にお話ししているものですから、自覚に現れてくる現実性をどう言い表し、命題化していくかというときの言い表し方の一般的な形を書いたわけです。それが複数の個別的命題を含みうるということです。

質問者　そのなかに個々の言表が入ってくるといったときの言表ということについておうかがいしたかったのですが、式では矢印で左右を示されていますが、その際のGあるいはC、Mといったところが変数であるのというふうに見た際に、そこに当てはまるということになるのか、あるいは……。

八木　変数となり得るということもありますが、とりあえずGとMの関係はいまのように書けるけれど、これは項を入れ替えることで変換可能だということがあるわけです。

質問者　では無意味なものではなく、意味のあるものとしての言表ということでよろしいですか。

八木　そうです。では時間もありませんので、あと一点についてお話しして休憩させていただきます。こういう記号化で一体何をやっているのかと思われるかもしれません。私も当初はメモとして書いていたら非常にうまくいくので記号化した式を作ってしまい、一体これは何なのかというのはあとから考えたわけで、これは記号論理学の適用に見えるけれど一般の記号論理学ではありません。真理表を使う記号論理学は、我々の日常言語を論理学的に明晰に厳密に言い表してそれを記号化していき、記号化されたセンテンスがどういう場合に真でどういう場合に偽であるかという真偽の検討をやるために記号化しているわけです。私のいう場合の記号化とは、それとは全く無縁ではないけれど同じでもありません。記号による命題式は作用の場における関係を示しているのです。つまりここでは真偽が問題ではないのです。

記号論理学の意味での真偽を問題にすると、たとえば縁起ということは、一切は真か偽かどちらかだという二値論理学の立場からはナンセンスだということになってしまいます。そういう論理学者がいます。私はもちろんナンセンスになるとは思っていないし、正しく考えれば決してナンセンスにはなっていないのですが、実際、論理学者の意見を聞くと、いまの論理学は真偽の問題はもちろんやるけれど、本来は二値論理的な真偽からは離れて思考全体のコンテクストということを問題にするのだというふうにいうわけです。そうすると我々の記号化はある意味でそれに近くなってくるわけで、つまり事柄を述べる宗教言語、宗教的思考の基本的な形式というか、宗教的な言表の基本的な形式を求めるもので、この場合宗教的な思考とは場所論です。場所論的な言表（言い表し）には個々バラバラな言い表しがいろいろあるわけですが、それを一つにまとめるとどういう形になるのか、それを書くととりあえずいまのような形になるということです。だからこれはやはり宗教言語の論理学というか文法というか、むしろ文法（シンタックス、語と文にかかわる分離・結合規則）といった方がいいと思うのですが、GとかMとかは宗教的な単語ですから、ここに書いたのは結局、場所論的宗教言語の基礎文法だということになります。しかしそれはもともとは、作用の場における作用関係を記号を使って一般的に表示したものだといえます。その意味では物理学が作用の場における量と量の関係を関数式で表示するのと同様なのです。記号による命題式と記号論理学の関係は物理学における関数式と数学の関係に等しくなります。すると作用関係を示す基本式が同時に場所論的言語のシンタックスになる、ということです。

作用関係を言語化する宗教言語のセンテンスの作り方においては主語と述語をどのように結びつけるかというと、それを示すのが矢印（作用）とinと／（スラッシュ）なので、（1）式は主語と述語をスラッシュあるいはinまたは矢印で結びつけ、場所論的命題の文脈を描いたものです。全体のシンタックスといっていいかもしれませんが、全体の文法はいまここに書いたような形で表されると考えると、これは宗教的思考の形式化だというふうにいえるのではないかと思います。

新約聖書の人格主義的言語は物語ですから、我々の記号システムでは全然表現できないわけで、人格主義を記号化しても無意味だし、そもそもできませんから、私は記号化しませんが、場所論的な思考はこのように記号化できると私は思っています。それで場所論的な言い方はこのように記号化できる場合が非常に多いのです。また、GをDに入れ替えると仏教的な考え方が表現できると思うのですが、これは仏教的場所論とキリスト教的場所論が全く同じだというのではなくてGとDが違うだけ内容も違うわけです。けれども言表形式としては基本的には同じ形になってくるということが示せるのではないかと思います。

そこから、これは場所論に限るのですが、仏教とキリスト教との共通言語ということも成り立つ可能性があるのではないかというふうに考えている次第で、その点についてはこの次にもう少し詳しく述べさせていただきたいと思います。

質疑応答

質問者　私は宗教とか哲学に疎いので、ピントはずれの質問になるかもしれませんが教えていただきたいのです。今日の先生のお話で、キリスト教の場所論的言語の世界では私のなかにキリストが生きているという自覚が非常に重要視されると思います。一方、仏教の「大乗起信論」という本を見ると本覚始覚という言葉があって、そこでもやはり本来の自己というか、そういう自覚というものが重視されているような気がします。そうすると、仏教とキリスト教に何か共通したところがあるように感じるのですが、やはりそんな単純にものを考えてはいけないのでしょうか。

八木　実はそこが一番中心的というか肝心なところで、キリスト教の場合の言語化の仕方をいまは問題にしているのですが、いろいろな言語化の仕方がありまして、新約聖書のあとの時期を見ると、ギリシャ正教へと発展していく東方世界では、キリストはもともと人間のなかにあるのだけれど、それがいわば干からびて死んでいるわけで、回心においてそれが生き返るという言い方があります。西方でも神秘主義では、神の子が人のなかに生まれるという言い方も出てきます。これらの言い方が本覚と始覚に対応するのではないでしょうか。本覚とは神と人との原関係に当たり、始覚とはそれが活性化されることに当たる、といえるでしょう。ですから、たとえば仏性というふうにいってもいろいろな理解の仕方があると思いますから単純にはいえませんが、少なくともキリストと仏性の間にある対応があるということは私は確かだと思います。

新約聖書では聖霊の働きによって「キリストが人間のうちに宿る」という言い方が主になってくるのですが、しかし「ヨハネ福音書」には世界というのは神が作ったもの、ロゴスを通して作ったものという考え方があります。ではロゴスとは何かというと、世界における神の働きあるいは世界と作用的一である限りの神の働きで、被造物というのは逆に神の働きと作用的一である限りの世界ということになります。実際にそういう言い方は新約聖書にはありませんが、古代教会ではそういう意味で世界にロゴスが内在しているという考え方が出てきて、ロゴス・キリスト論と呼ばれます。すると、人間は世界の一部だからそういうロゴスが人間に内在しているはずなので（本覚に当たる）、それに目覚める（始覚に当たる）、あるいはロゴスが目覚めるといってもいいし、人間がそれに目覚めるといってもいいのですが、それが回心だという言い方が当然出てきてかまわない。けれどもキリスト教の主流（西方キリスト教）ではそうではなくて、イエスという人間が救い主だということになっていますから、人格主義的な言い方の方が強くなっています。ですから仏性の場合、特に本覚思想と比べた場合に同じとはいえませんが、場所論で比べてみると仏教とキリスト教には対応する箇所がかなり出てくるのではないかと私は思っています。

質問者　レジュメの一番最後の頁について、言われているのは最終的には神が人間に働くというそのことだけで、あとの矢印に意味があるかどうかは私は知りませんが、それが一番最後に結論的に出てきているのはどういうことかなと思うのですが。質問にならない質問で申しわけありません。

八木　つまり、G↓H↓＝G↓／H↓／（G in H）↓／（H in G）↓は（1）式ですが、右辺から（G in H）↓だけで取り出して、またHにMを代入すると、G↓M↓＝（G in M）↓となります。実際、こう記号化できる言葉があります。パウロがピリピという都市にあるキリスト教団に書いた手紙のなかに、「神は人間のなかで働いて（エネルゲイン）救いへの願いと現実化を成り立たせる」（二13）とありますが、エネルゲインという言葉はアリストテレスのエネルゲイアと同じ言葉で、ここでは働いて成就させるという意味です。つまり神が人間のなかで働き、それで人間に救いへの願いと現実化を成り立たせる（左辺のM↓）ということで、それが実際に聖書のテキストのなかにあるということを実証したかったということだけの話です。

質問者　私は、神が人間のなかで働いているというのはキリスト教信者だったら誰でも知っているスタートポイントではないのかなと思ったもので、このような質問をしました。

八木　普通は神が向こうにいて対象として働いてくる、語りかけるという枠組みで考えていて、神が人間のなかで働いているということはあまりいわないのです。しかし我々の場合は人間のなかという場所論的な言い方がポイントです。それに対して人格と人格との関係というのは語りかけと応答という枠組みで考えられます。神が人間に語りかけ、人間は神に応答する、神―人関係の中心は、祈りである、という関係で神と人間の関係を考えるのがローマを中心に発展したキリスト教です。他方、神が人間のなかで働き、人間に救いを実現されるという言い方は正面に出てこなくなっているので、私が指摘したのはこういうものが実際に新約聖書にあるのだということです。

田中　教化研修部門の田中と申します。私はキリスト教のことは全く勉強したことがありませんので不十分なことをお聞きするようなことになるかと思いますが、神とイエスと信徒との関係というところで、先生は月が太陽を啓示する、月が太陽の光の場のなかにいるというご説明をされたようにお聞きいたしました。月というのはイエスで太陽は神だという譬えであるということになると、イエスが神を啓示するということになるのかなと思いますが、同時にレジュメには放送局と受像機という比喩も出ております。受像機というのですからこれはテレビでしょうけれども、北森先生の本でしたか、以前、受信機つまりはラジオの例でこうしたことが説明されていたと思います。そのときに私は神がイエスを通じて自らを啓き示し、そしてそれが福音となって信徒に伝わると理解したのですが、そうすると発信機が神で受像機というのは信徒で、その受像機の性能がよければ神の発信する電波が確実に正しくレシーブできるけれど、信徒の受信機の性能が悪い場合、要するに信仰が不十分な場合にはせっかくの電波を正しく受け取ることができないというふうな説明がいわゆる啓示の内容についてあって、そういう意味ではないかなと思っていたのですが、先生の今日のレジュメを見ると、Sが放送局でMが受像機で、神とイエスとの間の関係が放送局と受像機ということになりますが、この場合信徒の方はどのように位置づけられるのか、その辺についてご説明をいただければと思います。

八木　イエスの意味ですが、人格主義的な言語の場合と場所論的な言語の場合では違うわけです。「ヨハネ福音書」イエスが神の啓示者であるというのは「ヨハネ福音書」において強く出てくる考え方です。「ヨハネ福音書」ではイエスは個人として描かれていますが、実質上はロゴス、つまり神と人との媒介で、「神と人間の一そのもの」が一人の人間として語っているわけです。ですからヨハネの場合を比喩でいうと、イエスがテレビの受像機で信徒はそれを見ているわけです。しかし場所論的にいうと、（G→C→M）のCは人間に内在する「うちなるキリスト」、すなわちS（Self＝自己）で、M＝S→E→となります。Sがいわば活性化されてE（自我）に現れる。つまり人間における神の働き（S＝C）がE（自我）に及ぶわけで、Sが受像機に当たります。Eが画面になるでしょうか。

ただ、「ヨハネ福音書」ではそういうキリストそのものが一個の人間として語っているという矛盾があるものですから、ちょっと説明が困難になりますが、そこを本当にはっきりさせようと思うと、滝沢克己先生がされたような批判的な区別をしなければならなくなります。それは今度申し上げる機会があるかもしれません。

田中　普通は受像機の良し悪しということはいわないのですか。

八木　それは人間の側のことですね。

田中　人間を受像機に譬える説明はありますか。ここは違うのでしょうが、ほかの一般的なキリスト教ではあるのでしょうか。

八木　それはあると思います。愛は神から出る、神は愛である、という場合、人間は受像機に譬えられます。もちろん受像機が問題で、たとえば受像機のスイッチが切れていることがあるわけですが（S→｜E→）、そうすると映らないわけです。

田中　仏教では仏の世界は無分別の世界といいますね。キリスト教の場合、神の世界はやはり仏教と同じ無分別な世界ですか。

八木　仏教の場合、特に鈴木大拙が単なる分別でも単なる無分別でもなく無分別の分別ということをいっていたと思います。その場合、分別というのは日常言語の世界で、無分別というのは自覚の世界に、むしろ直接経験に当てはまるわけです。

田中　私がなぜそれを質問したかというと、言語は分別の世界であり、仏の世界は無分別の世界で、仏の世界を知るためには自分自身が無分別の世界に入らないとわからないということをいうわけです。無分別に入るということは、言語は分別ですから言語がなくなってしまう。だから表現できなくなってしまうのではないかと思うのですが。

八木　あまり厳密ではありませんが、普通の日常言語というのは分別の世界です。それに対して宗教言語の中心は自覚の世界だから、それは言葉のない世界です。ここからは新しい言葉が出るわけで、それは（日常）言語の世界ではないわけです。直接経験が無分別の世界ということなのですが、そこから出て言葉で人間とか世界を言い表していくと、無分別の分別という領域になるわけです。

田中　いまの表現言語について、簡単にいうと日常底ではわからない言語とすると、たとえば臨済でもそうですが、道得といい的確に言い当てるということが禅門では大切にされておりますが、先生の宗教言語化によって誤った答えを判別することはできるでしょうか。

八木　一義的かつ絶対の基準というものはたぶんないでしょう。大雑把な合意というようなものはもちろんありますが、細部にいたるまで完璧に判定するような基準というのはたぶんないと思います。

田中　それはキリスト教のこれに当てはまらなかったから異端だとか、そういうことにも適用できないと？

八木　もちろん大雑把にはあると思います。たとえば自覚が全然ない場合とか、口先だけでいっている場合というのは、やはり本道からはずれますので、そういう極端な場合ははっきりしてきますけれども、たとえば新約聖書のなかでもいろいろな言い方がありまして、イエスとパウロとヨハネとでは違うわけです。ひょっとして三人がいまここにいて議論をはじめたら収拾がつかないだろうと思いますが、そのように個性によって言い表し方が違うわけです。それは一つの事柄の違う面を言い表しているというふうにもいえますが、しかし事柄の把握も必ずしも同じとはいえないので、やはりそれはそれぞれが了解の対象になると思います。そういう個性的な言い表し方がありますから、基本的な一致ということは可能だけれど、細部にいたる一致というのはたぶんないと思います。私が記号で示したのは大綱だと考えてください。

もう一つ先までいうと、人格ということについて、これを突き詰めて考えてみると、これは動能言語の単語であって、たとえばカントの場合もペルゾーン（人格）というと例の定言命法のもとに置かれた、つまり無条件的な道徳の要請のもとに置かれた人間で、同様のことがG→M→にもあるわけです。ただし、G→は道徳的命令ではありません。ですから人間にはいろいろな言い方がありますが、一般に人格というふうにいった場合、道徳的あるいは法的あるいは宗教的な要請のもとに置かれた人間というところがあって、どれか一つとは決められません。ただし宗教性が文化世界で行為の形として表現されると宗教倫理が語られるということがあると思います。

いまのご質問に対することでは、さまざまな領域のことをはっきり分けてしまいましたが、実はこれはかなりファジーなもので、つまりすっぱりと「これはこうだ、あれはああだ」というふうにいえないような領域がどうしても出てきてしまっているわけで、新約聖書についても一つの言葉について解釈の可能性はいくつもあり得るということが出てきます。

質問者 個人的な質問で申しわけないと思うのですが、ファジーという話を聞いてふと思ったのは、私はある大学で講義を聞いておりまして、そこはかつてソシュールをずっとやっていたところだったので言語学も聞きましたし、その関係で記号論理や記号論とかいろいろ聞いたのですが、もう一つピンと来ないんです。いまの先生の「ファジー」という言葉はたぶん記述と表現の混じったところであろうと思うのですが、そこまで行ってぱっと振り返ってしまってはっきりしているのは、みんなファジーなものは避けて確実なものだけしかいわないということなんです。そんな気がして何となく物足りないような感じがしていたのですが、そういった現代哲学だとかあるいは記号論だとかあるいは言語論でもいいですが、こういうのがこういうものをいま狙ってやっているぞとか、いま出た動能との交わりも含めてこういう本がいいよというものがあったら教えていただくことはできませんか。

八木 記号論理学でもファジーがあるんです。真か偽かで割り切れないでファジーの領域というのが出てくるので、論理学でも数学でも実際に突き詰めるとファジーが出てくるので、ましてや理解にかかわることですと、つまり私がある人なり文書なりを理解するという場合、自分の経験に思い当たらないと理解できませんね。自分の経験から理解するのだから、理解内容が相手のいっていることと同じとは限らないし、相手の言葉を理解するといった場合も相手の人が込めている意味をその通り私が受け取っているかどうかわからないので、意味はそのまま伝わらないものだということの方が簡単に証明できるのですが、そういうものですので、たとえば初歩物理学や初歩の幾何学みたいに誰でも納得する教科書ができればいいのですが、哲学や神学ではそうはなかなかいかないだろうと思います。

質問者　いずれにしてもそういう重なったところをやっているような人だとか本だとか、先生と似たようなことを別のルートでやっているような方はおられませんか。

八木　たとえばイエスの言葉を理解するという場合、もちろん基本的な一致はあるにしても、細かい点ではずいぶん違ってくるし、基本的な点でまるで違うということもあるわけです。理解というとどうしてもそういうことになってしまい、これは本当に自分が納得するかどうかということでしかあり得ないので、できることとしては、納得する条件はこれだというふうに設定するということかもしれません。やはり基本的に表現言語だから理解ということが問題なので、了解ということが問題になると、どうしても一意的に確実というわけにはいかないですね。これは現代の解釈学ではみんないっていることではないでしょうか。つまり現代の思想家は誰でもロゴスを取り出そうとしてカオス（混沌）に足をふみ入れているということです。

質問者　記号化しようということは、ある程度明確にして人にわからせようということが当然あるわけですね。

八木　はい。その大綱あるいは骨組みだけを書いて、たとえばG in Cというふうに書いてしまえばそれきりですが、「G in Cって具体的には一体何よ」ということを言い出すと、やはりいろいろな見解が出てくるだろうと思います。それにしても大綱を確定することは大切だと思っています。

〈司会〉永井政之（曹洞宗総合研究センター宗学研究部門主任研究員）
田中良昭（曹洞宗総合研究センター教化研修部門主任研究員）

第三節　場所論と仏教的思考　2

1　統合とコミュニケーション

この講演の第一回で言語は記述言語と表現言語、動能言語に大きく分かれ、宗教言語は表現言語である、宗教の言語で使われる名詞はしばしば動名詞であってその場合指示「対象」は存在しない、というようなことを申しました。ここでまたコメントをしておきたいのですが、この前「愛する者は神を知る」という新約聖書の言葉を引いてご説明しましたが、この「愛する者」は、原文では「ホ・アガポーン」という、定冠詞がついた動詞アガパオーの現在分詞で、それを英語に訳すとどうしても関係代名詞が入ります。ドイツ語では、der Liebende と直訳できますが、「愛する者」というと何かやはり「者」があって、それが愛するというふうに聞こえるわけです。ところがホ・アガポーンという言い方は少し極端な言い方をすると、ホ・アガポーンである人間に向かって、「お前さんは誰だ、名前は何というのか」というと「私は〈愛してる〉だ」ということで、「愛してる」というと男の子が女の子にいっている言葉のようで困りますが、「私は〈愛してる〉だ」という、そんな感じになるわけです。つまりまず人間があってそれが愛するということではなく、はじめから、動きを示しているわけです。人間は、まとまりのある形（まとまりの保証は構造の一定性であり、特定の外形ではない）をもった、感覚、感情、思考、意志、行為を含む「動態」なのです。だから一般に場所論的言語の主語も、普通名詞でも、実体ではなく、他から区別されるまとまりをもつ動態を指示するのです。ホ・アガポーンはその動態の中心的なあり方を示しています。しかるにそれを文章にすると、どうしても「人が愛する」ということになるので、とかく「人」がそれ自身で成り立つ実体のように聞えてくる。

これもどうしようもないのですが、センテンスを作るときはまず主語を立ててそれについて述語をつけますから、主語は必ず名詞で特定可能なものだということになっています。

ですから文を作ると、主語はどうしても何か実体だというような仮象を生じます。実体であることもありますが、仮象を生ずる場合が多いわけで、たとえば「馬が走る」という文章がありますが、それはもう一つ前に返ってみると「走る馬」がいるだけで、それを見ていて「馬が走る」というセンテンスにする。すると指示対象の側でも馬という不動の実体があってそれに作用が付随しているように聞えますが、実際はそうではなく、まとまりのある形の動態があるだけです。まとまりの形（まとまり方）自身も変わるのです（たとえば成長）。それを名詞と動詞に分けて文にする。宗教の言語の名詞は多くの場合動名詞かあるいはそういう動態を表しているので、仮に普通名詞が用いられたとしても、それは何か実体がまずあってそれが作用するということではないと、ひとことコメントをさせていただきます。

たとえば、前回も申し上げたと思いますが、新約聖書の「ピリピの信徒への手紙」一章21節に、キリストについて、これは新約聖書でも珍しい言い方なのですが、「私にとってキリストとは生きることだ（英語に直訳すると、「To me to live is Christ）」という記述があります。ここではto live（生きること）は動名詞で主語、キリストが述語です。ですからパウロが自問自答して、「私にとってキリストとは何だろう、……それは私が生きていることだ」といっているという状況なのです。そうするとキリストはここでは実体でもないし、また人格でもないわけで、実体でないということは、はっきりしています。しかしこの前申しましたように、新約聖書には人格主義的な言語と場所論的な言語と両方あるわけで――宗教には必ず両面があるというふうに私は考えていますが――キリスト教では場所論的な言語の方が後退していった、つまりローマ中心のキリスト教になってから後退していまに及んでいるといっていいと思います。しかし現在我々は、新約聖書を正確に理解しようと思ったら、どうしても場所論という面を一つのまとまったものとして取り出さなければならず、私はそれを『新約思想の構造』という二〇〇二年に岩波書店から出した本で試みたわけで、それ以来、新約聖書における場所論ということをよく申しております。

場所論は記号化すると非常にわかりやすいので、記号化をしましたが、記号化してもいま申しましたように、「神」という実体があって、それが「個人」という実体に作用しているかのごとくに書かなければならないわけで、そう書くとかなり実態とは違ってきます。ですからたとえばG↓は、働く神のことだ、ここでは神的な働きが重要なのだ、というふうに考えていただきたいのです。(G in M) はCというふうにも言い換えられますが、これは結局「私が私であるのは私を超えたところから成り立っている」ということを、もっと分節して言い表しているということで、それを文にするとやはり「神様が働いている」という言い方にどうしてもなるわけです。そうすると神様が実体化されたり人格化されて聞こえてきます。もちろん神を人格として語っている箇所はありますが、神は人格主義的にも場所論的にも語られるということであって、決して人格主義的言語だけが独立しているわけではないというふうに考えていただきたいと思います。同じように、これも個人が相互に働きかけ合っている場合、両者の関係はどうなるかというと、場所論的な言い方では相互作用は「神が人間に宿っている」ことの他面だと、つまりは神の働きが人間に宿っているということですが、それはまた人間は「神」という働きの場のなかに置かれて働いているということなのです。

この前のお話ではこれが「愛」になるわけですが、そうするとこの働き (G↓M↓の下端の矢印) はどうしても神の働きと人の働きの作用的一だということになります。これが肝心なところで、やはり動態なのです。普通名詞の場合、これには指示対象 (他から区別される動的なまとまり) がありますが、抽象名詞には客観的な指示対象はないし、また動名詞にも客観的な指示対象がない、ということをこの前申しました。つまり動名詞は一つの現実を指示しますが、その現実というのは働きであって客観的な実体（対象）ではないということです。それはここにも表れていて、この「愛」は動態で、「愛する」という働きは作用的一だという意味をもっています。

さて今回は、前回のM（人間）を一般化してI（個人、個物）で記号化します。するとI↓は「働く個」でIは「個人」（私）ということですが、これをもう一つ分節的に、私が生きているということは私のなかにキリストが生きていることだ（C in I）と言い表した場合、「キリスト」というのは自分の真実の主体で、それをいっている自分というのはその働きを受けている自我ですから、それを分けて書くと、C＝S（Self）、I＝S↓E↓となります。Cは（G in I）、つまり人と作用的一をなす限りの神のことです。前回、G in C in Iということを申しましたが、部分をとってG in C in I＝G in I＝C in Iと言い換えられるわけです。

仏教の方では、たとえば鈴木大拙先生は「超個」ということをいわれます。秋月竜珉師と私はよく対談をしましたが、秋月師は「超個の個とひと息にいうので、両者を分けてはいかん」とよくいっていましたけれども、「超個の個」というのはこういう形（S↓E↓）になっていて、ただし普通の状態ではこれは切れていまして（S↓｜E↓）、Sの働きがEに及んで来ないので、回心とかあるいはコンバージョン、あるいは悟りといわれるものにおいて、こういう切れている状態からSがEのなかに、Eに対して現れるという状態（S↓E↓）に転換することが起こります。

さてG in I、C in Iの場合、I同士の関係はどうなるかというと、任意のIをI_mで表し、外の任意のIをI_nで表すと、（I_m↓I_n）・（I_n↓I_m）となると、これは前回書いたことで、MをIに変しただけです。つまり、個人同士は神の働きを受けた個人mと個人nという、任意の個人同士がお互いに作用し合い、愛し合

$$G\to I\to = G\to / I\to / (G \text{ in } I)\to / (I \text{ in } G)\to$$
$$= (I_m\to I_n)\cdot(I_n\to I_m) = (I_m \text{ in } I_n)\cdot(I_n \text{ in } I_m)$$
$$\Rightarrow I_{intgr} \qquad (3\text{-}1)$$

うということになるわけです。前回、私は相互作用ということをフロント構造で言い表しました。これは自分が相手の作用（フロント）を自分の部分に転換するという意味をもっていますが、このことについてはまたあとで少し詳しく申し上げます。するとこのI_mとI_nは含み合っていて、それは神と人との含み合い方とは違うのですが、とにかくこれは含み合う関係になっています。こういう関係にある個が集まると、ひとことでいえば、ここでできるのは統合された個人の共同体であるわけで、新約聖書ではこれを「キリストのからだ」としての教会といっています。つまりこれ（I_{intgr}）は一つの統合された共同体であるということで、だから新約聖書の場所論というのは記号で書き表すと、肝心なところだけですが、（3-1）式のようになるだろうというのはこの前申し上げたと思います［（3）式のMをIに入れ替えてある］。

神と人間の間には世界（W）というものが介在しています。人間は身体ですから世界の一部ですが、これは非常に大事なことです。上田閑照さんが二重存在論という形で人間は世界のなかに、世界は無限の開きのなかにということをいっておられますが、あれは非常に正しいのです。キリスト教の場合は被造物の世界ということがいわれていますが、これを入れて考えるとやはり（G in W in I）という形になります。Wは世界のことです。そうすると、（G in W）↓は世界のなかで働いている神、つまり世界と作用的一をなしている限りの神で、伝統的な言い方ではロゴスということになります。ロゴスは元来ギリシャ語では言葉、理法、法則、秩序という意味ですが、キリスト教ではロゴスについてかつて語られ、いまでもいわれてはいますけれども、このロゴスはやはり場所論的なので、西方キリスト教にはあまり定着しなかったのだろうと思います。するとWは神と作用的一をなす限りの世界（被造物）ですから、普通キリスト教ではこの世界のことを被造物というふうにいっていますが、このように神と人の間にWを入れて考えないと理解が具体的にならないということがあると思います。

上記の式は極めて一般的な式なのですが、特にキリスト教独特の見方というのは（G in I）→です。人のなかに宿っている神の働きというのは要するにこれのことで、右端の矢印は作用的一のことです。（G in I）＝C＝Sとすると、Sは鈴木大拙や秋月さんの言葉でいえば「超個」であり、新約聖書では「私のなかで生きているキリスト」です。それを「キリスト」と呼ぶのがキリスト教の独自の点であり、よかれ悪しかれこれが神について人について語る場合のキリスト教の語り方です。

ここには非常に多くの問題があります。伝統的キリスト教では「うちなるキリスト」はイエスという歴史的な人間が死んで復活したその復活体と同一視されているわけですが、むしろイエスの死後最初にこういう経験をした弟子たちが自分のなかに現れてきた「超個」をイエスが復活してその力が自分のなかに働いているのだというふうに解釈した結果、こういう言い方が現れてきたと理解するのが一番正しいし、そうすると新約聖書全体が無理なく理解できると私は思います。ただしこれは私がいっていることでありまして、キリスト教会一般に広まっていることではありません。

ここまでがこの前お話ししたことで、これからだんだんと仏教的思考との比較をしていきますが、私は門外漢でいろいろ思い違いをしている箇所があるに違いないと思いますので、どうぞそういうところはご遠慮なくご教示を賜りますようお願いいたします。

前回、場に置かれた個と個の関係、相互作用と含み合いということについて、これをコミュニケーションと言い換えることができると申しました。コミュニケーションとは何かというと、現在の言葉づかいではコミュニケーションは意思の疎通という面に中心を置いて考えられています。意思の伝達をし合うこと、了解し合うこと、そういう意味で使われていますが、元来ラテン語のコムニカチオはもっと広い意味をもっています。コンムニオは前回も語源的な説明をいろいろしましたが、要するに分かち合いを中心とする共同体のことです。都市には城壁（モエニア）がありましたが、城壁を共有する人たちというふうにもとれるし、あるいはその内部で相互に交換（与え合い）を行って結び合っている人たちというふうにもとれますが、つまり交換が共同体形成作用というふうに考えられていて、ラテン語の使い方では、一方が市民としての義務を尽くし、それに対して他方がお礼をするという交換も考えられていたようです。業務を遂行すること自身が贈り物だともとれます。

コミュニケーションの語源からヒントを得てもっと広く考え直すことができると思うのですが、それもやはり広い意味でのコミュニケーションです。どういうことかというと、人間が身体だというのは、仏教でもキリスト教でも同様で、身心の統一体としての身体をいいます。少なくとも新約聖書では一貫してそのように考えられていますが、仏教でもそうだと思います。そのように人間を身体としてとらえた場合、人間は物質世界の一部で、また生命世界の一環だということになります。キリスト教の場合は人間とほかの生物を区別して考えていたという歴史がありますが、現在では人間は生物の一つだということは明らかですから、身体としてとらえた場合にはそれは生物の歴史のなかの一環だというふうにとらえられるのは当然です。

人間は身体ですから生きるためには当然衣食住が必要で、それらを作らなくてはならないわけですが、一人でやるのではなくおおぜいでの労働です。それはどういうことかというと、それぞれが個性として違うものを作るからです。これはコミュニケーションや交換ということとも関係してくるのですが、それぞれが働いて作り出したもの、あるいは持っているものを分かち合うということが行われます。その場合、食べ物や着物や家や道具といった物だけではなく、労働自体の交換も行われます。これがサービスです。それから意思や情報や知識などソフトを交換するということもあって、この最後の場合が現代ではコミュニケーションというふうにいわれていると思いますが、元来コミュニケーションが合意による共同体形成行為である限り、その全部を含むのは当然であろうと思います。つまり働いて作ったものを交換するというのはあらゆるレベルで考えられて当然だと思うのです。

コミュニケーション（必要なものを必要なところに提供することによる共同体形成行為）というのは広い意味での交換（その結果としての分かち合いを含めて）だということであれば、これは働き合いですから、人から与えられたものを自分の一部に転換し、そしてまた自分から人に何かを与え、与えられた人はそれを自分の一部に転換して、部分的ですがお互いのなかにお互いがあるという形が成り立ってきます。私がよく例として挙げるのは、たとえば私の引越しのときに友人が時計をくれて、それが私の書斎にあるのですが、その時計というのは友人を表現しているわけで、私はそれを友人のフロントだというのですが、友人のフロントが、友人のフロントであり続けながら私の書斎の一部になっているという関係があります。それを私はフロント構造といっていますが、つまりそれが交換というか与え合うということの原態であろうと思うのです。実際、コムニカチオというのはシェア（share）されているという意味で、つまりお互いにお互いが必要としているものを分け合った結果、同じものを少しずつみんなが持っているということですが、共有というと一つのものをみんなで所有するというふうに聞こえるのに対して、シェアというときはそれだけではなく、たとえばパンをみんなで分け合い、その結果みんなが同じパンの一部分ずつを持っているということで、つまりシェアさせることをコムニカチオというわけです。

そうやって成り立つ関係がコミュニケーションだということになります。先ほどフロント構造ということをいいましたが、時計を買った場合は違います。私が時計をどこかで買ったとします。それは誰がどうやって作ったのか私にはわからないし、お金を払ってしまえば私の私有物になりますから、そこにはフロント構造はないわけです。そこに与え合うということと売買ということとの非常に大きな違いが現れてくるわけで、これは一つの独立した問題ですが、ごく簡単に言及させていただきたいと思います。

与えるというときにはお返しを期待しないで与えているわけで、結果として与え合うという交換になっても、そのときにはお互いにお返しを期待しないでいるわけです。ところがそれが制度化されるとなると、一方が与えるだけでは長続きしませんから、交換が制度化されることになります。交換が制度化されると、それは貨幣経済に発展していくわけで、経済学でよくいわれているのは、たとえば農民が小麦一袋を職人の鎌一丁と交換した場合、両者の使用価値は違うけれども価値は同じだということになるわけで、交換は価値が同じでないと成り立ちません。タバコ一本と家一軒を交換する人はいないように、価値が同じだということを認識して交換をするのですが、価値とはそもそも何かという場合、それはなかなか難しい問題ですが、とにかく等価交換に際しては使用価値ではない価値一般ということが出てくるわけで、これは人間が社会生活を営む上で考え出した非常に重要なことだろうと思います。

ご承知の通り、英国の近代経済学では価値は労働価値だということになっています。つまり商品の価値は、それを作るために支出した社会的平均的な労働の量で決まると考えられています。何かを作るために質・量あわせて多くの労働をつぎ込んだものほど価値が高いから、価値を表現する価格も高いわけです。いずれにせよ価値一般という観念が生じてきたことによって、それが数量化されて価格に転換される。すると貨幣がそれを表現する。つまり価値を数量化することによって貨幣経済が成り立ち、交換が便利になるのですが、ここでは必ず所有権という問題が出てきます。売買というのは貨幣を媒介にして所有権を移転することですから、売買が成り立つときには必ず所有権という権利が設定されます。契約、権利、義務、違反への罰なども成り立ってきます。だからここには常に立法・行政・司法というものが前提されることになるし、そこで国家権力も成り立ってくるということにもなりますが、そういうなかで売買ということがなされると、今度はお金が媒介になるので、お金自身が価値だという考え方が成り立ってきます。そうすると金儲けということができるようになるわけです。

これは世界の言語化と非常によく似ているところがありますね。言葉が意味を代表するように、お金は価値を代表するわけです。我々は世界を言語化して言葉で世界を代表させていますが、言語というものはそういう意味で現実を代表する記号です。そして我々が現実と称しているものは、実際上は、言語化された現実で、つまり社会的通念的に言語化されている現実のことを我々は「現実」というふうにいっていますが、それは決してありのままの事実ではありません。これはキリスト教でも仏教でも非常に深く考えているところだと思います。とにかく現実の代表という意味で言語と貨幣はよく似ているところがありまして、知識を蓄えるということがあるのと同様にお金を貯めるということも成り立つわけで、貨幣自身が価値になってお金儲けということが成り立ってくるわけです。

仏教にしてもキリスト教にしても、またユダヤ教にしてもそうですが、都市生活を前提にして成り立ってきたので、言語とか制度とかあるいは貨幣経済といったこととのかかわりが出てきます。宗教が宗教として成立したときにはそういう社会が初期的にではありましたが成り立っていたわけで、仏教もキリスト教も人間の経済的な営みをまずは俗世界の出来事ととらえます。これは金儲けつまり欲望とその充足ということにかかわってくるからだろうと思うのですが、経済生活というものは俗世界の出来事で、宗教というのはそこを突破した聖なる領域だという観念が出てきます。

それは確かに正しいのですが、経済という人間的な営みの根本にはコミュニケーションがあって、（3−1）式のような形で書くと、コミュニケーションというのは元来広い意味での愛の上に成り立ってくるものであるし、またそういうものでなくてはならないわけです。つまりもともとは愛の表現、愛のかかわりがコミュニケーションで、コミュニケーションというのは元来そういう形をもっていたのですが、少し先走りしていうと、コミュニケーションはものにせよ、サービスにせよ、情報にせよ、生活上必要なものを人間が働いて作ったもの、得たものを、互いに与え合い分かち合うことですから、元来は仏行で仏様の働きだということができるだろうと思うのです。ただしそれが所有を前提とする貨幣経済のなかでの出来事ということになると、どうしても儲けとか欲望とかいうこととかかわってくるから、商売は俗界の出来事で宗教の世界のことではないということになってきて、結局宗教というものが経済の営みから離れていったということがあると思います。マックス・ウェーバーは『プロテスタンティズムと資本主義の倫理』のなかで、西洋のプロテスタント世界には勤労倫理があって、禁欲的に一所懸命に働いてお金を貯めたので、それが資本の蓄積となり、資本主義を可能にしたのだという議論をしていますが、しかし結局はキリスト教徒の経済生活そのものが資本主義を作り出したということはなく、資本主義も再びキリスト教から離れていくことになるわけです。

そういう社会的な事実から根本に戻れば、人間は身体であり人格であり、人格でありつつ身体であるわけで、つまり身体である人格、人格である身体だというふうに考えると、コミュニケーションは人間が人間として成り立つための必須の営みですから、それは元来愛の営みあるいは仏行だと考えて差し支えないと思います。ただそれが法的に秩序づけられた貨幣経済の世界のなかで、もとから離れて単なる自我の営みになってしまったということがあるわけで、だから一つはそういうコミュニケーションの原事態をとらえることによって、キリスト教も仏教も同様だと思いますが、経済的な営みも含めた「身体／人格」の営みであるコミユニケーションということをあらためて宗教的な営みなのだというふうにとらえ返さないといけないと思うのです。というよりそれが宗教性の表現になるように戻さなくてはいけない。そうでないと宗教と社会の接点が切れてしまいます。逆にいうと労働ということを原事態に戻して改めて考え直すことで宗教と社会との接点が見えてくるはずです。私は（3-1）式を書いてコミュニケーションの原事態をとらえることでそのように考えています。つまりコミュニケーションとは「必要なものを必要なところに提供し合う」ことであって、必要なものを提供しないことも、また不必要なものを提供することも、コミュニケーション（共同体形成）を阻害ないし破壊します。現代は我々が生きるためにほんとうに必要なものを――空気、水、動植物の生態系などを――ダメにして、不必要なもの（情報を含めて）を過剰に作り出しているのではないでしょうか。それが一つです。

それから前回に統合体ということを申しました。統合体とはどういうことかというと、あらゆるレベル同士また部分同士のコミュニケーションがスムーズに成り立っている共同体のことです。（3-1）式で見ると相互作用、相互内在ということをいっているわけですが、つまり個と個は元来区別はできるけれど切り離せないということで、私はそれを「極」というあまりにも物理学的な言葉でいっています。磁石のN極とS極のように区別はできるけれども、切り離せず、一方がなければ他方も成り立たないという極関係は仏教の相依相関の関係です。人間と人間はもともとそういう区別はできるけれども切り離せない関係でつながっていて、両方とも揃うことで両方が成り立っているというものですが、それを極というふうにいいます。ただし、作用の極といっても、そこには他から区別されるような実体があるわけではありません。磁石の極でも、それは他とは違う物質ということではないでしょう。さてその極が集まって一つのまとまりを作っているものを統合体というわけで、だからそれは多くの極から成る一つのまとまりであると同時に、内部では極と極との間のコミュニケーションがうまくいっている状態だといえると思います。

しかし人間の世界は統合体になっておらず、ですから統合体の例を探すと、それはむしろ芸術の世界などにあるわけです。たとえばクラシック音楽などがそうで、音と音とがお互いにかかわり合うことで成り立っているわけです。たとえばメロディーの場合ならば、いま鳴っている音は前の音を前提にして、次に来る音を予期して、はじめて鳴っていますから、メロディーにおいて個々の音は関係性のなかで一つのまとまりをなしているということになります。楽曲全体としても同様で、緊密に連関し合っています。たとえば一部を強く弾いたらほかの部分も強く弾くとか、あるいは対照的に弱く弾くとか、一部をスローテンポで弾いたらほかの部分を遅くするとか、あるいは対照的に速くするとかしなければならないように、一部分を変えると全部が変わってくるという性質をもっていますが、目を転じてたとえば禅寺の庭園などを見ても、非常に緊密に構成されていると思います。ここにこういう木があり、池があるということが、お互いにお互いを前提にし合って成り立っていて、もしも誰かが乱暴にも何かをひっくり返したら、全体が大きなダメージを被ったとみんなが考えるでしょう。一箇所を変えたらみんなが変わらなければいけないというのが、川原の石と違うところで、川原の石なら一つをひっくり返しても全体には別に何の変わりもありませんが、庭園で石一つをひっくり返したら大変なことになるし、あるいは一箇所を変えたら全部変えなければなりません。この場合、どこかに異常が生じたら、それを「直さなくてはならない」と考える、統合性を認識する人は、ただ知識の上でそう考えるのではなく、そういう気持ちになることが大切な点です。

生物というか有機体でも同様で、有機体の場合の方がもっとはっきりしています。人間の体も有機体として見るといろいろな器官系があります。皮膚とか神経とか筋肉とか骨格とか、あるいは循環器や呼吸器、消化器、泌尿器、生殖器などの器官系があってお互いに寄り合いかかわり合って成り立っていますが、そこにはコミュニケーションがあるわけで、つまり心臓は肺に血を送ってやることで肺は肺として働くことができるのですが、その代わりに心臓は肺から酸素をもらうわけで、同時に消化器の方に送られた血が返ってくると心臓はそこから養分をもらうというようなコミュニケーションが成り立っているように、生体は一つの統合体であるといえます。この場合は全体をコントロールするシステム（脳）ができてきますが。さらに物理的な世界を見ると、たとえば太陽系というのも一つのシステムで、お互いに極が寄り合ってまとまりを作っていますから、あれもやはり一つの統合体だということができるわけです。

そのことからどういうことがいえるかというと、統合体というものは必ず成就するものなのかというと、どうも見ていると「成就する」という方向はあるように見えます。簡単な物理的な統合体から生物的な統合体、それから人格的な統合体、そこに含まれる芸術的な統合体というふうにレベルは違うけれど、そういうものを作るような傾向はあるわけで、実際キリスト教ではそれをはっきりと、最後に神の国が成り立つというふうにいいます。その場合の「神の国」というのは人格の統合体のことです。

ただ実際を見るとそうはなっていないわけで、私はよく知りませんがビッグバンで膨大なエネルギーが放出されて、そのなかからいろいろな素粒子が出てきて、反粒子が出てきて、ぶつかり合ってまたエネルギーになりながら陽子とか電子などが残って物質的な世界ができたといいますが、我々が知っている物質的な世界というのはごく少なくて、ビッグバン全体のエネルギーの数パーセントに当たるといわれています。その物質的な世界が銀河などといったシステムを作るわけですが、銀河というシステムを作ったのも少ないらしく、ましてやそのなかで太陽系のようなシステムを作るというのはそう多くはないようです。太陽系のなかでは地球に生命が発生したわけですが、生命が発生するというのもほかの世界では絶対あり得ないとはいえないけれど、やはり地球のように非常に条件に恵まれた星というのはそう多くはないらしく、非常に稀なことであるようです。生体は統合体ですが、そこから生物の進化ということがまた起こり、人間が出てきたというのも確率論的にいって極めて小さなことだったのですが、その人間がまた争い合っているので、折角絶妙の条件に恵まれた地球上でも、特に人格の統合体が成り立つというのは非常に低い確率で起ることであるように見えます。

これは時間ということにも関係してきて、ギリシャ語ではクロノスとカイロスということがいわれています。クロノスは新約聖書にはあまり出てきませんが、これは一般的な時間です。カイロスというのは、たまたまいろいろな条件が集まって、何か大事なことが成り立つ、その時のことです。たとえばキリスト教の歴史上の決定的な時というのはカイロスといわれますが、非常に多くの条件が集まって何か大事なものが成り立ってくる時のことで、イエスにしても原始教団にしても教会にしても、成り立ってくるその瞬間をカイロスというのですが、統合体ができるのもたまたま恵まれた条件のなかで成り立ってくるというわけで、そういう歴史を見れば時といってもクロノスではなくカイロスが重要であるわけです。

我々の社会では普通に生きているときは単なる自我が表面にあってその奥にあるものが見えていないのですが、それをこちらに転換する（S↓―E↓ ⇩ S↓E↓）のがコンバージョンであったり悟りであったりするわけで、これもやはり必然ではなくある確率で起こることで、我々にできることは確率を大きくしてやることだと思います。宗教的な生が成り立つについては、資質ということもあれば環境もあるし教育もあるし、いい指導者ということもあるのですが、そういう条件をととのえることで確率を大きくすることはできるけれど、それだけでは必然性ということにはならないわけで、我々は統合成就を求め、また選択し、統合体が成り立つための確率を高めるということはできるし、それが宗教的な生き方だとは思いますが、それを必然にするということは非常に困難、ないし不可能ではないかと思います。統合形成への可能性と傾向はあ

$$D\to I\to = D\to / I\to / (D \text{ in } I)\to / (I \text{ in } D)\to$$
$$= (I_m\to I_n)\cdot(I_n\to I_m) = (I_m \text{ in } I_n)\cdot(I_n \text{ in } I_m) \qquad (5)$$

るが、世界にはさまざまなものや作用があるから、統合成就の確率は小さい、ということです。しかし私たちはそれを願い、求めるわけです。それが宗教者のあり方だというのは、統合化（統合作用）に神の働きをみるからです。とにかくそういうことを全部ひっくるめてカイロスとか統合の成就といっているわけです。とにかく統合体というのは内部でコミュニケーションが円滑に成り立っている状態で、個人についてもSからEへの作用もありますから、コミュニケーションがよく成り立っている状態ということでは決定的にSが先でEが後ですが、EからSへの働きかけもないことはないわけです。

2　統合論と仏教

それでは我々の問題の中心は何かというと、（3-1）式の上2行のGを入れ替えるわけです。たとえばダルマ Dharma のDに入れ替えると、これがとにもかくにも仏教的な思想の表現になるということで、もちろんキリスト教的な場所論と仏教のそれとが全く同じだというのではなく、GとDが違うだけ内容もやはり違うのですが、そこにはある対応が見られるのではないかということで、あとでさらにGをT（如来）に替えていただきます。あるいはTを阿弥陀のAに置き換えてもかまいません。

コメントですが、D↓は、先に神について申しましたように、法性法身という実体があってそれが働くのではなく、またこの場合はDという働く「もの」でもなく、法性法身という名のついた働きだととってください。次頁の（6）式のTについても同様です。ただTはしばしば人格化されますが、これも働きが人格化されていると解してください。まず（6）式から始めます。

$$T\to I\to = T\to / I\to / (T \text{ in } I)\to / (I \text{ in } T)\to$$
$$= (I_m\to I_n)\cdot(I_n\to I_m) = (I_m \text{ in } I_n)\cdot(I_n \text{ in } I_m) \qquad (6)$$

さて(6)式は何を表しているかというと、親鸞の『唯信鈔文意』のなかに「この如来微塵世界にみちみちたまへり。すなわち一切群生海の心なり。この心に誓願を信楽するがゆえに、この信心すなわち仏性なり」という有名な言葉がありますが、ここでGを如来のTに替えた(6)式を見ると、如来がこの微塵世界にみちみちたまへりで、人間がその世界のなかに置かれているということになるわけです(I in T)。ただ置かれているだけではなく、如来が人間に働きかけてくる(T↓I、これはT in Iでもある)わけで、これは人格主義的に「如来招喚の勅命」というふうにもいわれ、人間はそれに対して応答するというふうにもいわれますが、しかしこれは自分のなかにおける如来の働きでもあるので、左辺には人格主義と場所論的な言い方の両方があると思います。如来の働きに催されて念仏をしようという気持ちが起こってくるといわれます(『歎異抄』一、六)。そこで念仏をとなえる姿がT↓I↓です。そういう言い方を場所論的に考えた場合、如来が人間に働きかけ(T↓)、それに催されて「南無阿弥陀仏」ととなえる気持ちになり、また実際にいう(I↓)。これは人間がいっているのだけれども如来の働きなのであって(T in I)、その如来の働きから出ていることだから、ここには作用的一があり(T↓I↓)、だからそれは仏性の働きだといえるわけで、つまりここに「この心に如来の誓願を信楽する」(I in T)=(T in I)ということが成り立つということになります。詳しくいうと、I↓=S↓E↓で、S↓が仏性(弥陀の願力)の働き、E↓は自我で、S↓に基づき、これを映す、ということになります。如来の働きが及ぶ人の心の働きが信心だから、信心は親鸞が強調するように願作仏心、度衆生心であるわけです。いずれにせよI↓は信心で、信じることで如来と人間との関係が正常に成り立つと、やはりこのようになってくるではないかということです。つまり如来がいて、世界のなかで働いている、人間は人間としてそれぞれ営みをしているが、如来の誓願力が人間のなかに及んで働いてくることによって人間は如来の微塵世界での働きの場のなかに置かれ、そのなかで働きを受けて「南無阿弥陀仏」という、という作用的一が成り立ってくるわけです。

こんどは(3-1)式のGをダルマのDに替えたもののことです。すると(5)式ができたわけです。そのように替えたものを見て私がまず思うのは、『碧巌録』の第六二則の評唱です。「乾坤之内　宇宙之間　中有一宝　秘在形山」という言葉ですが、つまり「この世界には宝があって（D in W）、それは形あるもののなかに密かに働いている」（D in I）ということで、そうするとWは世界でIが個人（物）ということになります。個人（物）は世界のなかにあるので、（D in W）=（D in I）と書けます。

Dは世界と一つになって働いていて、だから人間のなかでも働いているわけですが、それを見て思い出すのは、「ただわが身をもこころをもはなち忘れて、仏のいへに投げいれて、仏のかたよりおこなはれて、これにしたがひもてゆくとき、ちからをもいれず、こころをもついやさずして、生死をはなれ、仏となる」という道元禅師の言葉です。これは『正法眼蔵』の拾遺（「生死」の巻）にあるのですが、道元自身の言葉とってておきます。さて「身をもこころをもはなち忘れて、仏のいへに投げいれて」というのですから当人は「仏のいへ」のなかにあるわけで（I in D）、ここでは仏の働きが自分に及んでくるということがいわれているのだと思います。「仏のかたよりおこなはれて、これにしたがひもてゆくとき」というのですから、こういう関係（D→I→）があると思うのですが、そのときには「ちからをもいれず、こころをもついやさずして」というのですから、これは自然ということでしょう。

言い忘れましたが作用的一というのは自然ということです。新約聖書のイエスの言葉でいうと、「おのずから（アウトマテー）」ということで、つまりは自然（じねん）ということになります。ドイツ語ではvon selbstと訳されますが、作用的一は人為ではなくおのずからだというのが決定的なことで、「仏のかたよりおこなはれて、これにしたがひもてゆく」（D↓I↓）というのがまさにこれです。そのときに「ちからをもいれず、こころをもついやさずして、生死をはなれ、仏となる」というのですから、これは自我の「人為」をすてたところに成り立つ自然の自覚ということでしょう。こういう関係が成り立つときにこういう作用関係（D↓I↓）があって、それを自覚したときに仏になるということで、もちろんここのところはもっと詳しくいわなければいけないし、詳しくいうと（I↓＝S↓E↓）と書き換えてもいいわけで、ですからI↓は超個と個の作用的一（S↓E↓）なのですが、S↓が自我に及んできて自我の思想や行動、行為が超個との作用的一になるわけです。

GをDと読み換えた（5）式の第2行は何かという話になりますが、（I_m↓I_n）・（I_n↓I_m）の内容は広い意味でのコミュニケーションですから、そうすると個人と個人の関係は相依相関で、これは縁起を表現していることになります。ところで空とは一体何だというのは難しい問題で、私が属している東西宗教交流学会というところでもよく「空って何だ」ということが話題になるのですが、ヨーロッパから来ている人のなかには、「空というのはどうもわからん、あれはおかしい」というようなことをいう人がいて、そういう気持ちもわからないわけではないのですが、大体「空って何だ?」という問いが非常に問題だと思うのです。

多くの場合、この「空とは何か」という問いの形に引っかかって、「空とはこういうものだ」と言い出すわけですが、「空とはこういうものである」というと「空」がセンテンスの主語になるわけで、「こういうものである」という説明は述語になるのですが、「空」は主語になった途端、ほかのものと区別された、特定の形あるもの、「これ」と特定できるものということになってしまうわけです。主語というものはそういう

$$D\to I\to = D\to / I\to / (D \text{ in } I)\to / (I \text{ in } D)\to$$
$$= (I_m \to I_n)\cdot(I_n \to I_m)$$
$$= (I_m \text{ in } I_n)\cdot(I_n \text{ in } I_m) \qquad (7)$$

ものです。そういうものでないと文の主語にはならないのです。だから「空とはこういうものだ」と言い出すと、知らず知らずのうちに空が主語、つまり特定可能な形をもつ実体とされてしまいます。これは仮象です。しかし空は特定の形がある実体ではありませんから、説明文の主語と述語の間に矛盾が出てきて何のことやらわけがわからないということになって、非論理的だということになると思います。空はやはり「相依相関」というふうに定義した方がいいわけです。

つまりI_mとI_nの間に(7)式の第2行と第3行の関係［$(I_m \to I_n)\cdot(I_n \to I_m) = (I_m \text{ in } I_n)\cdot(I_n \text{ in } I_m)$］が成り立つときに、「Iは空だ」と定義すれば、それで「空」ということを主語にしないで定義することができるわけです。ただし、$(I_m \to I_n)\cdot(I_n \to I_m)$は相互作用がもたらすフロント構造です。要するに、$I_m$と$I_n$は縁起という連関のなかでの任意の個物ですが、先ほどいったように個物は実体ではなく動態です。動態の間に上記の関係が成り立っているときに「Iは空だ」というふうに定義すれば、それで通じるではないかと思います。ただIが動態だというのがいささか難しくて、先ほどいったように、言葉にするとどうしても問題が出てくるわけです。たとえば実際は「走る馬」なのだけれども「馬が走る」というと、「馬」という不変不動の実体があるように聞こえるし、ひいてはプラトンみたいに馬の永遠不変のイデアを立てるということにもなりますので、難しいのですが、言葉というのは約束事だから仕方がありません。約束事だから、あるまとまりをもったものが変化しながら働いているということをとらえ、それを主語にするのだということをはっきりと合意する必要があると思います。とにかくそういうふうな約束をすると空ということが上述のように表現されてきます。

（5）式にフロント構造を加えた（7）式を見てください。

ここでI↓というのは個人というより個物ですから、華厳に四法界ということがいわれますが、I↓は「事」でD↓は「理」ということになります。そうすると右辺のD↓は理法界、I↓は事法界になりますが、（D in I）↓／（I in D）↓は理事無礙法界、（I_m↓I_n）・（I_n↓I_m）＝（I_m in I_n）・（I_n in I_m）は事事無礙法界になります。事事無礙法界では「理」は語られません。だから（7）式には華厳の理法界、事法界、理事無礙法界、事事無礙法界ということがとにかく表現できているではないかということになります。しかもこの場合、「重々無尽の相即相入」ということがありますが、相即は体で相入が作用ならば右辺第2行が「相入」で右辺第3行が「相即」で、これはもちろん相互作用ですから重々無尽にもなり相即相入ということにもなるわけです。一般に個（個物、個人）は場所論では作用関係のなかにある動態なのです。動態には――ここでは十分論じられていませんが――変化も含まれることに注意して下さい。

3　道元について

さて、これから私の心臓に毛が生えているところをお見せすることになるかと思います。なにしろ曹洞宗の宗学研究者の皆様を前にして道元に触れるなどという乱暴なことをするわけですから。しかし（7）式を見ながら道元を考えると、少なくとも私の経験ではわりとよくわかってくるわけで、まず「悉有が仏性である」という言葉がその手がかりとなります。道元は『正法眼蔵』の「仏性」の巻で「一切衆生悉有仏性」という言葉を論じますが、そこに「悉有が仏性だ」という言葉が出てまいります。私は悉有は個物の総和のことではなく、（7）式が示す全体だろうと思うのです。悉有の内部構造を書けば、（7）式が悉有なのです。悉有は仏性の働きというふうに私はとりますが、この場合はIを人間ととって、特に仏のいのちの働きを受けた人間（D↓I↓）が中心になっている。そして(7)式が示す関係の全体のなかで、全体として、仏のいのちの働きが成り立っているのだというふうに私には読めるのです。どこか一部分だけを取り出して、そこに仏性があるとか、仏性が働いているとかいうのではなく、全体を見た場合にはじめてそれが仏性が働く地平なのだということがはっきりしてくるのではないか。だからそういう意味で一切衆生が悉く仏性をもっているということではなく、それを言い換えてみると、悉有という全体が仏性の働く地平である、そのように道元はいっているのではなかろうかと思います。

やはり「仏性」のなかに「仏性かならず成仏と同参なり」という有名な言葉が出てきますが、私は「うちなるキリスト」と仏教の「仏性」の働きとは非常によく似ていると思うのです。新約聖書でもS↓—E↓の状態からS↓E↓に変わったときに「うちなるキリスト」が現実化するのです。すぐあとでお話しします。同様にS↓—E↓では仏性はあるとはいっても現実化していないということで、S↓E↓になってはじめて仏性の働きが現実化するわけです。

東方教会のなかに、キリストは人間のなかで枯れて、いわば干からびた状態でいるのだけれども、人が信仰を得た場合にはじめてそのキリストが生きて働き出すのだという言い方がありますが、それに似ているのではないかと思います。S↓—E↓の状態ではSの働き自体が拘束されていて、だからS↓E↓ではじめてS自体が現実化する、働くことができるようになる、つまりEの思想と行為を通して、あるいはコミュニケーションを通して現実化してくるわけです。

そうすると、やはり仏性は成仏しようとすまいと無関係に現実に存在して働いているのであって、ただそれに気がつくか気がつかないかだけの違いだということではないですね。これは私がよく申すことですが、新約聖書でもそうで、「ガラテアの信徒への手紙」一章13—16節、二章1—20節を見ますと、キリストを「神の子」といっていますが、パウロのなかに神の子が現れ、それ以来パウロはクリスチャンになります。その前にパウロは何をしていたかというと、ユダヤ教の伝統に反する連中だというのでクリスチャンを逮捕して官憲に引き渡していたわけですが、彼のなかに神の子が啓示されたときにひっくり返って、「私は母の胎内にいたときから異邦人の使徒たるべく選ばれていたのだ」と言い出すわけです。だからパウロにとってみれば、キリストの恵み、神の恵みはお母さんのお腹の中にいるときから現実だったのだけれども、それはパウロの自覚に現れる仕方で働いてないから、あるいはマイナスの方向にねじ曲げられて働いていたから、クリスチャンを迫害していたわけですが、それがひっくり返ったときにはじめて「キリストが私のなかで生きている」、「キリストとは私が生きることだ」と言い出すわけです。そのときには彼のなかでキリストが現実化した、つまり思想や感情や行動のなかに現れたのだと思います。そういう点ではキリスト教と一致していると思うのです。

なお、繰り返しますが、（7）式は全体がイコール（＝）とスラッシュ（「／」、これはand／orの意）でつながれていますから、一項は他の全体を含意することになります。各項は全体を前提に成り立つわけです。

ここでは私の印象に残っている道元の言葉だけを挙げているのですが、『正法眼蔵』の「梅花」の巻に「花が開いて世界が起こる」という印象的な言葉がありますね。梅の花一輪が開くということは世界が世界として成り立つことだということですね。これは（7）式右辺のI→を梅花と解するとよくわかります。I→はI→ですが、（7）式の全体を含意するからです。

また、「起はかならず時節到来なり。∴起すなわち合成の起なるがゆへに」というのは同じく『正法眼蔵』の「海印三昧」の巻の言葉ですが、ここでは起こる、成り立つということは必ず「合成の起」であるということですから、時節到来はカイロスということですね。先ほどいったように、いろいろな条件が集まってあることが成り立つ瞬間・時間のことをカイロスと新約聖書でいっているわけですが、時の合成というのはカイロスで、時節到来して何かが成り立つというのは、カイロスにおいてそれが成り立つのだということです。(7)式にはカイロスは明示されていませんが、矢印は作用ですから時間的です。その時間にカイロスということが含まれていて、ここではうまく表現されていませんが、カイロスというのは上述のようなことであるといえると思います。(7)式はすでにすべてが成り立った状態を示しているわけです。

「而今の山水は古仏の道現成なり。空劫已前の消息なるがゆへに而今の活計なり。朕兆未萌の自己なるがゆへに現成の透脱なり」という「山水経」の巻の有名な一節も非常に難しい言葉で、而今の山水は古仏がいったことが実際にそこで成り立っているということで、「空劫已前の消息なるがゆへに而今の活計なり」の前半では言語を絶する永遠のDがDとして働いているということ、これはつまり(7)式右辺第1項のD↓ですが、これはとりもなおさず世界が世界として、山水が山水として成り立っていることだといっているのでしょう。これもまずはI↓のことですが、結局は(7)式の全体のことですね。しかし、これを「朕兆未萌の自己」だというふうにいうとき、この「自己」というのを人間の自己ととっていいのかどうか、これを読むだけでは私にはもう一つ定かではありません。ですが人間の自己（右辺のI↓）を含めていいのだとすれば、D↓I↓のD↓は「朕兆未萌の自己」ですから、つまりDが働いているということは、いま我々がここで我々として生きているということであり（D↓I↓のI↓）、そのI↓には同時にS↓E↓ですから、朕兆未萌の自己が目覚めたE↓として透脱現成するといっていることになるのだろうと思います。

それから「山水経」の巻に「山が歩く」という印象的な言葉があります。記述言語で語った場合は「不動なること山の如し」というように山は動きません。もちろん地球が動くのだからその上に乗っかっている山も動くのだというような理屈を言い出せば別ですが、それはここでいっていることとはまるで違うことです。そのように記述言語では山が動くとはいわないわけで、山が動くというのはやはり悟りを言い表している表現言語であると考えなければいけないと思います。これまで表現言語の名詞は実体を指示するものではないと申してきましたが、特にG↓がそうで、W↓とI↓は動態です。(3-1)式(世界を入れて考える。M in W in G)では人間と世界の根本にある場のことをG↓というふうにいっているので、神というと人格か実体のように聞こえますが、それは言葉の悪い習慣で、実際はそういうことではありません。まして(7)式は文にすれば全体が動詞文です。

そういう仏の働きが成り立っている世界のなかで、いろいろなとり方があるのでしょうが、「山が歩く」というのはどういう経験を言い表しているのでしょうか。この場合、片方が山で片方が人間ですが、それらはバラバラにあるのではなく、この世界の中で相依相関というかかわりのなかにあるわけです。(7)式右辺の第2行、第3行がそれを示します。そもそも直接経験においては主即客である。それを言語化すれば、人のなかに山が、山のなかに人が、含まれているわけです。だから山が私で、私が山だといえるところがあるわけです。だから「山が歩かないでどうして人が歩けるか」といわれる。ただ、個同士のかかわりが、実際にはどういうかかわりかというのは個々の場合で違うので、いきなり十把ひとからげに重々無尽の相即相入だなどとはいえないと思うのですが、かかわりにはそれぞれの仕方があります。たとえば「私のメガネと私の時計とが重々無尽の相即相入の関係にある」といったとしたら、「それはどういうことだ、何の関係もないじゃないか」という人もあると思いますが、しかし私がメガネを使い、時計を使うときには両者は「私」を媒介にして関係しているわけです。たとえば私の時計がどこにあるかということは、私のメガネがどこにあるかということと無関係ではないわけです。こういうかかわりは記述言語でもいえますが、「私」が全体とのかかわりのなかにあるということは、やはり自覚の表出です。全体から見たときにこういう含み合いということがここでいわれているのではないかと思います。

「諸悪莫作」の巻には「諸悪さらにつくられざるなり」という言語があります。全体を引くまでもなく、これは人為ではなく自然《じねん》なわけで、道元は「諸悪莫作」という言葉を「諸悪を為すべからず」という命令形ではなく「為すことなし」という直接法で読んでいます。実際に作用的一が成立しているなら悪をすることはないわけです。新約聖書も同様で、「クリスチャンは悪いことをしないのが当たり前で、悪いことをすることができない、することはあり得ないのだ」という言葉があります（Ⅰヨハネ三9参照）。旧約聖書のモーセの十戒に「殺すなかれ」という第六戒がありますが、これは命令法ではなく「君は殺さない」と直接法で書いてあるのが非常におもしろいと思います。それから「あなた自身のようにあなたの隣人を愛しなさい」というのも「君は隣人を愛する」とか、「隣人は愛するものだ」という直接法未完了で書かれています（レビ記一九18）。この箇所が引用されギリシャ語に訳されている新約聖書でも、「愛しなさい」は「愛する」という動詞の直接法未来形で書いてあるわけで（ルカ一〇27）、これはやはり諸悪「莫作」です。なおこの点は『道元禅師研究論文集』（道元禅師七五〇回大遠忌記念出版、永平寺発行、二〇〇二年）所載の拙稿「莫作の力量」に書いてあります。

問題は「有時」の巻の「有は時である」という有名な言葉で、これは大変難しいと思います。マルチン・ハイデッガーが『存在と時間』という本を書いて両方の連関を論じていますが、いっている内容自体はずいぶん違うと思います。「存在と時間」ということについて、存在というのは、まずは人間がここにあるというのは世界のなかにあることで（Dasein）、世界のなかにあるということは自分の望ましい姿を前に投げて、それを実現しようとすることである、だから配慮することなのだとしています。つまり人間を一つの働きとしてとらえているわけです。ハイデガーは「存在」と「存在者」を区別するのですが、この本では「存在」そのものについては詳論していません。そしてその配慮というような営みを可能にする地平が時間で、「有時」で存在が時間だというのとは同じではないけれど、しかし似ていないこともないと思います。

どういうことかというと、「有」は(7)式が示す働き合いのなかで有であって、相互作用のなかで成り立っているのだから、この意味で確かに「有」は時間的だといえますが、先ほど「起すなわち合成の起なり」のところでさまざまな縁が集まって何かが成り立つということは、カイロスという意味での時ではないかといったように、有とは時だというその「時」を「合成の時」というふうに読むと、有が有として成り立つということは常にカイロスだから、この意味で存在は時間だといえるのではないかと思います。そういうつもりで読むと、書いてあることは非常に難しいけれど、何となく納得できるわけです。

これは私なりの理解ですから、いろいろと思い違いをしたり行き届かない点があると思いますが、要するに新約聖書にある場所論的な神学を記号化した上で、今度は記号を入れ替えて、つまりGにDやTを代入してやると仏教思想の表現になるということが、とにもかくにもいえるわけです。もちろん両者が同じだということではなくて、たとえばGをDに入れ替えると、GとDが違うだけ全体の内容は違ってくるけれど、しかし実際にGとDの間にはある対応が存在すると私は思います。

そろそろまとめをしなければいけません。今回、宗教言語という視点から場所論をお話ししてきましたが、その意味するところはどういうものかというと、宗教言語とはそもそもどういうものかという宗教言語の身分をまず明確にするということが非常に大切で、私は宗教言語は動詞文で、名詞も動詞的であり、しかも表現言語だということから、自覚表現の言語だということを申し上げました。大切なことなのに言い忘れましたが、それは同時に、他者のなかに自覚を喚起するための言語で、つまり自覚を伝達するための言語だということになります。キリスト教の表現言語の場合も同じですし、新約聖書の場所論の場合も同じです。したがって仏教的言語とキリスト教的言語との間にある共通する言語があるのではないかというのは、要するにキリスト教的な場所論をこのように記号化して、それに仏教思想からとられた記号を代入してやると、それが仏教的な思想の表現になるという意味です。こうして、言語表現として両方に通用し、またわかりやすいものができるのではないかということが一つです。

もう一つは現代化ということです。先ほどのこととかかわるのですが、キリスト教の愛、仏教でいうところの広い意味での縁起というところから、コミュニケーションということを理解する、あるいはコミュニケーションを愛あるいは縁起というふうに理解し直すことで、コミュニケーションというものを深く理解し直すことが必要だと思います。身体としての人間の営み全体、たとえば従来とかく聖なる領域から排除されていた経済の営みや、あるいはセックスという営みなどもコミュニケーションの原義に帰ることによってそれぞれを宗教的行動として理解し直せるのではないか、さらにキリスト教も仏教も現代文明と社会に対して発言し、社会との接点を確保するために、それをし直すことが必要なのではないかと思うのです。

特に人間は身体ですから、労働と性ということの原点に戻り、それを地上における神の行為の表現ととり直す、あるいは仏教的にいえば仏行というふうにとり直すことで、もともとそういう身体的な営みの底にあったものを明らかにすることができるのではないか、そしてそれがいま必要なのではないかということです。現在行われているような経済的な営みあるいはセックスの営みがそのまま愛だったり仏行だったりするというのではなく、元来そういうものの根本に本来あったはずのもの、あるいはあるはずのものを愛あるいはコミュニケーションとしてとらえ直すことによって、それらを宗教言語の世界に組み込み、とかく現代社会から遊離しがちな宗教に対してある修正を加えることができるのではないかと思うのです。経済やセックスを単に儲けや享楽と考えるのではなく、もともとコミュニケーションの形だととらえ直し、実際コミュニケーションに作りかえてゆくということです。つまり広義のコミュニケーションの全体を宗教的行動として語り直し、全人類的統合という視点から現代社会に対して発言すべきだし、そうできるのではないかということです。仏教の場合、それは非常にうまくいくと思います。キリスト教の場合は人格主義というものがあり、しかも人格主義がキリスト教のすべてだというふうに考えられがちですが、人格主義で考えるとこの試みはなかなかうまくいきません。人格主義の立場で経済とか性とか家族とかいうものを位置づけるときには、やはり「神様がそう命令したからそうなのだ」ということになりやすいのですが、それでは現代人は納得しません。人間のあり方の分析と自覚にまでさかのぼって考えることがどうしても必要だと思います。

質疑応答

司会　今日のお話は仏教あるいは禅に深くかかわるもので、最後に貴重なご提言もありましたので、たくさんご質問があるかと思いますが、最初にセンターの宗研部門からご質問をいただきたいと思います。

金子　本日は貴重なご発表を聞かせていただきましてありがとうございました。宗学研究部門に属する金子と申します。本日の発表のなかでようやく場所論と仏教的思考ということで、仏教との関連についてお話をいただけたことで大変興味深くお話を聞かせていただきました。先生は資料のなかで最初に場所論的思考が仏教的思考に馴染むことに触れておこうということで書き始められておられますが、私のように仏教の教理的な側面からの研究ばかりを続けてきた者の所感を寄せますと、先生のおっしゃっている場所論的思考というのは如来蔵思想的な発想に非常に連関しているのではないかと思いながら聞かせていただいたのですが、近年は、「如来蔵思想は仏教にあらず」ということも提言されてきたと思います。そうした側面から見ると、本来の如来蔵思想系の仏典がもっていた思想表現としての生き生きとした部分が、「如来蔵思想は仏教にあらず」というような観点から軽視されてきた側面があるように思うのですが、今日先生から場所論的なものとの関連づけを聞かせていただいたことで思想表現としての価値や意義の再発見というか、如来蔵思想の思想表現・宗教表現としての価値を再度評価できたかなという気がしております。

如来蔵思想に関連して少しお話をさせていただくと、インド仏教では仏性や如来蔵を〈働き〉というふうに解釈することには多少困難があると思うのですが、最終的に道元禅師にいたっては先生がおっしゃったように非常に連関性をもたせて解釈することができると思いますが、これは中国仏教以降、仏性を〈働き〉というようにとらえる見方が出てきたことによる一つの恩恵ではないかと思います。そのように見ていくと、中国仏教以降の仏典における表現というのは先生のお教えくださったような見方をもってすればまた再発見する部分が出てくるのではないかという意味で、大変勉強になったと思います。

それからもう一つ、最後に先生は縁起に関してお話しくださいましたが、私は縁起に関しては、何らかの意味である者との出会いを表現しているのではないかというようなニュアンスをずっと抱いていたものですから、そうしたところで先生のお言葉とは多少違いますが、何か先生がお考えのことがありましたらお聞かせいただければと思います。

八木　ありがとうございます。前の二つの部分に関しては、私がいいたくていえなかったことを甚だ適切にコメントしてくださいました。何しろ駒澤大学でこういう話をするわけですから、どうしてもいわゆる批判的仏教あるいは如来蔵思想ということに触れざるを得なくなるのですが、それをはっきり正面から問題にすることは私にはできません。ただ頭のなかには問題意識としてあったわけで、批判的仏教が実体化を排するということ自体は全く正当ですし、この批判は哲学やキリスト教（神と人の関係を人格間の関係として、もっぱら記述言語で語るようになったキリスト教）にも当てはまることです。しかし宗教のテキスト自身が実体化をしていたかどうかは別問題で、これはテクストをどう読むかという問題です。実際、たとえばインドなどで、「仏性」を不当に実体化しているテキストがあるのかもしれません。それは批判に値するでしょう。私は先に表現言語としての宗教言語における名詞（抽象名詞、動名詞）が指示するものは実体ではなく動的現実性である、それを実体と考えるのは誤解だ、要するに場所論的宗教言語の基本的カテゴリーは存在（実体）でも人格でもなく「働き」（作用関係）だ、というような言い方をしましたが、はっきり申してしまえばそれは批判的仏教で問題になっていることを念頭に置いていったことでもあったわけです。

ですから前の二つの点については大変ありがたく思います。第三のことについては人間の身体と申しましたが、私は「身体としての人格」と「人格としての身体」ということを考えております。人間を人格性だけでとらえると、身体性が抜け、身体性だけで考えるととかく人格性が抜ける危険があるので、私は「身体としての人格」、「人格としての身体」というように考えています。それはもともと一つのものであるとした上で、キリスト教の領域での愛ということを考えるのですが、愛は人格関係でもあり、同時に出会いでもあるわけで、こういう関係のなかでは人格的なものは排除されることなく含まれているわけです。だから出会いは縁起だし、縁起は出会いだといえるわけです。

私の考えを率直に申しますと、人格といった場合、特に現代の神学ではマルティン・ブーバーの“Ich und Du”（我と汝）以来、人格と人格の出会いを、「語りかけと応答」という場面で理解するのが常なのはおっしゃる通りで、キリスト教でもユダヤ教以来の神と人間の関係を「語りかけと応答」と「命令と従順」という枠組みでとらえるのが伝統的でした。

ただ神の人格性ということについては、現在ではいろいろな問題が出てきているわけで、これは一つの比喩として理解するにしても、そもそも人格と人格の出会いというのは要するにどういうことなのかというと、私は出会いをコミュニケーションというふうにとらえたわけです。たとえば語りかけといった場合、相手が私に語りかけた言葉が私自身の言葉に転換されるわけで、もちろん転換しないで拒否することもありますが、コミュニケーションがうまくいっている場合には他者の言葉は聞いて理解すると自分自身の言葉になって「私」が変わり、「変わった私」としてまた他者にかかわっていくという面があります。語りかけと応答といった場合も、もちろん私が誰かに語りかけるのは「私」が語りかけているのですが、「語りかける私」というのは相手なしには存在しない「私」で、「応答する私」というときも応答しているのは「私」だけど、それは語りかける「汝」なしにはあり得ない「私」だから、「語りかけと応答」という場面をとってみても、「私」なしに「他者」はなく、「他者」なしに「私」もないということがはっきり出てまいります。

そういう一面がありますが、「語りかけと応答」という面だけを見ると、私がフロント構造ということでいおうとした相互内在ということから、つまり相手から与えられたものを自分のものに転換して、それをまた私が携えて他者にかかわっていくという関係の方がどうも希薄になってくるので、広い意味でのコミュニケーション一般、つまり各人が働いて手に入れたものを、ものにせよ情報にせよ、提供し合うということは、やはり身体としての人間について考えた方が考えやすいわけです。ですから人間の身体といった場合、「身体としての人格」、「人格である身体」というふうに考えて、人格主義的に出会いといわれていること、それから場所論的に相互作用と相互内在といわれていることの両方を含めて人間を考えるということが必要なのではないかと私は考えております。

松田　研究員の松田と申します。先生が黒板に書かれたS↓—E↓ ⇩ S↓E↓の式についてもう一度ご説明いただければと思います。真ん中のSとEのところが普通の矢印ではなくて大きな矢印になっていますが、そこの意味について、先生が「仏性」の巻の言葉の説明のなかで仏性の現実化というようなことをご説明になって、そのときにこの式が使われていたと思いますが、現実化ということは具体的にどのようなことを意味しているのかということを、キリスト教と禅の『正法眼蔵』の論理との関係からご説明いただければと思います。

それからもう一点ですが、「生死」の巻の言葉について先生がご説明されたときに、先生は矢印が人為的なものではなく自然というようなものを意味するといわれていたと思います。それを「生死」の巻の言葉に当てはめたときに「ちからをもいれず、こころをもついやさずして、生死をはなれ、仏となる」というようなところに対応するのではないかと思いますが、その前の「こころをもはなち忘れて」とか「仏のいへに投げいれて」とか「仏のかたよりおこなはれて」というようなことはやはり人為的主体的な自己の働きというものが意味されているのではないかと思いますが、こちらのあたりはどのように表現したらいいのか、そういったことをあらためて教えていただければと思います。

八木　第二点から答えさせていただきます。「ただわが身をもこころをもはなち忘れて、仏のいへに投げいれて」というと何か自我というようなものがあって、その「自我」は身体としての自分と対立していて、単なる自我が自我のはからいの行いとして「身をもこころをもはなち忘れ、自分自身を仏のいえに投げ入れる」のだというふうに聞こえますが、全体を読んでみるとそうではないと思います。これは「身心脱落」という言葉があるのと同じで、「身をもこころをもはなち忘れて」というのは決断の面もありますが、実は「落ちる（脱落）」で、「落ちる」は自動詞です。「落とす」（他動詞）ではありませんね。そうすると自我を含めた自分が仏のいえのなかにいることがわかるわけですが、わかってみれば、「投げ入れる」という自我の決断自身も「仏のかたより行われて」成り立ったことだったということではないかと思います。

キリスト教の場合、信じていなかった状態から信じた状態に移るときに、キリスト教を受け入れるという決断をするのですが、当初その決断というのは「私」の決断というふうに見えるわけで、それはちょうど「南無阿弥陀仏」とはじめていったときに、南無阿弥陀仏をいうというのは自我の決断であるように見えるけれど（また、実際そうだけれど）、あとからよくよく考えてみると構造的にはそうではなかった、それは弥陀の誓願力に基づいて起こったことだったとわかる。単なる自我の決断ではなかった、ということとも通じると思うので、そこに準じて考えていいのではないかと私は思います。ただし人間の行為の場合、自我が全く関与していない、ということはありません。「自然」とはD↓I↓のことで、つまり作用的一のことですから、単なるD↓でも、単なるI↓でもない、ということです。

第一点については、ごく簡単に申しますと、⇩はS↓－E↓⇩S↓E↓の場合も、⇩M_{intgr}の場合も、方向性を示します。これは本来性の現実化のことですが、現実化とはつまり悟りが感覚や思考や行動の上で現実化することだとお考えください。つまり⇩は統合成就への方向性のことで、個々人の悟りの世界が成就しているといっても、それは人間社会としては、全体に及んでいることではないから、全体としては全面的成就へ向かうと、考えてください。

質問者　先生の三回のご講義を聞かせていただいて、たぶん私は理解できていないと思います。ただ先生のお話を聞いて私が一般人として感じたことは、自分の宗教を絶対視して閉鎖的になるのではなく、先生がおっしゃったように共通点を見つけて理解し尊重していくという動きが世界情勢でも必要ではないかということです。特にいまの中東の問題を見るとそういう動きがあるのであれば時間がかかるにしても国内政治あるいは国際政治に反映されていくのではないかと思うのですが、他の宗教との共通点を見つけて理解尊重し合っていくという動きはやはり現実問題としては非常に難しいものでしょうか。

八木　簡単にお答えいたします。一九五〇年ごろからだと思いますが、同時多発的に仏教とキリスト教の対話がアメリカとヨーロッパと日本とで起こりました。それぞれのきっかけは違って、たとえばアメリカではチベット仏教が伝わって特に西海岸に一種の東洋宗教のブームが起こったということが一つのきっかけになって仏教との対話が始まっていますし、ヨーロッパでは逆に仏教というよりはまずはイスラム圏からたくさんの人がヨーロッパに移住して、イスラム教にのっとった生活をするものですから、そこでどうしてもキリスト教とイスラムの共存問題が出てきまして、まずイスラムとの関係ということで対話が始まり、それが仏教にまで及んでいったということがありました。日本では宗教哲学的な関心から仏教とキリスト教の対話が始まったということがありまして、全体があわさって、その後かなり世界的な動きになりました。

ひとことでいうと、これは宗教的多元主義ということになりますが、宗教はそれぞれ違い、それぞれ固有の真理性をもっているのでどれだけが正しいということもできないし、一つに括ることもできないということで、宗教の違いと個性を認め合った上で相互理解をしようではないかという強い流れになって現代に及んでいます。私もそれにずっとかかわってきたのですが、私はどちらかというといかにして違う宗教が共存できるかという多元主義的発想よりは、仏教とキリスト教には大きな共通点があるということに気づいて、それを明らかにする方に関心をもったものですから、いまは宗教的多元主義とはちょっと違う方向にきています。

今後もそういう運動がもっと盛んになると思いますが、ただイスラム教との対話は非常に難しいです。ユダヤ教もキリスト教徒から迫害を受けた経験がありますから、そういう意味で対話には難しいところがあるのですが、特にイスラム教はたとえばイエスを一人の預言者として位置づけていて、そういうことのためにかえって対話が難しくなっています。イスラムの方はコーランを絶対視する傾向があるし、キリスト教は聖書を絶対視する傾向があって、聖書を絶対視する傾向はだいぶなくなってきたのですが、それはやはり一部のことで、全体ではありません。仏教の場合も、仏教とキリスト教の対話ということにかかわる方はいわゆる国際派で、伝統派ではないという話を聞いたことがありますが、キリスト教会にもそれと似たような状況があります。結局イスラム教との対話は非常に難しくてどこまでいくのか、しかもイスラム教では政治と宗教が結びついているのでよけいに話が厄介なのですが、何とかそこを打開しないと、いまおっしゃったように中近東起源の三大宗教が世界紛争のもとだという考え方が根強く残ってしまうのではなかろうかと案じております。

司会　八木先生、ありがとうございました。これをとっかかりにして共通語という方向に向かって、あるいは自分の勉強に資するという方向で進んで行ければこの会を催した意味もあるし、先生をお招きした意味もおおいにあるだろうと考えております。長い間ありがとうございました。

八木　こういう機会を与えてくださいまして感謝しております。どうもありがとうございました。

〈司会〉永井政之（曹洞宗総合研究センター宗学研究部門主任研究員）
金子宗元（曹洞宗総合研究センター宗学研究部門研究員）
松田陽志（曹洞宗総合研究センター宗学研究部門研究員）

初出一覧

本書の各章は以下に挙げる論文と講演録を、本書としてまとめるために加筆ないし書き直したものである。

第一章　場所論概説

本書のために書き下ろした概論である。

第二章　新約聖書の場所論概論

最初の試みは「場所論的神学の主要概念と命題の分析・検証」（『新約思想の構造』岩波書店、二〇〇二、第三章）に発表した。本章はそれに続く以下の諸論文を併せて書き直したものである。

"'Bashology' in the New Testament and Implication Analysis," *AJBI*, XXVIII, 2002; "Bashology in the New Testament – revised and developed," *AJBI*, XXIX, 2003,「新約聖書における場所論」『新約学研究』第三三号、二〇〇五、「新約聖書における場所論」（非人格主義的神学）、『東西宗教研究』（東西宗教交流学会年次報告）第五号、二〇〇六。

なお「新約聖書の場所論」と、拙著『新約思想の成立』（新教出版社、一九六三）以来の新約思想類型論（構造分析）との違いは以下の通りである。場所論は、かつて「類型Aの神学」（共同体性）、「類型Bの神学」（個人性）、「類型Cの神学」（対人性）の三神学類型の共通点とされたものを、あらためて「場所論」へと発展させたものである。この際、「類型Cの神学」の主要部分は場所論に含まれることになった。

第三章　言語・自我・直接経験

「言語・自我・直接経験」『西田哲学会年報』第二号、二〇〇五。字句を多少訂正した。

第四章　場所論の展開

第五章　場所論の論理

第四章と第五章は、「一の座としての身体」『東西宗教研究』（東西宗教交流学会年次報告）第二号、二〇〇三、「場所論序説」『東西宗教研究』（東西宗教交流学会年次報告）第三号、二〇〇三、「場所論序説Ⅱ」『東西宗教研究』（東西宗教交流学会年次報告）第四号、二〇〇四、を土台として書き直したものである。

第六章　言語論の視点から見た場所論

「宗教言語の現代化のために」（講演録）、曹洞宗総合研究センター宗教部門発行『宗学と現代』第六号、二〇〇五、に若干加筆したものである。

むすび
――場所論と人格主義――

本書を書き終えてあらためて気づくのは、「神の働きは世界に及び、ゆえに人間に及んでいる。それに目覚めるのが宗教である」という本書の立場は――細部は別として――基本的にイエスの宗教に近いことである。実は、本書がイエスの宗教を哲学的に展開したものであればいいと、私はひそかに望んでいる。「仏教とキリスト教の交点に立って」書かれた本書が結果的にイエスの立場に近いとしたら、イエスに共感する多くの仏教者がいる説明ともなろう。実際、私はイエスの弟子を自称しているのだが、イエスの宗教は仏教とキリスト教の対立を超える普遍性を指し示していると考えている。

ところで本書では「万物のなかで働いて万事を成り立たせる」場所論的な神（「非人格主義的な」神）が述べられている。この「働き」は経験と自覚に基づいて語られるが、同時に本書では、「働き」のいわば出どころ、究極の主体としての神、「人格神」の面を併せもつ神は、「信仰の対象」として述べられている。仏教は――といっても本書がかかわっているのは主として禅と浄土教だが――場所論的である。しかし如来はしばしば人格的に表象される。浄土教では信心は阿弥陀如来の働きによって成り立つのだが、同時に如来の呼び掛けへの応答として把握されている。ただし如来は一般に「神」ではなく、「キリスト」ないし「ロゴス」に対応する現実性である。他方、禅は無神論的だといわれる。いずれにせよ「究極の主体としての人格神」は立てられていない。換言すれば、ロゴスの彼方にその主体を、つまり経験と自覚の彼方の「神」を、立てる必要は必ずしもない、ということだ。しかしそれを立てたときに、ロゴスは（G in W）に、キリストは（G in M）になる、ということである。

どちらの立場が正しいのか、思うに決定は不可能である。なぜなら我々が出会うのは「神の働き」といわれた「作用的一」であり、これは経験と自覚の内容だが、「神自身」を直接に経験することはないからである。経験の外にあるものについて、確実で一意的な認識を形成することはできない。働きの究極の主体としての「神自身」は、あるともないともいえない。どちらの見解にも同等の正当性がある。ただ、以下のことが考えられる。

イエスは「求めよ、さらば与えられん」といった（マタイ七7）。しかしこれは、父なる神は人が欲しがるものを何でも与えて下さる、ということではない。それは事実に反する。第二にこの言葉には「門をたたけ、さらば開かれん」という言葉が続いている。だから両者は「ただ神の支配を求めなさい。そうすればこれら（生活に必要なもの）は（神の支配を見出すことに）付け加えて与えられるだろう」（ルカ一二31、マタイ六33参照）と一緒に読まれなければならない。

人間はまず第一に「神の支配」を捜し求め、それに生きることを願うものだ。そうすればその願いはかなえられ、そのために必要なものは――それは孤独や苦難かもしれない――「付け加えて」与えられる、とイエスはいうのである。それが本当かどうか、実際にやってみればわかることだ。そして実際にそうだという経験をもつ人は――この経験はやはり偶然かもしれないと思いつつも――神（父なる神）の導きを、つまり人格神を、信じるだろう。信じて求め、求めえてより深く信じるのである。私にはここに聖書（新旧約聖書）的な信仰生活の原形があると思われる。「無神論」的な仏教徒にも、真実の探求の道程で「仏の加護」を信じ経験する人があるのではなかろうか。もしそうなら「神」に関して少なくとも相互理解が可能だろう。

統合化の働きに接して、さらにその働きの究極の出どころ（「人格性」をもつ主体）を認めるかどうかは、理論的に解決できることではなく、ひとりひとりの生の問題である。実はここには矛盾がある。つまり、場所論的な神把握（内側から働く神）と人格主義的な神把握（外から人間に語りかけ応答を求め、人間のために配慮する神）とは矛盾する。この点を立ち入って論ずることは本書の主題ではないが、触れずに済ますのではなく、一言あってしかるべきであろう。簡単に定式化すれば「場所論的『即』人格主義的な神」ということになる。それ自身では両面を超えた「神自身」の、世界と歴史における働きには、常に両面がある。しかし見方を限定すれば、どちらかの一面が前に出る。それは以下のようなわけである。

世界の初めの混沌（ビッグバン）から物質が生じ、その極小部分が生命へ、またその極小部分が人間へ、さらにそのごく一部が人格共同体へと、「統合」された。その過程を我々は場所論的に解釈してきた。我々は自然を貫き人間のなかで働く「統合作用」を見るのである。しかし統合化の歩みは必然ではない。統合化には小さな確率があるに過ぎない。この状況で我々は統合化を自覚的に選ぶのであった。

さて我々はカイロスという時を考えた。それは多くの条件が合わさって、それ以前の歴史からは直接には帰結しないような新しいものが生起する「時」である。生物の発生や進化の過程でそれがあったであろう。さて人（個人にせよグループにせよ）がカイロス的な出来事の担い手となるとき、その人は、神がその人を選んで、入念に教育ないし訓練をし、時いたって使命を遂行させた、というように思うものである。預言者がそうであり、パウロがそうであった。しばしば指摘したようにパウロは、自分は異邦人の使徒たるべく母の胎内にいるときから選別されていた、と述懐するのである。思いを超えた使命（キリストとの作用的一）の担い手にさせられた彼はそう信じないわけにはゆかなかったのだ。このような人は「人格神」の摂理・配慮と行為について語ることになる。彼は神の計画を思い描き、そのなかに自分の「使命」を位置づける。しかし事の成り行きは必ずしも彼が思い描いた通りにはならない。たとえばイエスやパウロが期待した「終末」は到来しなかった。それはどういうことかといえば、彼らの思考と言語は、実は彼らに臨んだ出来事、彼らが担うことになった課題を「どう経験したか」ということの表現であった。「神の計画」は内的確信から生まれた見通しである。つまり彼らの言語は基本的に表現言語である。人格主義的神学の言語は、出来事を語っても、本質的に表現言語である。ただし、表現だから現実性がないということにはならないことはすでに述べた。彼らの言語表現の根本には「神の働き」に接したという現実性がある。彼らはそこから「神の働き」が実現した世界と歴史の姿を望み見たのであり、それは必ずしも客観的事実の歩みとは重ならなかったのである。

人格主義と場所論の問題に返れば、要するに人格神「信仰」の立場に立つ人は、「万物のなかで働いて万事を成り立たせる」場所論的神の働きを「場所論的神の働き『即』人格神の行為」の意味で、神の行為と認めることができるということだ。場所論的な「神の働き」から出発する人が人格主義的神を認めうることについても同様である。結論的にいえば、「神自身」を信じた場合、その「世界における働き」は、人格主義的また場所論的に語られることになるのである。さらにいえば――この点は本書では言及されていないが――究極的主体（これはまた究極的に包むものである）を立てた場合、あらゆる存在と、たとえば重力などを含む働き全体とが、この神から見られてくることになる。ただし普通我々は重力を経験してもその底に神を見ることはない。まずは統合体形成作用が、神と世界の作用的一として、つまり世界におけるそれ（ロゴス）、人間におけるそれ（キリスト）として、際立ってくるのである。

もとよりこのような理解が「神」自身を正当に言い当てているかどうか、証明はできない。そもそも我々には「神」の存在を「証明」することもできないのである。神の人格性についても同様である。宗教哲学の立場からはそれを述べる言語を理解しうるのみで、実際、宗教言語は検証ではなく、理解されるべきものである。

もともと本書は人格主義的神観が無視しがちだった「場所論的神の働き」について、その復権のために、また教会に行かない人にも通じるように、語ったのである。それが宗教哲学だというのは、究極の主体としての神は信仰の対象だが、統合化の「働き」は万人の経験と自覚の事柄であって、哲学的探求の主題となりうるからである。繰り返すがこの意味での統合作用の「場」は、人と世界を包む働きの場であり、その限りでは、「神そのもの」は前提されていない。それは「I↓」の世界であり、また事事無礙の世界である。これは我々のシンタックスでは個のコミュニケーションとフロント構造を述べる、右辺第二行と第三行に当たる［（I_m↔I_n）、（I_m in I_n）・（I_n in I_m）］。ここにはG↓は書かれていない（含意されているのだが、必ずしも言及されなくてもよい）のである。要するに「神そのもの」はその「働き」の主体として立てられた「信仰の対象」であり、その場合、神は同時に人格神としても信じられ、語られうるというのが「むすび」の意味である。

換言すれば、本書は「信」を排除して一切を「知」の対象とする、完結した「哲学」ではない。そもそも本書が用いる記号「G↓」には「神」が前提されているのである。哲学は信仰への道を開く。ただし信仰は唯一の可能性ではない。実際、本書では「D↓」は自覚に現れる、法性法身と名づけられた「働き」のことだとされている。だから宗教生活においては理論よりも――本書を離れて事柄上からいえば教義よりも――その基盤にある実際の経験が大切で、宗教的経験、特に――宗教的、哲学的、あるいは教義学的、その他何にもせよ――言語化以前の「直接経験」に帰ることが本当に大事だ、というのである。これは宗教哲学の言語批判の面である。言語の過剰は自我の病だろう。ただし直接経験だけではその内容は明晰にならない。その内容はやはりさまざまな角度から厳密に検討されなければならない（経験だけではない自覚的反省）。そうでなければ知的良心と道徳的良心を満足させる結果は出てこない。私はここに宗教哲学の矛盾した任務を見ているわけである。

二〇〇六年一〇月一五日

八木誠一

八木誠一（やぎ　せいいち）
1932年横浜に生まれる。1955年東京大学教養学科卒業。1962年東京大学大学院西洋古典学科博士課程修了。1967年文学博士（九州大学）。2000年名誉神学博士（スイス，ベルン大学）。東京工業大学教授，ベルン大学，ハンブルク大学客員教授，桐蔭横浜大学教授をへて，2007年まで，同大学客員教授。この間東西宗教交流学会会長，日本基督教学会理事長を務める。著書に『新約思想の成立』『イエス』『イエスと現代』『仏教とキリスト教の接点』『フロント構造の哲学』『宗教と言語・宗教の言語』『宗教とは何か』『パウロ・親鸞＊イエス・禅』『新約思想の構造』など多数。

場所論としての宗教哲学
――仏教とキリスト教の交点に立って――

二〇〇六年一一月一五日　初版第一刷発行

著　者　八木誠一
発行者　西村七兵衛
発行所　株式会社法藏館
京都市下京区正面通烏丸東入
郵便番号　六〇〇-八一五三
電話　〇七五-三四三-〇〇三〇（編集）
〇七五-三四三-五六五六（営業）

装幀者　高麗隆彦
印刷・製本　亜細亜印刷株式会社

ISBN4-8318-1055-X　C1014